변호사와 한국 사회 변화

문 재 완

서울에서 태어나 서울대 법대와 인디애나 대학 로스쿨(LL.M. & S.J.D.)을 졸업하고, 미국 뉴욕주 변호사 자격을 취득하였다. 매일경제신문에서 기자와 법조팀장을 역임하였으며, 단국대 법대를 거쳐 한국외국어대학교 법과대학 및 법학전문대학원 교수로 재직하고 있다. 2004년 대법원 산하 사법개혁위원회 전문위원, 2004년 법무부 법률서비스경쟁력 강화위원회 위원, 2005년 외국법자문사법 제정을 위한 법무부 특별분과위원회 위원, 2005~2006년 대통령 산하 사법제도개혁추진위원회 기획위원, 2008년 법무부 법률사무소 대외경쟁력강화위원회 위원 등으로 활동하면서 사법개혁과 관련한 업무를 자문하였다. 저서로 『언론법: 한국의 현실과 이론』(2008년), 『로스쿨과 법학교육』(2008년, 공저), 『언론관계소송』(2008년, 공저), 『표현의 자유와 그 한계』(2000년), 『순진한 상식 매정한 판결』(1995년) 등이 있다.

변호사와 한국 사회 변화

지은이 / 문재완
펴낸이 / 조유현
펴낸곳 / 늘봄
편 집 / 이부섭
디자인 / 황미경

등록번호 / 제1-2070 1996년 8월 8일
주 소 / 서울시 종로구 충신동 189-11 동국빌딩 3층
전 화 / (02)743-7784
팩 스 / (02)743-7078

초판 1쇄 펴냄 2008년 12월 15일

ISBN 978-89-88151-92-1 03360

변호사와 한국 사회 변화

문재완 지음

늘봄

▋책머리에

판사도 아니고, 검사도 아니다. 변호사가 법조계의 중심이다.

이런 생각을 가지게 된 것은 꽤 오래 전이다.

학교 다닐 때만 해도 전혀 몰랐다. 사회 나와서도 처음에는 잘 몰랐다. 신문사에서 법조 출입기자 생활을 하면서 처음 깨달았다. 불행인지, 다행인지 법조계에서 가장 힘 못 쓰는 경제신문에서 기자생활을 하였기 때문에 일찍 깨닫게 되었다.

지금은 이상하게 들리겠지만, 1990년 중반까지 경제신문 기자들은 검찰 기자실에 들어가기 힘들었다. 소위 기자단이라는 것이 있어서, 그 기자단에 소속된 언론사 기자만 검찰 기자실을 출입할 수 있었다. 검사들도 출입기자 사진을 책상 앞에 붙여 놓고 그 사진과 일치하는 기자하고만 대화하던 시절이다.

검찰에서 홀대 받던 나는 자연스럽게 법원으로 발길을 돌렸다. 기사거리를 판결문에서 찾았다. 하루에 평균 수십 건, 때로는 수백 건의 판결문을 읽으면서 이해가 되지 않으면 담당 판사나 담당 변호사를 찾아가 묻고 또 물었다. 그러면서 자연스럽게 형성하게 된 사고가 변호사 중심의 법조계였다. 판사가 제대로 판결을 내려야 사회가 바로 선다는 것은 널리 알려진 이야기였고, 판사를 만나서 이를 확인하여도 그리 놀랄 일은 아니었다.

변호사를 만나면 만날수록 법원 중심으로 고정된 나의 사고는 조금씩 바뀌게 되었다. 우리 사회의 개혁을 위하여 행동하는 변호사를 만날 수 있었고, 새로운 판례를 만들기 위하여 고심하고 연구하는 변호사를 만날 수 있었다. 무엇보다 나의 사고에 영향을 준 것은 로펌 변호사였다. 로펌 소속 변호사들의 무대는 법정이 아니라, 산업 현장이라는 것을 알게 되었다. 법학에 대해서 다시 생각하게 되었다.

미국 로스쿨에서 법학을 배우면서 법학교육의 중심이 변호사라는 것을 확인할 수 있었다. 이러 저러한 상황에서 당신이 변호사라면 무엇을 주장하겠는가? 그 논거는 무엇인가? 이 두 질문이 법학교육의 핵심이라고 생각한다. 하지만 우리나라 법학교육에는 이런 관점이 없었다. 소위 개념법학으로 의의, 내용, 요건, 효력, 한계 등을 차례로 서술하는 방식이니 관점이 있을 수 없고, 재미가 있을 리 없다. 사법연수원 교육은 법관양성 중심이어서, 변호사로 활동하고자 하는 연수원생들은 항상 불만이다.

2009년 3월 우리나라에 법학전문대학원, 소위 로스쿨이 시작된다. 같은 교수가, 같은 방식으로, 크게 다르지 않은 교재로 강의하는데, 무엇이 바뀌겠느냐고 의문을 갖는 사람들도 많다. 실제로 지금까지 진행되고 있는 법학전문대학원 출범 양상을 지켜 볼 때, 그러한 의문이 크게 잘못이라고 말하기도 어렵다. 하지만, 한 가지 분명한 것은 지금과 달리 법학전문대학원 교육은 변호사 양성 교육이라는 것이다. 시행착오는 불가피하겠지만, 변호사 양성의 법학교육을 실시하는 큰 방향은 올바른 것이다. 2,000명에 이르는 법학전문대학원 입학생 중 대부분이 변호사로 활동하게 되기 때문에 3년이라는 짧은 기간 동안 집중적으로 교육하여야 하는 것은 변호사로 활동할 수 있는 기본능력의 배양일 수밖에 없다.

사법개혁에 관한 한, 나는 참 행운아다. 변호사 중심의 새로운 법조계의 재편을 예측하고, 참여하고, 지켜보는 기회를 가졌기 때문이다. 2003년 말부터 2004년 말까지 대법원장 산하 사법개혁위원회 전문위원으로 법학전문대학원 및 법조일원화 문제를 검토하였고, 2005년 2월부터 2006년 말까지 대통령 산하 사법제도개혁추진위원회 기획위원으로 법학전문대학원 설치·운영에 관한 법률 초안 작업을 담당하였다. 또 2004년 법무부 법률서비스 경쟁력 강화위원회 위원, 2005년 외국법자문사법 제정을 위한 법무부 특별분과위원회 위원, 2008년 법무부 법률사무소 대외경쟁력강화위원회 위원 등으로 활동하며 법률 시장 개방과 법률사무소 경쟁력 강화와 관련한 법무부 업무를 자문하였다. 이러한 활동을 하면서 우리나라에서 가장 훌륭한 판사, 검사, 변호사를 모두 만난 것 같은 자부심에 흡족하다. 사법제도개혁추진위원회 기획추진단 단원 모두와 지난 몇 년간 대법원 법원행정처 사법정책실에서 근무하였던 판사들과, 법무부 국제법무과에 근무하였던 검사들은 모두 내게 한 수 가르쳐준 스승들이다. 이들과 머리를 맞대며 때로는 얼굴 붉히며 언쟁하고, 때로는 소주잔을 기울이며 환하게 웃었던 장면 장면이 머릿속을 스쳐간다.

특히 잊을 수 없는 분들은 기획추진단 1팀으로 법학전문대학원 도입 방안을 놓고 한 치의 양보도 없이 격한 논쟁을 벌였던 멤버들이다. 유승룡 판사, 박균택 검사, 김인회 변호사, 그리고 교수로서 나, 이렇게 넷이 벌인 논쟁은 서로 입장 차이를 확인하면서도 상대방을 존경하지 않을 수 없을 만큼 열정적이고 수준 높은 것이었다. 자칫 감정싸움으로 번지기 쉬운 논쟁을 적절히 수위 조절하며 조정한 1팀장 홍기태 판사와 추진단장 김선수 변호사의 인격과 능력을 체험할 수 있었던 것도 더 없는 행운이었다. 안타깝게도 이들 중 어느 누구도 법학전문대학원 도입의 후속작업에 참여하지 못하였다.

이 책은 기자로서 처음 깨닫기 시작하여, 미국 로스쿨에서 확인하고, 각종 사법개혁에 참여하며 직접 추진한 '변호사 중심의 법조 개편을 통한 한국 사회의 발전'에 관한 내 보고서다. 책의 상당부분은 신문, 잡지 등에 기고한 글이나 학술지에 발표한 논문을 재정리한 것임을 밝혀둔다.

그동안 내 연구는 사법과 언론의 두 관점에서 우리 사회의 발전 방안을 고찰하는 것이었다. 올해 두 연구를 한 차례 정리할 수 있게 되어 기쁘다. 아직 미진한 수준이지만, 계속 정진할 것을 대외적으로 약속하며, 부끄럽지만 또 한 권의 책을 내 이름으로 낸다. 늘 어릴 적 친구 그 모습 그대로인 늘봄출판사 조유현 사장에게 고마움을 전하고, 지난 여름 『언론법 : 한국의 현실과 이론』을 출간할 때 도움을 주었던 이부섭 편집장과 강선정 조교가 이번에도 큰 도움을 주었음을 밝힌다.

이 책은 내가 강요한 적이 없는데 나와 같은 꿈을 꾸고 있는 아들 인석에게 바친다. 그가 생각하는 인생이 내가 생각하는 인생과 같았으면 하는 마음과 그가 살아가는 삶이 나보다 훨씬 더 남을 배려하고 봉사하는 것이었으면 하고 기도한다.

2008. 12. 1

서울 논현동 서재에서 저자 씀

▌차례

* 이 책은 방일영문화재단의 지원을 받아 저술되었습니다.

제 1 장

변호사의 사회상

1. 변호사에 대한 두 가지 시각

우리 사회에는 변호사에 대하여 두 가지 시각이 존재한다. 사회 정의의 실현자와 돈 잘 버는 전문인이 그것이다. 전통적으로 독일의 영향을 크게 받아온 우리 사법제도 아래서 변호사는 독일처럼 준사법기관으로 인식되는 경향이 있었다. 그렇기 때문에 변호사에 대해서는 다른 전문 직종에 종사하는 직업인보다 더 높은 정도의 사회적 책임을 요구하여 왔다. 변호사 수의 통제는 그 필요조건처럼 생각되었다. 변호사의 능력과 품성을 보장하고, 변호사 사회의 자율적인 정화능력을 유지하기 위해서는 변호사 수의 제한은 불가피하다는 생각이 법조계를 지배했다. 하지만 김영삼 정부 시절 "사법도 서비스"라는 화두가 던져진 후, "변호사는 준사법기관"이라는 명제가 흔들리기 시작했다. 변호사 역시 그 업무의 본질은 서비스를 제공하는 다른 전문 직종과 전혀 다를 바 없다는 인식이 빠르게 확산되고 있다. 변호사 수의 증가는 이러한 인식을 가속

화했다. 그럼에도 불구하고, 우리 사회는 여전히 변호사가 다른 전문 직업인처럼 행동하는 것에 만족하지 않는다. 변호사가 의뢰인의 이익을 위하여 자신의 전문적인 능력을 최대로 발휘할 경우 이를 비난하는 경우도 있다. 수임료가 높다고 비난하기도 한다. 변호사는 변호사대로, 법조계에 비판적인 사람은 그 사람대로 두 개의 변호사 상 중 하나를 적당히 골라 자신의 주장을 뒷받침하는 논거로 사용한다. 이 혼란을 해결할 수 있는 방법은 변호사 업무의 전문성과 변호사의 공익활동의 개념을 확실히 정립하고, 이를 독려하는 사회분위기를 조성하는데 있다고 생각한다.

> **변호사법 제1조(변호사의 사명)** ① 변호사는 기본적 인권을 옹호하고 사회정의를 실현함을 사명으로 한다.
> ② 변호사는 그 사명에 따라 성실히 직무를 수행하고 사회질서 유지와 법률제도 개선에 노력하여야 한다.

2. 변호사 업무의 전문성

변호사 업무의 전문성은 사법제도에서 변호사가 담당하는 역할과 분리하여 생각할 수 없다. 변호사는 변호사법 제1조 제1항에서 규정한 바와 같이 "기본적 인권을 옹호하고 사회정의를 실현함을 사명"으로 한다. 이 조항은 흔히 변호사 활동의 공익성을 규정한 것으로 이해된다. 하지만 이 조항은 오히려 변호사 업무의 전문성을 규정한 것으로 보는 것이 옳다. 사회정의의 실현은 사법제도 전체가 추구하는 바이며, 변호사는 그 중 일부를 담당한다. 변호사는 변호사법 제3조에서 적절히 규정하고 있는 것처럼 "위임" 또는 "위촉"에 의하여 대리행위와 일반 법률사무를 행함으로써 "기본적 인권의 옹호"와 "사법정의의 실현"에 참여하게 된다. 다시 말해 변호사는 스스로 사법정의를 실현하는 주체가 아니라, 의뢰인에 의하여 비로소 기본적 인권의 옹호와 사법정의의 실현에 동참하는 수동적 존재라고 하겠다. 따라서 변호사가 의뢰인의 이익을 위하여 자신의 전문지식을 활용하는 것은 일응 기본적 인권의 옹호이며, 사법정의의 실현과정으로 보아야 할 것이다. 이렇게 해석하는 것이 "누구든지 체포 또는 구속을 당한 때에는 즉시 변호인의 조력을 받을 권리를 가진다"고 규정한 헌법 제12조 제4항에 합치하는 것이다. 아무리 흉악범으로 의심되는 자라고 하더라도 그는 변호사의 조력을 받을 권리를 가지며, 그를 변호하는 것은 그의 기본적 인권을 옹호하는 것이다. 그의 혐의사실을 입증하기 위하여 최선을 다하는 것이 검사의 사명인 것처럼, 그를 변호하기 위하여 자신의 전문지식을 최대로 활용하는 것은 변호사의 사명이다. 사법정의의 실현을 위하여 노력하는 측면에서 보면 검사나 변호사나 다를 바 없다. 변호사가 사법정의의 실현에 참여하는 것은 법에 관한 그의 전문지식 때문이다. 전문성이 결여된 변호사는 기본적 인권을 옹호할 수도 없고, 사회정의를 실현할 수도 없다. 이러한 논리는 형사사건뿐 아니라 민사사건에도 마찬가지로 적용된다.

그러나 변호사가 의뢰인의 이익을 위하여 최선을 다하는 것이 항상 사법정의의 실현에 기여하는 것은 아니다. 한 가지 전제가 있다. 판단의 독립성이다. 변호사는 의뢰인이 요구하는 바에 따라 맞춤형 지식을 제공하는 상인이 아니다. 변호사는 전문직업인으로서 자신이 가지고 있는 전문지식에 바탕을 두고, 의뢰인으로부터 독립하여 판단할 때 비로소 기본적 인권의 옹호와 사법정의의 실현에 기여한다고 할 수 있겠다.

> **변호사법 제2조 (변호사의 지위)** 변호사는 공공성을 지닌 법률전문직으로써 독립하여 자유롭게 그 직무를 행한다.

3. 변호사의 공익활동

이와 같은 변호사 업무의 전문성과 그에 바탕을 둔 사회정의 실현의 과정론적 이해는 변호사의 공익활동에 대한 새로운 해석을 요구한다. 변호사가 하는 모든 일이 공익활동일 수 없으며, 변호사는 공익활동을 위하여 별도의 시간을 할애해야 한다. 즉 변호사 업무의 공익성이 아니라, 변호사의 공익활동이 요구되는 것이다. 사회가 변호사에게 전문적인 지식의 제공을 요구할수록, 변호사가 전문지식을 바탕으로 의뢰인의 이익을 위하여 활동할수록, 변호사는 사회적 약자에게서 멀어지기 쉽다. 그만큼 변호사가 사회적 약자를 위하여 시간을 할애하여야 할 필요성은 더 커진다.

변호사가 사회정의의 실현을 사명으로 하는 사법제도의 한 축을 담당하는 이상, 변호사의 공익활동은 국민이 변호사에게 바라는 정당한 기대이다. 변호사는 이를 이행하여야 할 도덕적 의무가 있다. 사법이 아무리 서비스라고 하더라도, 이를 담당하는 변호사가 상인과 같을 수 없는 이유는 여기에서 찾을 수 있다. 또 아무리 국가의 예산으로 법률구조제도가 완비된다고 하더라도, 변호사 공익활동의 필요성은 사라질 수 없다.

미국처럼 변호사가 많고, 변호사에 대한 사회적 인식이 좋지 않은 국가에서 최근 변호사의 공익활동이 강조되는 이유를 생각해보아야 한다. 미국 변호사협회(ABA : American Bar Association)는 1993년부터 모든 변호사에게 연간 50시간 이상 공익활동(Pro Bono)에 종사할 것을 요구하고 있다. 우리나라는 연간 30시간을 원칙으로 하되, 지방 변호사회에서 20시간으로 조정할 수 있도록 하고 있다. 미국변호사회는 또 변호사 수 50인 이상의 로펌을 대상으로 로펌 프로 보노 챌린지(Law Firm Pro Bono Challenge)라는 프로젝트를 추진하고 있다. 이 프로젝트에 참여하는 로펌은 일반 변호사와 달리 연간 60시간 내지 100시간을 공익활동에 사용한다. 로펌 변호사의 경우 개인 변호사와 달리 고객의 대부분이 기업이어서 사회·경제적 약자를 만날 기회가 적기 때문에, 봉사시간을 더 많이 할당하는 것이다. 공익활동 실적을 대외홍보에 활용하는 로펌도 있다. 변호사의 공익활동은 로스쿨 교육에서도 중요한 비중을 차지한다. 로스쿨의 임상교육(Legal Clinic)은 경제적 약자를 위한 무료 변론활동에서 시작되었다. 지금도 공익활동은 임상교육에서 가장 중요한 부분을 차지한다.

> **변호사법 제27조 (공익활동 등 지정업무처리의무)** ① 변호사는 연간 일정시간 이상 공익활동에 종사하여야 한다.
>
> ② 변호사는 법령에 의하여 공공기관, 대한변호사협회 또는 소속 지방변호사회가 지정한 업무를 처리하여야 한다.
>
> ③ 공익활동의 범위와 그 시행방법 등에 관하여 필요한 사항은 대한변호사협회가 정한다.

4. 변호사의 사회상 변화

변호사는 "사회정의의 실현자"로 과대 포장되어서도 안 되며, 반대로 "국가로부터 독점 이익을 허가받은 상인"으로 폄하되어서도 안 된다. 변호사가 사회정의의 실현에 기여하는 것은 사실이지만, 이를 이유로 변호사의 모든 활동을 공익의 시각에서 재단할 수 없다. 변호사는 자신의 전문지식을 바탕으로 의뢰인을 위하여 활동하면서 사회정의의 실현에 참여하게 된다. 그러나 동시에 변호사는 사회정의의 실현을 목적으로 하는 사법제도의 한 주체로서 공익활동에 적극 나서야 할 도덕적 의무가 있다.

변호사의 사회상은 전문적인 업무수행과 공익활동이라는 두 가지 축을 중심으로 새로이 형성되어야 한다. 지금처럼 변호사에 대한 사회적 시각이 혼란스러울 때 특히 요구되는 것은 공익활동이다. 공익활동을 통하여 변호사가 우리 사회에 꼭 필요한 존재라는 인식을 확산시킬 필요가 있다. 공익활동을 많이 한 변호사와 로펌을 선정하여 사회에 적극적으로 알릴 필요도 있다. 미국의 로펌 프로 보노 챌린지처럼 로펌이 자발적으로 공익활동을 약속하고, 이를 이행하도록 하는 사회 분위기를 만드는 일도 필요하다.

공익활동의 범위도 조정할 필요가 있다. 우리나라에서 변호사의 공익활동이라고 하면, 활동 그 자체가 가지는 공익성에 비중을 두고 판단하기 쉽다. 사회적 영향력이 큰 활동만 공익이라고 생각하여, 거대담론의 차원에서 변호사 활동의 공익성을 이해하는 경향도 있다. 하지만 변호사가 사적 이익을 추구하지 않고, 즉 수임료를 받지 않고 하는 법률서비스는 그 업무의 성격과 관계없이 공익으로 인정하는 적극적인 자세가 필요하다. 그러한 공익활동의 수혜자는 사회적 경제적 약자가 되어야겠지만, 그 범위를 엄격하게 좁힐 필요는 없다. 극빈자에 대해서는 국가의 법률구조제도로 해결하고, 변호사의 공익활동의 수혜자의 대상은 그 보다 폭 넓게 인정하는 것이 타당하다.

보다 많은 변호사가 공익활동에 참여할 수 있도록 하고, 보다 많은 사람들이 변호사의 도움을 받을 수 있다면, 변호사를 보는 사회의 시각은 제 자리를 찾아갈 것이다.

제 2 장

변호사의 업무

Ⅰ. 변호사의 직무

우리가 흔히 생각하는 변호사는 소송과 관련이 있다. 전통적으로 변호사는 송사가 생기면 그 일을 처리하는 전문가로 인식되었다. 사람들은 송사가 생기기 전에는 좀처럼 변호사를 찾지 않는다. 개인 간에 분쟁이 생겨서 한 쪽이 소송을 걸거나, 피의자로 몰려 구속되는 극단적인 상황이 아니면 변호사를 찾을 일이 없다. 그래서 변호사의 주된 업무는 소송에 관한 행위가 되었다. 또 법원에서 하는 재판은 아니지만, 마치 법원에서 하는 것처럼 공정한 절차를 마련하여 시민의 억울함을 해결하는 제도들이 나타남에 따라 시민을 대리하여 이러한 절차에 참여하는 행위도 변호사의 업무가 되었다. 여기까지는 주로 분쟁이 발생한 후 그 분쟁의 해결에 관한 일이다.

그러나 경제규모가 커지고 복잡해지면서 법률관계도 복잡해지고, 계약서 작성에서부터 일이 꼬이기 시작하면 소송에서 아무리 유능한 변호사의 도움을 받는다고 하더라도 막심한 손해를 입는 일이 발생하면서 분쟁발생 전에 변호사의 도움을 필요하게 되었다. 이를 크게 보면 일반 법률사무라고 말할 수 있다.

> **변호사법 제3조(변호사의 직무)** 변호사는 당사자와 그 밖의 관계인의 위임이나 국가·지방자치단체와 그 밖의 공공기관의 위촉 등에 의하여 <u>소송에 관한 행위</u> 및 행정처분의 청구에 관한 대리행위와 <u>일반 법률사무</u>를 하는 것을 그 직무로 한다.

과거에는 소송에 관한 행위가 일반 법률사무보다 중요했지만, 시간이 흐르면서 후자가 더 중요해지고 있다. 그 대표적인 사례가 영국의 Barrister와 Solicitor다. Barrister는 법정에서 의뢰인을 변호할 수 있는 변호사이고, Solicitor는 의뢰인에게 법률자문을 해줄 수 있지만, 법정에 설 수 없는 변호사를 말한다. Barrister는 법정변호사, Solicitor는 일반사무변호사라고 부를 수 있다. 산업사회 초기에는 법정에 설 수 있는가, 그렇지 못한가가 중요했다. 시민들은 송사에 휘말리기 전까지 변호사를 찾는 일이 없기 때문이다. Barrister는 혼자 일하더라도 아무런 문제가 없었다. 오히려 Barrister 자격이 없는 사람들과 동업하지 못하도록 하거나, 다른 Barrister를 고용하여 자기 이름으로 사건을 맡은 후 그에게 업무를 위탁하는 일이 발생하지 않도록 규제할 필요도 있었다. Barrister의 수도 규제할 필요가 있었다. 나누어 먹을 파이가 한정되어있었기 때문에 법정에 설 수 있는 변호사의 수가 적어야 자기 몫이 커지기 때문이다. Barrister는 Solicitor보다 우월한 지위에 있는 것처럼 보였다.

그러나 Solicitor에 대해서는 특별히 업무 형태를 규제할 필요가 없었다. Solicitor들은 모여서 일하는 것이 업무의 효율성도 높이고, 비용도 절감하는 일이라는 것을 알았다. 경제규모가 커지면서 Solicitor에게 맡기는 법률사건도 복잡해졌고, 빠른 시간 내 처리해야 하는 사건도 많아졌다. Solicitor가 뭉쳐서 만든 Law Firm의 규모는 점차 커졌다. 지금 세계의 10대 로펌 중 절반을 차지하는 영국 로펌은 Solicitor들이 만든 것이다. 이제는 Barrister와 Solicitor의 구분이 큰 의미가 없어졌다. 프랑스의 경우 예전에는 누구나 일반 법률사무를 할 수 있었으며, 1971년 일반사무변호사를 뜻하는 Conseil Juridique를 제도화하였다가 1992년 Conseil Juridique를 법정변호사 Avocat에 통합하였다.

우리나라의 경우 변호사 사무실이 법원 주변에 몰려 있는 모습에서 알 수 있듯이 변호사의 주된 업무는 소송에 관한 일이다. 하지만 점차 바뀌고 있다. 변호사들이 모여 로펌을 만들고 있다. 규모도 커지는 추세다. 대형 로펌들의 소재지는 법원 근처가 아니다. 의뢰인이 찾아오기 쉬운 곳에 위치한다. 대형 로펌의 주된 업무가 송무가 아니라는 것을 짐작하게 한다. 우리나라 법조계도 송무중심에서 일반 법률사무중심으로 바뀌고 있는 중이다.

Ⅱ. 변호사의 새로운 역할

미국 드라마를 좋아하는 미드족이라면 한 번쯤 푹 빠졌을 드라마 중 하나가 〈The West Wing〉이다. 민주당 소속 대통령과 비서실장, 비서관들이 골치 아픈 정치적 문제를 해결해가는 과정을 그린 드라마다. 드라마에서 경제학 교수 출신의 대통령을 보좌하는 두 명의 핵심 비서관이 로스쿨 출신이다. 〈The West Wing〉을 볼 때마다 로스쿨 출신 비서관의 판단력, 상상력, 커뮤니케이션능력 그리고 추진력에 놀란다. 정치 문제 담당 비서관은 현안을 해결하기 위하여 무엇을 하여야 할지를 알고, 필요한 사람을 만나서 설득한다. 연설문 담당 비서관은 한 글자에 숨겨진 의미를 이해하고, 언어를 통하여 사회에 꿈을 전달한다. 이들에게서 한국 변호사의 미래를 본다.

변호사의 역할 또는 변호사의 제 자리 찾기에 대한 논의가 요즘 부쩍 잦아졌다. 그 핵심은 우리나라가 선진국으로 발전하기 위해서는 법치주의가 확립되어야 하며, 그 중심 역할을 변호사가 담당하여야 한다는 것이다. 정부에서 활동하는 변호사가 많아져야 한다거나, 정부도 이제는 중요한 의사결정에 앞서 반드시 변호사의 자문을 받아야 한다는 주장이 점차 공감을 얻어가고 있다. 실제로 정부 각 부처가 중요한 정책을 수립할 때 변호사의 자문을 얻는 일이 늘어났다. 여기서 한 걸음 더 나아가, 국가의 중요한 소송을 수행하고 정부 각 부처를 상대로 법률자문 등 제반 법률서비스를 제공하는 일종의 국가로펌인 정부법무공단이 2008년 2월 출범하였다.

한·미 FTA 협상이 찬반시비를 불러일으키면서 국가 간 협상에서도 변호사가 주도적인 역할을 하여야 한다는 이야기도 나온다. 노무현 정부 시절 한미 자유무역협정(FTA) 체결의 책임을 맡았던 김현종 당시 통상교섭본부장(현 UN 대사) 역시 미국 변호사이며 그 상대방인 미국 측 FTA 협상단에도 미국 변호사가 상당수 활동하고 있다는 사실은, 국가 간 협상에서 변호사의 중요성을 환기시켜주면서도 그 역할을 제대로 하지 못하는 한국 변호사의 현실을 적나라하게 보여주고 있다. 1997년 말 외환위기 때 국제통화기금(IMF)과 협상할 때도 우리나라를 대리한 법률전문가는 한국 변호사가 아닌 미국 변호사였다. 10년이 지나도록 국가 간 협상 전문 법률가를 충분히 양성하지 못하였다는 것은 안타까운 일이다.

변호사로 대표되는 법률전문가는 국가 간 협상에 반드시 참가하여야 한다. 그 첫째 이유는, 합의내용이 최종적으로 문서로 정리되기 때문이다. 협상이란 밀고 당기는 것이고, 그 최종 단계는 절충안의 타결에 있다. 하지만 양측이 구두로 절충안에 합의하였더라도, 그 내용을 문서로 정리하다보면 당초 생각하지 못하였던 문제가 발생할 수 있다. 법률가는 이를 정리하는데 전문성을 갖는다. 예컨대, "쌀·콩 및 팥의 가공품에 대한 관세는 우선 철폐한다"는 조항에 합의하였다고 하자. 이 조항에 의하여 쌀에 대한 관세는 우선 철폐되는가, 아니면 쌀의 가공품에 대한 관세가 우선 철폐되는가? "쌀, 콩, 팥의 가공품"이라고 해석하여야 할지, "쌀의 가공품, 콩의 가공품, 팥의 가공품"이라고 해석하여야 할지의 문제다. 협상할 때는 후자로 생각해서 합의하였더라도, 최종 합의문에 앞의 예처럼 정리되었다면 전자처럼 해석할 수 있다. 전자의 해석이 이상하다고 생각하는 사람은 헌법재판소 2006년 2월 23일 결정 2004헌마675를 보라. 헌법 제32조 제6항의 해석에 대한 것인데, 법 해석이 얼마나 어려운지 보여주는 예다. "국가유공자·상이군경 및 전몰군경의 유가족은 법률이 정하는 바에 의하여 우선적으로 근로의 기회를 부여받는다"는 조항에 대하여 헌법재판소는 국가유공자, 상이군경, 전몰군경의 유가족으로 해석하였다. 이 결정전까지 헌법재판소는 국가유공자 본인뿐만 아니라 그 가족에 대하여도 취업보호제도의 근거가 될 수 있다고 보았다.

국가 간 협상에서 변호사의 역할은 합의내용의 문서화에 그치지 않는다. 사실 그 정도 역할이라면 구태여 처음부터 법률전문가를 협상에 참여시킬 이유도 없다. 마지막 서명에 앞서 변호사의 검토를 받는 것으로 충분하다. 미국의 협상단에 변호사가 참여하는 이유도 문서작업 때문만은 아니다. 법률가의 장점은 협상 과정에서 드러난다. 법률가는 현안의 문제점을 파악하고, 그 해결방안을 모색하여, 의뢰인을 위하여 상대방을 설득하여 합의를 도출하는데 전문성을 갖는다. 바로 이 전문성이 미국의 협상 팀에 변호사 자격자가 많고, 한국 협상 팀에는 한국 변호사 자격자가 없는 이유를 설명한다.

보통의 한국 변호사에게 두 번째 장점을 기대하는 것은 무리다. 그렇게 교육받은 적도 없고, 그렇게 활동한 적도 없기 때문이다. 주입식 입시교육에, 암기식 사법시험 공부를 거쳐 법원 중심의 사법연수원에서 훈련을 받은 후 배출되는 변호사가 행정부서나 외교부서에서 근무하고 있는 공무원보다 상황 판단력이 뛰어나고, 협상의 커뮤니케이션 능력이 우수하다고 주장하는 것은 지나치게 법조계 중심적이다. 이러한 능력은 우리나라보다 외국에서 교육받고 활동한 외국 변호사에게서 더 많이 발견된다. 국가 간 협상에 미국 변호사가 많이 활동하는 이유도 여기서 찾을 수 있다.

하지만, 국가 간 협상에는 한국의 법률가가 반드시 참여하여야 한다. 협상의 내용이 국내법과 충돌할 수도 있기 때문이다. 특히 헌법의 위반 여부가 검토되어야 한다. 제17대 국회 당시 열린우리당 최재천 의원의 주장에 따르면, 한 · 미 FTA 제5차 협상까지 논의된 내용을 바탕으로 분석한 결과 169개 법률과 상충한다는 것이다. 이러한 법적 검토는 외국 변호사가 하기 어려운 것이다. 협상 결과에 따라 어느 정도 국내법을 제 · 개정하여야 하는지 아는 것은 협상 그 자체에 힘을 실어준다. 협상 팀에 유능한 법률가가 참석하여야 하는 충분한 이유가 된다.

국가 간 협상에 있어서 변호사의 역할은 아무리 강조해도 부족함이 없지만, 현실에서는 그렇게 활동하는 법조인을 찾아보기 힘들다. 연수원을 갓 수료한 변호사에게서는 협상에서 필요한 능력을 기대하기 힘들고, 그러한 능력을 갖춘 경험 있는 변호사는 공직으로 전업하려고 하지 않는다.

하지만 이러한 현상이 오래 지속될 것 같지 않다는 기대에 희망을 갖는다. 그 이유는 매해 1,000명의 법조인이 새로 배출되고 있기 때문이다. 이제는 사법시험을 수료하여도 과거와 같은 고수익이 보장되지 않기 때문에 정부 부처에서 근무하려는 변호사 자격증 소지자가 많아졌다. 지금 국가 간 협상에서 활동하고 있는 공무원들이 처음 공직 생활을 시작할 때만 해도 사법연수원 수료생 중에 공직에 발을 들여놓는 사람은 많지 않았다. 공직에 관심이 있어도 고수익의 유혹을 떨치기 어려웠을 것이다.

최근 정부 각 부처에서 근무하고 있는 변호사 자격증 소지자들이 국·과장으로 활동할 즈음이 되면 법률가로서 자질과 능력에 해당 업무에 대한 전문성까지 겸비하게 되어 협상에서 주도적인 역할을 할 수 있을 것이다. 더구나 젊은 법조인 중에는 외국어, 특히 영어에 대한 두려움이 없는 경우가 많다. 어려서 외국에서 학교 다녀본 경험이 있거나, 외고 출신 법조인의 수도 상당히 늘어나면서 법조계의 국제화 지수도 높아지고 있다.

우려되는 점도 있다. 그동안 사법시험과 사법연수원 제도가 법원의 재판을 중심으로 하는 송무 전문가를 양성하는 데 과도하게 경도되어 있기 때문이다. 지금처럼 모두 한 방향을 향하여 뛰다가 도태되는 사람이 정부 부처에 눈을 돌리게 하는 방식으로는 21세기 글로벌 시대에 적합한 인재를 양성할 수 없다. 자기의 적성과 상관없이 사법연수원 성적에 따라 판사 검사 로펌을 지원하는 젊은 법조인의 미래에 국가의 협상을 맡기기는 불안하다.

우리나라에도 미국 예일대 로스쿨 같은 법조인 양성기관이 필요하다. 미국 최고의 로스쿨인 예일 로스쿨은 공직에서 일하는 법조인을 키운다는 자부심이 대단하다. 1학년 때는 좌파적 성향을 보이다가 졸업할 때가 되면 연봉이 많은 로펌에 취직하려고 혈안이 되는 학생이 대부분인 미국 로스쿨 제도가 경쟁력을 갖는 이유도 예일 로스쿨처럼 공익에서 일하는 법조인을 키우는 곳이 있기 때문이다.

다행히 2009년 3월 법학전문대학원 교육이 시작된다. 법조인이 국가 간 협상의 주역이 되는 날은 그리 멀지 않았다.

Ⅲ. 변호인의 조력을 받을 권리

1. 들어가는 말

범죄혐의를 받고 있는 사람이 국가의 공권력 행사에 대등하게 맞서 자기의 자유와 권리를 방어하기 위하여 반드시 필요한 권리 중 하나가 '변호인의 조력을 받을 권리' 다. 우리 헌법은 제12조 제4항 전문에서 "누구든지 체포 또는 구속을 당한 때에는 즉시 변호인의 조력을 받을 권리를 가진다"라고 명시하고 있다. 또 같은 조항은 단서에서 "형사피고인이 스스로 변호인을 구할 수 없을 때에는 법률이 정하는 바에 의하여 국가가 변호인을 붙인다"라고 하여 국선변호인제도를 규정하고 있다.

그동안 '변호인의 조력을 받을 권리' 는 (1)변호인의 조력을 받을 수 없는 사람을 국가가 어떻게 구조할 것인가 하는 공적 법률구조의 관점[1]과 (2)인신을 구속당한 피의자 또는 피고인이 스스로 변호사를 선임하였을 경우 그 변호사는 형사절차에 있어서 어떠한 지위를 가지며, 어떠한 역할을 할 수 있는가 하는 관점에서 논의되어 왔다.

두 번째 관점에서 가장 주목 받아온 것은 변호인의 접견교통권이다. 이에 관한 대법원과 헌법재판소의 판례가 늘어나면서 이에 관한 연구도 활발히 진행 중이다.[2] 최근에는 피의자신문참여권도 인정되면서 변호인의 접견교통권이 광범위하게 인정되는 추세라고 하겠다.[3] 변호인의 조력을 받을 권리가 적용되는 사례가 늘어나는 것은 피의자 또는 피고인의 인권을 보장하는 측면에서 바람직한 일이라고 하겠다. 하지만 변호인의 조력을 받을 권리와 관련해서 아직 해결되지 않은 쟁점들도 많이 남아 있다.

특히 문제가 되는 것은 예방적 차원에서 이루어지는 법률자문과 관련하여 변호인의 조력을 받을 권리를 어떻게 해석할 것인가에 관한 것이다. 좀 더 구체적으로 보면, 헌법상 변호인의 조력을 받을 권리는 체포 또는 구속 등 신체의 자유가 제한된 경우에만 인정되는 기본권인가 아니면 그 전 단계의 예방적 법률자문에 대해서도 인정될 여지가 있는가 하는 문제에 대해서는 연구가 많지 않다. 이 쟁점은 변호인과 의뢰인 간의 신뢰보호와 관련하여 중요한 의미를 가진다. 의뢰인이 변호인을 신뢰할 수 없으면 변호인의 조력을 받을 권리는 유명무실하여지기 때문에 의뢰인이 변호인에게 털어놓은 비밀이나 변호인이 의뢰인을 위하여 작업한 법률자문의 결과물에 대하여 국가가 함부로 탐지하지 못하도록 할 필요가 있다. 영미법에서 전자는 변호사–의뢰인 특권(Attorney-Client Privilege)으로, 후자는 법률자문의 보호 특례(Work Product Doctrine)로 보호하고 있다. 우리나라는 이러한 특권을 명문화한 법률규정은 없으며, 다만 형사소송법 제112조가 업무상 비밀을 압수거부의 사유로 규정하고 있을 뿐이다.

2. 변호인의 조력을 받을 권리

1) 적법절차와 변호인의 조력을 받을 권리와의 관계

우리 헌법 조문상 변호인의 조력을 받을 권리는 '체포 또는 구속을 당한 때' 인정된다. 헌법 제12조 제4항에서 체포 또는 구속 시 변호인의 조력을 받을 권리를 인정한 것이나, 동조 제5항에서 체포 또는 구속 시 그 사유와 변호인의 조력을 받을 수 있음을 고지 받도록 한 것으로 보아 체포·구속 시 변호인의 조력을 받을 권리가 인정되는 것은 의문의 여지가 없다. 하지만 그렇다고 해서 그 밖의 경우, 특히 압수·수색을 당할 때 변호인의 조력을 받을 권리가 인정되지 않는다고 해석할 수는 없다. 우리 헌법은 적법절차의 원칙을 천명하고 있으며, 변호사의 조력을 받을 권리는 이 적법절차의 원칙을 실현하는 수단으로 이해되기 때문이다.

적법절차에 관하여 헌법은 제12조 제1항 후문에서 "법률과 적법한 절차에 의하지 아니하고는 처벌 보안처분 또는 강제노역을 받지 아니한다"라고, 동조 제3항에서 "체포·구속·압수 또는 수색을 할 때에는 적법한 절차에 따라 검사의 신청에 의하여 법관이 발부한 영장을 제시하여야 한다"라고 규정하고 있다. 이에 기초하여 형사소송법은 검사가 범죄수사에 필요한 때에는 판사가 발부한 영장에 의하여 압수·수색을 할 수 있게 하면서(제215조), 영장을 청구할 때는 피의자에게 범죄혐의를 인정할 수 있는 자료와 압수·수색의 필요를 인정할 수 있는 자료를 제출하도록 하고 있다. 하지만 적법절차의 적용대상으로 헌법 제12조 제1항 후문에서 처벌, 보안처분, 강제노역을 적시한 것과 동조 제3항에서 체포·구속·압수·수색을 적시한 것은 예시사항에 불과하다는 것이 통설이다.[4] 즉, 적법절차는 헌법에 명문으로 규정한 사항에 한정하여 적용되는 것이 아니며, 본인에게 신체적·정신적 또는 재산상 불이익이 되는 모든 제재에 적용되어야 한다는 것이다.[5]

오늘날 적법절차의 원리는 그 적용범위가 넓지만 여전히 가장 중요한 의미를 갖는 분야는 형사사법이다. 형사절차는 범죄사실과 범인을 발견하는 실체적 진실의 발견과정이기는 하지만, 그러한 진실의 인식은 오로지 합리적 형사절차 안에서만 가능하다고 보아야 하기 때문이다.[6] 우리나라 형사소송법 학자들은 적법절차의 원리를 형사소송법의 지도이념으로 인정하고 있다.[7] 형사절차와 관련한 적법절차의 내용으로는 영장주의, 구속적부심사제도, 무죄추정권, 묵비권, 변호인의 조력을 받을 권리, 신속한 공개재판을 받을 권리 등이 주로 언급된다.[8] 결국 피의자 또는 피고인이 가지는 변호인의 조력을 받을 권리는 적법절차에 그 근거를 두고 있으며, 적법절차의 한 내용을 이루고 있음을 알 수 있다.[9] 다시 말해, 형사절차에 있어서 변호인의 조력을 받을 권리는 국가와 국민간의 실질적 무기대등을 실현함으로써 적법절차를 실현하는 실천적 수단으로 이해할 수 있다. 따라서 변호인의 조력을 받을 권리에서 '변호인'의 업무를 해석하는 데 있어서도 적법절차의 보장제도가 가지는 의미, 즉 공권력에 의한 부당한 인권침해의 방지의 관점에서 해석할 필요가 있다.

2) 변호인의 조력을 받을 권리의 내용

형사소송법의 역사는 변호권 강화의 역사라고 한다. 그만큼 변호인의 조력이 형사절차에서 중요하다는 의미다. 변호인의 조력을 받을 권리는 피고인 또는 피의자의 인신의 자유를 최대한 존중하고 이들이 수사기관과 대등한 지위에서 다툴 수 있도록 하기 위한 것인 만큼 형식적인 권리에 그칠 것이 아니라 실질적으로 보장되어야 하며,[10] 피의자·피고인이 충분한 도움을 받을 수 있어야 한다.[11] 그동안 변호인의 조력을 받을 권리는 구속된 사람을 중심으로 논의되어 왔다. 구속된 피고인에게 국가가 변호인을 선정해주는 것이나, 체포 또는 구속된 피의자·피고인에게 접견교통권을 부여하는 것 등이 그렇다. 최근에는 변호인의 수사기록 열람·등사권과 피의자 신문참여권 등도 변호인의 조력을 받을 권리의 한 내용으로 인식되고 있지만 이것 역시 체포 또는 구속된 경우에 한하여 인정되고 있다.

하지만 변호인의 조력을 받을 권리를 체포 또는 구속된 경우로 한정할 이유는 없다고 본다. 의뢰인과 변호사 사이에 신뢰가 형성될 때 비로소 변호인의 조력을 '충분히' '실질적으로' 받을 수 있다고 생각되므로 구속되지 않은 상태에서 의뢰인이 변호사와 공유하는 비밀에 대한 보호도 헌법상 변호인의 조력을 받을 권리의 내용에 포함되어야 한다고 생각한다.

(1) 국선변호인의 조력을 받을 권리

국선변호인이란 법원에 의하여 선임된 변호인을 말한다. 헌법 제12조 제4항 단서는 "형사피고인이 스스로 변호인을 구할 수 없을 때에는 국가가 변호인을 붙인다"고 규정하여 국선변호를 보장하고 있다. 형사소송법은 피고인의 방어능력이 열악한 경우(제33조)와 중대한 사건의 경우(제282조) 등 두 가지 경우에 피고인이 변호인을 선임할 수 없으면 법원이 직권으로 변호인을 선정하도록 규정하고 있다. 그러나 현재의 국선변호제도는 그 혜택을 받는 대상이 충분하지 못하고, 사선변호에 비하여 변론의 질의이 상당히 떨어지고 있다는 평을 받고 있다. 사법개혁위원회는 국선변호인의 양적 확대, 국선변호의 질적 향상, 국선변호 관련 예상 증액의 확보를 중심으로 개선안을 검토하였다.[12]

(2) 변호인과의 접견교통권

체포·구속된 사람과 변호인과의 접견교통권은 변호인의 조력을 받을 권리의 가장 중요한 내용이다.[13] 형사소송법 제34조는 변호인 또는 변호인이 되려는 자는 신체구속을 당한 피고인 또는 피의자와 접견하고, 서류 또는 물건을 수수하며, 의사로 하여금 진료하게 할 수 있다고 규정하고 있다. 헌법재판소는 변호인의 접견교통권을 국가가 최대한 보장하여야 할 의무를 지는 기본권의 하나로 보고 있으며,[14] 이러한 접견교통권이 충분히 보장되려면 구속된 사람과 변호인의 대화내용에 대하여 비밀이 완전히 보장되고, 어떠한 제한·영향·압력 또는 부당한 간섭을 받지 않고 자유롭게 대화할 수 있는 접견이 허용되어야 한다고 한다.

따라서 구속된 사람이 자기 변호인과 접견할 때 국가안전기획부 소속 수사관이 참여하여 대화내용을 듣거나 기록한 것은 변호인의 조력을 받을 권리를 침해한 것이며,[15] 미결수용자가 변호사에게 발송 의뢰한 서신, 변호사가 미결수에게 보낸 서신에 대해 교도관이 서신을 검열한 행위는 변호인의 조력을 받을 권리를 침해하게 된다.[16] 또한 헌법상 보장된 변호인과의 접견교통권이 위법하게 제한된 상태에서 얻어진 피의자신문조사는 증거능력이 없게 된다.[17] 이러한 접견교통권은 임의동행의 형식으로 연행된 피의자에게도 인정된다.[18]

변호인과의 자유로운 접견은 신체를 구속당한 사람이 변호인의 도움으로 공권력과 대등하게 다투도록 하는데 필수불가결하기 때문에 국가안전보장, 질서유지, 공공복리 등 어떠한 명분으로도 제한될 수 없다.[19]

(3) 변호인의 피의자신문참여권

현행 형사소송법은 검사 또는 사법경찰관이 피의자를 신문할 때 변호인에게 참여권을 인정하고 있지 않다. 따라서 수사기관의 피의자신문에 변호인의 참여권을 인정할 수 있는가의 문제는 해석에 맡겨져 있다. 이에 대하여 형사소송법 제48조 제5항이 변호인에게 피의자신문조서 기재의 정확성에 대한 이의진술권을 부여하고 있다는 점을 근거로 변호인의 피의자신문조사 참여권이 허용된다는 견해[20]와 형사소송법 제243조가 피의자신문 시 참여자로 변호인을 명시하고 있지 않은 점을 근거로 부정하는 견해[21]로 갈리고 있다.

수사기관의 피의자신문이 외부와의 접견교통이 차단된 채 밀실에서 이루어질 경우 수사기관은 각종 위법행위를 자행하기 쉬우며, 피의자는 심리적으로 크게 위축되기 마련이다. 이럴 때 필요한 것이 변호인의 조력이다. 변호인의 조력을 통하여 피의자에게 자행될 수 있는 공권력에 의한 부당한 인권침해를 방지하고자 하는 헌법 정신에 비추어 보면, 피의자가 변호인으로 하여금 피의자신문에 참여하도록 요청할 수 있는 권리는 변호인의 조력을 받을 권리에 포섭되어야 한다.

대법원은 변호인의 접견교통을 금지한 위법상태가 계속된 상황에서 시행·작성된 피의자신문조서는 증거능력이 없다[22]고 판시했으며, 더 나아가 피의자신문을 받는 도중 변호인과의 접견교통을 제한하거나 거부하는 것은 신체구속을 당한 사람의 변호인의 접견교통권을 제한하는 것으로서 위법[23]이라고 보고 있다.

(4) 변호인의 수사기록 열람·등사권

형사소송법은 계속 중인 소송의 관계서류와 증거물에 대한 열람·등사권을 인정하지만(제35조), 수사단계에서 검사가 보관하고 있는 수사서류나 증거물에 대한 열람·등사권은 인정하지 않고 있다. 수사단계의 사소한 위법이나 수사미진 또는 수사의 오류가 공판절차에서 피고인의 유·무죄를 판단하는데 있어 결정적인 경우가 적지 않기 때문에 변호인에게 수사기록 열람·등사권을 부여하여야 한다는 지적[24]이 타당하다. 변호인이 수사기록을 열람·등사함으로써 국가공권력에 대등하게 맞서 의뢰인을 충분히 조력할 수 있게 된다고 보아야 할 것이므로 변호인의 수사기록 열람·등사권도 변호인의 조력을 받을 권리에 포섭하여야 할 것이다.

헌법재판소는 검사가 보관하는 수사기록에 대한 변호인의 열람·등사는 실질적 당사자대등을 확보하고, 신속·공정한 재판을 실현하기 위하여 필요불가결한 것으로 보아 그에 대한 지나친 제한은 피고인의 신속·공정한 재판을 받을 권리와 변호인의 조력을 받을 권리를 침해한다고 판시했으며,[25] 구속적부심사건 피의자의 변호인에게 피의자신문조

서에 대한 열람 및 등사를 거부한 경찰서장의 정보비공개결정이 변호인
의 피구속자를 조력할 권리를 침해한다고 결정했다.[26] 결국 헌법재판소
도 변호인의 수사기록 열람·등사권을 헌법상 기본권인 변호인의 조력
을 받을 권리의 한 내용으로 보고 있다고 생각된다.

(5) 의뢰인과 변호인간 신뢰의 보호

형사적으로 볼 때 일반국민이 변호사로부터 법률자문을 구하는 이유
는 사전적으로 보면 법의 무지로 인하여 형법규정을 위반하여 소추될지
모르는 위험을 예방하기 위한 것이고, 사후적으로 보면 수사절차나 소
송절차에서 자신의 권리를 주장하고 국가 공권력의 침해로부터 자신을
방어하기 위한 것이다. 그런데 의뢰인이 형사상 위험을 대비하고 강제
수사에 대항하기 위하여 변호인의 조력을 실질적으로 충분히 받기 위해
서는 비밀보장의 신뢰가 전제되어야 한다. 이러한 신뢰는 단순히 변호
사가 비밀을 만연히 공개하지 않으리라는 확신만으로는 부족하며, 변호
사가 보지하고 있는 비밀이 국가의 강제처분에 의해서도 안전하리라는
확신이 수반되어야 형성된다. 결국 의뢰인과 변호인간 신뢰의 보호는
공권력의 남용이 초래하는 개인의 인권 침해를 방지하기 위하여 헌법상
인정된 기본권인 변호인의 조력을 받을 권리의 또 다른 모습이라고 보
아야 할 것이다.

이처럼 헌법상 관점에서 이해할 때, 변호사에게 그 직무상 알게 된 비
밀의 유지의무를 부과하는 변호사법 제26조, 변호사가 업무상 지득한
타인의 비밀을 누설하는 것을 금지하고 있는 형법 제317조, 변호사가

업무상 위탁을 받아 소지 또는 보관하는 물건이 타인의 비밀에 관련되는 경우 변호사에게 압수를 거부할 수 있는 권리를 부여한 형사소송법 제112조 등 여러 법률조항들이 체계적으로 이해된다.

하지만 신뢰보호의 관점에서 볼 때 현행법 규정은 변호인의 조력을 받을 권리를 뒷받침하기에 크게 미흡하다. 영미법상 인정되고 있는 변호사-의뢰인 특권(attorney-client privilege)과 법률자문의 보호 특례(work product doctrine)과 같은 제도의 도입이 시급히 요청된다.[27]

3) 변호인의 조력을 받을 권리의 주체

변호인의 조력을 받을 권리의 주체가 의뢰인인 것은 자명한 일이다. 문제는 변호인도 변호인의 조력을 받을 권리를 독자적으로 주장할 수 있느냐는 것이다. 변호인도 법률전문가로서 독자적으로 판단하여 의뢰인의 이익을 위하여 변호인의 조력을 받을 권리를 주장할 수 있다고 보는 것이 타당하다. 하지만 변호인은 의뢰인의 명시적인 의사에 반하여 행동할 수는 없다.

과거 헌법재판소는 변호인과의 접견교통권은 체포·구속된 피의자나 피고인 자신에 한정되는 신체적 자유에 관한 기본권이고, 변호인이 피의자나 피고인과 접견교통하는 권리는 헌법상 권리가 아닌 형사소송법에 의하여 보장되는 권리에 불과하다고 보았다.[28] 이 결정은 헌법상 변호인의 조력을 받을 권리가 피의자 또는 피고인의 권리에 불과하며, 변호인의 권리는 아니라는 해석을 가능하게 했다. 이에 대해 변호인이 피구속자와 접견교통하는 권리 역시 피구속자가 변호인과 접견교통하는 권리와 상호보완적으로 작용하여 피구속자의 인권보장과 방어준비를 위하여 헌법에서 우러나오는 권리라는 반대의견이 있었다.[29]

헌법재판소의 태도는 수사기록에 대한 열람·등사권 사건에서 변화를 보인다. 변호인의 조력을 받을 권리는 변호인과의 자유로운 접견교통권에 그치지 아니하고 더 나아가 변호인을 통하여 수사서류를 포함한 소송관계 서류를 열람·등사하고 이에 대한 검토결과를 토대로 공격과 방어의 준비를 할 수 있는 권리도 포함된다고 보아야 하기 때문에 변호인의 수사기록 열람·등사에 대한 지나친 제한은 결국 피고인에게 보장된 변호인의 조력을 받을 권리를 침해한다고 본 것이다.[30] 이 결정에서 헌법재판소는 변호인의 활동이 변호인의 조력을 받을 권리에 필수불가결하다는 점을 인식하면서도 변호인의 활동에 대한 제한이 '변호인의 변호권'을 침해하는 것이 아니라 피고인의 '변호인의 조력을 받을 권리'를 침해한다는 논리를 전개하고 있다.

그 후 헌법재판소는 변호인의 조력을 받을 권리는 피의자의 권리일 뿐 아니라 변호사의 권리이기도 하다는 쪽으로 입장을 변경했다.[31] 변호인의 '조력을 받을' 피구속자의 권리는 피구속자를 '조력할' 변호인의 권리가 보장되지 않으면 유명무실하게 되기 때문이다. 헌법재판소는 "피구속자를 조력할 변호인의 권리 중 그것이 보장되지 않으면 피구속자가 변호인으로부터 조력을 받는다는 것이 유명무실하게 되는 핵심적인 부분은 '조력을 받을 피구속자의 기본권'과 표리의 관계에 있기 때문에 이러한 핵심부분에 관한 변호인의 조력할 권리 역시 헌법상 기본권으로써 보호되어야 한다"고 판시했다. 따라서 변호인이 피구속자에 대한 고소장과 경찰의 피의자신문조서를 열람하는 것은 피구속자를 충분히 조력하기 위하여 반드시 보장되지 않으면 안 되는 핵심적 권리라고 보았다.

4) 체포 · 구속되지 않은 자의 변호인의 조력을 받을 권리

지금까지 변호인의 조력을 받을 권리는 체포 또는 구속을 당한 사람에 한정하여 논의가 진행되어 왔다. 대법원이 임의동행의 형식으로 연행된 사람에게도 변호인의 조력을 받을 권리가 있다고 판시[32]했으나, 이 경우 역시 신체의 자유가 억압된 상황이다. 그렇다면 변호인의 조력을 받을 권리는 신병이 구금된 피의자나 피고인에게만 인정되는 제한적인 기본권인지, 다시 말해 체포 · 구속되지 않은 사람에게는 헌법상 변호인의 조력을 받을 권리가 인정되지 않는지, 나아가 대물적 강제처분인 압수 · 수색에 대해서는 헌법상 변호인의 조력을 받을 권리가 인정되지 않는지 등을 고찰할 필요가 있다.

이 문제는 적법절차의 원리와 기본권 보장의 측면에서 접근하여야 한다고 생각한다. 변호인의 조력을 받을 권리를 적법절차의 원리가 실현되는 수단의 하나라고 본다면 체포 · 구속에 한정하여 이를 인정할 필요는 없다. 오히려 변호사의 조력을 받을 권리는 국가의 공권력으로 피해를 입을 수 있는 국민이 전문가의 도움을 받아 대등한 지위에서 자신을 방어할 수 있도록 하자는 데 그 취지가 있기 때문에 체포 · 구속되지 않은 상태에서도, 압수·수색에 대해서도 이를 인정하는 것이 국민의 기본권을 최대한 보장하고 불가피하게 기본권을 제한하여야 할 때에는 적법절차를 따르도록 하는 법치국가의 원리에 충실한 해석이라고 본다. 또한 압수·수색은 헌법이 보장하는 자유권, 주거권, 재산권, 프라이버시권 등을 직접적으로 침해하는 수단일 뿐 아니라, 그 압수·수색으로 피고인에게 유리한 증거가 훼손·멸실될 가능성도 없지 않으므로 이 단계부터 변호인의 조력을 받도록 하는 것이 기본권 보장의 실효성 측면에서도 타당하다. 따라서 헌법이 비록 변호인의 조력을 받을 권리를 체포·구속된 자에 한정하는 것과 같은 형식을 취하고 있으나, 이는 대인적 강제처분이 대물적 강제처분보다 인신의 자유를 더 직접적으로 침해하기 때문에 헌법 차원에서 주의적으로 강조한 것으로 보아야 하며 이를 근거로 대물적 강제처분에 대한 헌법적 보장은 허용되지 않는다는 식으로 해석할 수 없다.

비교법적으로도 미국의 경우 연방 수정헌법 제4조는 불합리한 수색과 압수로부터 보호받을 권리를 보장하고, 확실하지 않은 상황에서는 영장발부가 금지된다는 인권보장 규정을 마련하여 압수·수색의 제한을 형사절차에서의 기본권으로 명시하고 있다.[33] 또 국선변호인의 조력을 받을 수 있는 시기와 관련하여 공판전이라도 경찰의 수사활동이 형사소송절차에서 결정적인 단계(Critical Stage)에 해당한다면 이 단계의 피의자에게도 연방 수정헌법 제6조에 의한 국선변호인 선정청구권을 인정하고 있다.[34] 예컨대 수사기관이 범인 확인을 위하여 실시하는 라인업(Line Up)이 피의자에게 결정적인 단계일 경우 변호인 없이 진행되

있다면 유죄의 증거로 사용할 수 없다고 한다.[35]

비록 체포·구속되기 전이라고 하더라도, 압수·수색의 단계는 피의자의 향후 유·무죄 판정에 결정적으로 작용한다고 보아야 할 것이다. 수사기관이 압수·수색 영장을 신청할 때 범죄사실의 요지와 압수·수색의 사유 등을 영장청구서에 기재하게 하고, 범죄혐의와 압수의 필요성을 인정할 수 있는 자료를 제출하도록 요구하고 있는 것(형사소송규칙 제107조, 제108조)도 압수·수색이 결정적으로 중요하기 때문이다. 이처럼 압수·수색의 단계에서도 변호인의 조력을 받을 권리가 보장되어야 한다고 이해하면, 우리 형사소송법이 변호인에게 압수·수색 영장의 집행에 대한 참여권을 인정하고(제121조, 제219조), 압수·수색 영장의 집행기관에 대하여 변호인에게 영장의 집행시기와 장소를 사전에 통지할 의무를 부과하고 있는 것(제122조, 제219조)을 헌법과 체계적으로 파악할 수 있다. 또 형사소송법 제112조가 규정하고 있는 '업무상 비밀과 변호인의 압수거부권'도 헌법상 변호인의 조력을 받을 권리와 조화롭게 해석할 수 있게 된다.

Ⅳ. 법률자문의 보호

1. 현행법의 흠결

일반적으로 변호사의 조력이 필요한 경우를 시기별로 나누어 보면 다음과 같다. 첫 번째는 소추예방 단계로써 의뢰인이 구체적인 혐의를 받고 있지 않지만 일상생활이나 사업을 영위하는 데 있어서 자신의 행동이 법률에 위반되는지, 또 위반된다면 어떠한 법적 대비를 하여야 하는지에 관하여 변호사의 자문을 구하는 경우다. 두 번째는 혐의를 받고 있는 단계로써 의뢰인이 피의자 신분으로 소추의 위험을 제거하기 위하여 수사기관과 대립하는 과정에서 자기에게 유리한 증거를 수집하고 수사기관의 수사권 남용과 위법을 감시하며 범죄 혐의를 벗기 위하여 변호사의 조력을 받는 경우다. 세 번째는 공소가 제기되어 소송절차가 시작된 단계로써 공소기관에 대립하는 피고인의 당사자 지위를 보장하기 위하여 변호사의 조력이 필요한 경우다. 네 번째는 피의자나 피고인이 체포되거나 구속된 단계로써 변호사는 구금된 자와 접견교통하고 가족 등 관련자와 상담을 통하여 당사자를 보호하고 조력하는 경우다.

지금까지 우리나라 법제와 판례는, 국선변호인제도를 통하여 세 번째 경우와, 접견교통권의 확장을 통하여 네 번째 단계에서 변호인의 조력을 받을 권리가 실현되도록 노력해왔다. 또 두 번째 단계에서의 변호인의 조력을 받을 권리는 업무상 비밀에 관한 압수ㆍ수색을 제한한 형소법 제112조에서 일부 실현되고 있다. 하지만 첫 번째 단계에서의 변호인의 조력을 받을 권리는 전혀 실현되고 있지 않다. 첫 번째 단계에서 의뢰인이 변호사를 선임하여 소추예방적 법률자문을 받았더라도, 그와 관련된 자료가 두 번째 단계에서 압수·수색의 대상이 되어 피의자에게 불리하게 작용한다면 변호인의 조력을 받을 권리는 유명무실해지기 쉽다.

현행 판례의 태도에 비추어 보면, 일상적인 법률자문을 받은 결과가 의뢰인에게 오히려 더 불리하게 작용할 가능성도 있다. 판례가 고의의 입증을 자유로운 증명으로 인정하는 태도에 비추어 보면,[36] 수사기관은 행위자가 변호사로부터 사전에 관련되는 자문이나 법률검토를 받았다는 사실만으로 범죄의 사전인식 내지 미필적 고의, 경우에 따라서는 범죄의 예비나 음모까지 입증하고자 시도할 가능성이 충분히 있다. 사전에 미리 변호사의 자문을 구하며 대비하다 불가피하게 위법에 연루된 자는 고의범으로 처벌하고, 법의 무지로 무모하게 행동한 자는 고의가 입증되지 않는 경우 과실범으로 인정돼 그 처벌이 제한되는 이상한 결론도 예상할 수 있다.

사전에 변호사의 법률자문을 구하는 것이 범죄의 준비행위로 간주될 경우 이는 의뢰인의 일반적 행동자유권, 적법절차의 원리, 변호인의 조력을 받을 권리 등을 침해하는 결과를 낳는다. 또한 변호사는 의뢰인으로부터 충분한 정보를 얻을 수 없어 변호인의 '조력을 받을' 권리에 필수적으로 수반되는 변호사의 '조력할' 권리가 침해된다고 하겠다. 이러한 위험은 강제처분에 의하여 변호사의 업무상 비밀이 공개될 위험, 즉 이에 대한 압수·수색이 최대한 억제될 때 비로소 해소된다.

그런데, 현행법은 압수거부 대상을 지나치게 좁게 규정하고 있다. 형사소송법은 제112조에서 위탁 받은 물건에 대한 압수거부권과 동법 제149조에서 증언거부권을 규정하고 있을 뿐이다. 변호사가 의뢰인을 조력하는 과정을 살펴보면 이러한 규정이 변호인의 조력을 받을 권리를 크게 침해하고 있음을 알 수 있다. 변호사는 의뢰인과 첫째 대화하고, 둘째 물건을 수수하기도 하고, 셋째 법률의견서 기타 변호업무와 관련된 서면을 작성하여 교부하면서 변호인으로 활동한다. 이 중 현행법은 첫째와 둘째의 경우를 보호하고 있으나, 미흡한 면이 있고,[37] 셋째의 경우에는 전혀 보호되고 있지 않다. 영미법에서는 첫째의 경우 변호사-의뢰인 특권(Attorney-Client Privilege)으로, 셋째의 경우 법률자문의 보호특례(Work Product Doctrine)를 통하여 의뢰인의 이익이 공권력에 의해서 침해되지 않도록 보호하고 있다.

2. 영미법상 변호사-의뢰인 특권과 법률자문의 보호 특례

1) 변호사-의뢰인 특권

(1) 의의

변호사-의뢰인 특권은 영미의 증거법상 의뢰인과 변호인 사이에서 의뢰인이 법률자문을 받을 목적으로 비밀리에 이루어진 의사교환에 대하여 의뢰인이 공개를 거부할 수 있는 특권을 의미한다.[38] 이 특권에는 의뢰인과 변호사가 서로 신뢰하는 가운데 의사교환을 하여야 하며, 이러한 신뢰는 그 후에도 계속 유지되어야 한다는 인식을 바탕에 깔고 있다.[39] 따라서 비록 의사교환한 내용이 이미 알려진 사실이라고 하더라도, 서로 이야기하거나 기록한 내용이 비밀인 경우에는 그러한 의사교환 내용은 변호사-의뢰인 특권에 의해서 보호된다.[40] 결국 변호사-의뢰인 특권의 목적은 의뢰인이 변호사에게 솔직하게 이야기하도록 장려하는데 있고,[41] 이는 변호인의 조력을 받을 권리를 충실히 실현시키는 기능을 하고 있다.

변호사-의뢰인 특권의 기원은 로마법으로 거슬러 올라간다. 로마법상 변호인은 의뢰인에 대하여 충실의무를 부담하므로 그 의뢰인이 당사자가 된 사건에서 증인이 될 수 없는 것으로 해석되었다.[42] 영미의 보통법에서는 19세기 초 이 특권이 성립되었다. 하지만 그 범위 등은 확립되지 못했다. 보통법상 변호사-의뢰인 특권은 의뢰인의 비밀에 대한 증언을 강요받지 아니할 변호인의 권리가 아니라, 의뢰인이 변호인으로 하여금 자신의 비밀을 증언하지 못하도록 하는 의뢰인의 권리로 이해되었다. 미국에서는 20세기 연방대법원 판례와 학설에 의해서 확립되었다. 초기 변호사-의뢰인 특권은 계류 중이거나 예정된 소송과 직접 관련된 법률자문에 대해서만 인정되었다.[43]

(2) 요건

20세기 초 변호사-의뢰인 특권을 처음으로 주장한 학자인 John Henry Wigmore 교수가 제시한 변호사-의뢰인 특권의 요건은 아직도 가장 많이 인용되고 있다. Wigmore 교수에 따르면 이 특권은 ①어떠한 종류의 법률자문이라고 하더라도(where legal advice of any kind is sought), ②법률자문가로부터 그의 전문가로서의 지위에 기초하여 구하는 경우(from a professional adviser in his capacity as such), ③그러한 목적과 관련된 의사교환이(the communications relevant to that purpose), ④신뢰를 바탕으로(made in confident), ⑤의뢰인에 의하여 (by the client) 이루어졌다면, ⑥의뢰인의 요구에 따라 영원히(are at his instance permanently protected), ⑦의뢰인 자신이나 법률자문을 한 자에 의한 공개로부터 보호받는 것이나(from disclosure by himself or by the legal adviser), ⑧의뢰인이 스스로 그 보호를 포기하는 경우는 예외(except the client waives the protection)로 한다.[44]

각각의 요건을 살펴보면,

(가) 법률자문

순수한 법률자문이 특권의 범위에 포함되는 것은 당연하나, 문제는 자문의 내용이 법률적인 것에 그치지 않고 사업상의 내용도 포함되는 경우다. 의사교환의 내용이 주로 법률적인 성격을 띠는 경우 당해 의사교환에 법률외적인 내용이 일부 포함된다고 하더라도 변호사-의뢰인 특권이 상실되는 것은 아니라고 한다.[45] 미국 법원은 일반적으로 당해 자문이 주로 사업상의 자문이라면 특권을 인정하지 않지만, 사업상의 자문이 법률상의 자문에 부수하여 이루어진 경우 특권이 유지된다는 입장을 취하고 있다.[46]

(나) 법률자문가

통일증거법(Uniform Rules of Evidence)에 의하면 전문적 법률자문가는 변호사 업무를 수행할 자격이 부여된 자 또는 그러한 자격이 있다고 의뢰인이 합리적으로 신뢰한 자를 의미한다.[47] 이러한 자격은 반드시 미국변호사회에 의하여 부여된 것에 국한되지 않으므로 외국 변호사도 전문적 법률자문가의 범주에 포함된다고 한다.[48] 또 변호사가 고용한 직원도 일반적으로 이에 포함되어, 의뢰인과 변호사의 고용직원 사이에 이루어진 의사교환도 변호사-의뢰인 특권에 의하여 보호될 수 있다고 해석되고 있다.[49] 변호사가 고용한 직원에는 비서(Secretaries), 사무보조(Paralegals)뿐 아니라, 소송을 준비하는 과정에 조사 또는 분석 등을 지원하기 위하여 고용된 전문가들도 포함된다.

변호인과 의뢰인 사이에 이루어지는 모든 의사교환이 변호사-의뢰인 특권으로 보호되는 것은 아니다. 보호를 받기 위해서는 의사교환이 법률자문을 구할 목적으로 이루어진 것이어야 한다. 변호인에게 전달된 내용이라는 이유만으로 항상 공개를 거부할 수 있는 것은 아니다.[50] 또 변호인에게 증거물을 전달하는 것은 의사교환에 해당하지 않는다.[51] 오히려 변호인은 의뢰인에게서 전달받은 증거물을 공개하거나 반환할 의무가 있다고 해석하는 주가 있다.[52]

이 특권은 의사교환이 비밀리에 이루어진 경우 변호인이 그에 대한 비밀을 유지하여야 하는 것을 의미하므로, 의뢰인과 변호인 사이의 의사교환을 제3자가 엿들은 경우 그 제3자는 그 내용을 공개할 수 있다.[53]

(다) 의뢰인

변호사-의뢰인 특권의 보호를 받기 위해서는 의사교환이 의뢰인에 의하여 이루어진 것이어야 한다. 의사교환이 의뢰인의 대리인이나 사자에 의하여 이루어진 경우도 보호대상에 포함된다.[54] 의뢰인의 통제 아래 있고 법률자문을 받는 과정에서 필요한 사람이면 누구나 변호사와 의사 교환했을 경우 의뢰인이 한 것과 마찬가지로 특권의 보호를 받게된다.[55]

의뢰인이 회사일 경우 변호인에 의하여 대리되는 것은 회사 그 자체이지만, 그 회사의 직원에 의한 의사교환도 보호대상이 된다.[56] 의뢰인이 되려는 자와 아직 선임되지 않은 변호인 사이에 이루어진 예비적 의사교환도 일반적으로 보호되는 것으로 이해되고 있다.[57] 의뢰인과 변호인의 관계가 다투어지는 경우 미국 법원은 일반적으로 의뢰인의 인식, 즉 의뢰인이 변호인과의 관계설정을 의도하였는지를 기준으로 당해 의사교환이 보호되는지 여부를 판단하고 있다.[58] 의뢰인과 변호인의 관계가 종료된 후에도 이 특권의 보호는 지속된다.[59]

(라) 특권의 주체

특권의 주체는 의뢰인이다.[60] 초기 판례는 의뢰인이 회사일 경우 당해 회사의 의사결정권을 갖는 자가 특권을 향유한다고 보았다.[61] 하지만 지금은 하급직원이라도 그 직원과 변호인과의 사이에 이루어진 의사교환이 그 직원이 담당하는 회사 업무의 범주에 속하는 사항에 관한 것이고, 직원도 회사가 법률자문을 구할 목적으로 그 직원에게 변호인과 의사교환을 하도록 한 것임을 충분히 인식한 경우에는 그러한 의사교환도 특권의 보호대상이 될 수 있다고 본다.[62] 하지만 특권의 주체는 원칙적

으로 회사의 경영진이므로 하급직원이 특권을 포기할 수는 없다.[63] 회사
의 경영진은 일반적으로 이사와 임원(directors and officers)을 의미하
지만, 사내 변호사도 포함된다는 판례도 있다.[64]

(마) 특권의 포기

영미법상 변호사-의뢰인 특권은 포기될 수 있는 특권이다. 특권의 주
체가 의뢰인이므로 이를 포기할 수 있는 것 또한 의뢰인이다. 의뢰인이
의도적으로 변호인과의 의사교환의 내용을 제3자에게 공개하거나 그에
관하여 증언함으로써 특권을 포기할 수 있다. 또 의도하지 않은 공개에
의해서도 특권이 상실되기도 한다. 사무착오로 변호사-의뢰인 특권에
의하여 보호되는 문서가 공개된 경우 이는 특권의 포기에 해당한다.[65]

(3) 적용범위

변호사-의뢰인 특권에 의하여 보호되는 것은 의뢰인과 변호인 사이
의 의사교환 그 자체이며, 의사교환의 내용을 이루고 있는 사실관계가
아니다.[66] 예컨대 회사의 대표이사가 사내 변호사와 회사의 주식에 관
하여 대화를 나눈 경우 대표이사는 그 대화가 변호사-의뢰인 특권에
의하여 보호된다고 주장할 수는 있지만, 변호사와 대화를 나누기 전에
이미 알고 있었던 회사의 주식 관련 내용까지 증언을 거부할 수 있는 것
은 아니다.[67]

의뢰인이 변호인에게 보관 목적으로 전달한 문서는 일반적으로 이 특
권의 적용대상이 아니라는 것이 미국 연방대법원의 입장이다.[68] 미국
연방대법원은 의뢰인이 법률자문을 구할 목적으로 변호인에게 문서를

전달한 경우라도 변호사-의뢰인 특권은 적용되지 않는다고 판시했다. 변호인과 의사교환의 목적으로 작성된 것이 아닌 문서, 즉 기존 문서(Preexisting Document)는 의뢰인의 수중에 있는 동안 변호사-의뢰인 특권의 적용대상이 아니었다면 변호인에게 전달된 이후에도 특권의 적용대상이 될 수 없고, 의뢰인의 수중에 있었다면 제출을 강제할 수 없는 문서의 경우 그 문서가 변호인에게 전달된 후에도 제출을 강제할 수 없게 된다.[69]

범죄행위와 관련, 의뢰인이 이미 저지른 범죄와 관련하여 변호인에게 법률자문을 구하는 경우 그러한 의사교환이 변호사-의뢰인 특권의 보호를 받지만,[70] 의사교환이 장래의 범죄수행을 용이하게 하기 위한 것인 경우에는 특권의 보호대상에서 제외된다.[71]

2) 법률자문의 보호 특례

(1) 의의

법률자문의 보호 특례는 영미의 증거법상 인정되는 법리로써 1947년 미국 연방대법원의 Hickman v. Taylor 사건[72]에서 인정된 이래 연방민사소송규칙(Federal Rules of Civil Procedure)[73]과 연방형사소송규칙(Federal Rules of Criminal Procedure)[74]에서 명문화되었다. Hickman 사건에서 연방대법원은 변호인이 소송을 예상하여 또는 소송을 준비하는 과정에서(in anticipation of or in preparation for litigation) 작성한 서류, 메모, 기타 유사한 자료는 소송상 증거개시(Discovery)로부터 제한적인 면제가 인정된다고 판시했다. 여기서 제한적이라고 한 이유는 변호인의 사건기록 중 상대방의 소송수행에 불가결한 사실관계가 포함되어 있는 경우 증거개시를 명할 수 있기 때문이다.

미 연방대법원은 이러한 특례를 인정해야 하는 이유를 "변호사가 여러 가지 의무를 이행하는 과정에서 상대편이나 그의 변호사의 불필요한 간섭에서 벗어나 어느 정도 프라이버시를 가질 필요가 있다. 의뢰인의 사건을 적절히 처리하기 위해서 변호사는 부당하고 불필요한 간섭에서 벗어나 정보를 수집하고, 부적절해 보이는 사실로부터 적절하다고 생각하는 사실을 찾아내고, 법률이론을 준비하고, 자기 전략을 세워야 한다"고 설명했다.[75]

법률자문의 보호 특례는 원래 Hickman 사건과 같이 민사소송에서 먼저 인정된 것이나, 미 연방대법원은 U.S. v. Nobles 사건[76] 이후 형사사건에도 적용하고 있다. 미 연방대법원은 형사절차에 법률자문의 보호 특례가 필요한 이유로 "유·무죄를 공정하고 정확하게 판단하기 위해서는 검사와 피고인 양쪽이 모두 사건을 완전히 준비하고 의사 표현할 수 있도록 적절한 보호장치가 필요하다"는 것을 들었다.[77]

(2) 변호사-의뢰인 특례와의 차이

변호사-의뢰인 특례(Attorney-Client Privilege)가 법률자문을 구할 목적으로 의뢰인과 변호인 사이에 비밀리에 이루어진 의사교환만을 보호대상으로 삼는데 반해 법률자문의 보호 특례(Work Product Doctrine)는 소송을 준비하기 위하여 또는 소송을 예상하여 변호인이 직접 작성하거나 또는 변호인의 지시에 따라 작성된 자료를 보호대상으로 삼고 있으므로 그 보호범위가 더 넓다. 예컨대 변호인이 증인인 제3자와 대화한 내용을 메모한 것은 변호사-의뢰인 특례에 의해서는 보호받지 못하지만 법률자문의 보호 특례에 의해서는 보호받을 수 있다. Hickman 판례에서 연방대법원은 법률자문의 보호 특례에 의하여 보호되지만, 변호사-의뢰인 특례에 의하여서는 보호될 수 없는 사항을 예시했다. 변호인이 소송을 예상하여 의뢰인을 위하여 증인으로부터 획득한 정보, 소송을 수행하는 과정에서 변호인 자신의 사용을 위하여 변호인이 작성한 메모, 의견서, 기타 다른 문건과 변호인이 받은 인상, 내린 결론, 갖는 견해나 가설 등을 반영하는 서면 등이다.

흔히 변호사-의뢰인 특례는 법률자문에 접근하는 의뢰인의 이익을 제고하기 위한 것인데 반해 법률자문의 보호 특례는 소송을 준비하는 변호사의 이익을 위해 도입된 것이라고 평가하기도 한다.[78] 하지만 두 특례가 추구하는 목적은 사실상 같다. 주관적으로는 의뢰인을 법적으로 충실하게 변호함(Effective Legal Representation)으로써 그의 이익을 보호하는 것이고, 객관적으로는 정의가 실현되는 사법제도를 구현하는 것이다.[79] 이는 변호인의 조력을 받을 권리를 인정하고 있는 우리 헌법의 정신과 다르지 않다. 피의자·피고인이 변호인으로부터 충실한 법률자문을 받음으로써 공권력의 발동주체이자 법률전문가인 국가와 대등하게 맞서 자기의 이익을 보호받고, 그렇게 함으로써 사법제도는 정의에 기반을 두고 작동하게 된다. 이러한 관점에서 보면, 법률자문을 받은 시점이 사전적이냐 사후적이냐는 중요하지 않다.

3. 영미법상 보호제도의 국내 도입

    변호사-의뢰인 특권과 법률자문의 보호 특례는 비록 미국에서 발전한 개념이지만, 궁극적으로 국가공권력에 의한 부당한 인권침해의 방지를 목적으로 하고 있으므로 그 내용을 그대로 수용하여 우리 헌법상 변호사의 조력을 받을 권리의 한 내용으로 포섭하는 것이 타당하다고 생각한다. 두 특권은 미국의 사법제도 아래서만 작동할 수 있는 특수성을 갖고 있기 보다는 우리 헌법과 형사소송절차에서도 적용될 수 있는 보편성을 갖고 있기 때문이다.[80] 변호사-의뢰인 특권은 다음과 같은 세 가지 전제를 가정하고 있다고 알려졌다.[81] 첫째, 현재의 사법구조 아래서 일반인(Laypersons)은 법률전문가로부터 전문적인 자문을 받지 않으면 자기 이익을 보호하기 어렵다. 둘째, 일반인이 전문적인 자문을 받지 않는다면 현재의 사법구조는 정의를 실현하지 못하는 것이다. 셋째, 현재 사법구조에 일반인이 법률전문가의 자문을 받는 것을 저해하는 장애 요소가 있다면, 일반인은 그러한 자문을 구하려고 애쓰지 않을 것이다. 결국 이러한 가정 아래서 변호사-의뢰인 특권과 그 파생 원칙인 법률자문의 보호는 의뢰인이 변호인으로부터 충분한 도움을 받을 수 있도록 하는 환경을 마련해주고 있다. 위의 세 가지 가정은 우리의 형사사법구조에도 그대로 적용되는 보편적인 내용이므로 헌법상 변호인의 조력을 받을 권리를 해석하는데 있어서 변호사-의뢰인 특권과 법률자문의 원칙을 그 내용의 하나로 포섭하는데 아무런 장애가 없다고 생각한다.

    미국에서 변호인의 조력을 받을 권리가 공정한 재판에 필수적이라고 인정된 배경에는 형사절차가 당사자구조(Adversary System)라는 점과 밀접한 관계가 있으므로 우리나라에 법률자문의 보호 특권을 도입하는 것이 무리라는 견해가 있을 수 있다. 하지만 우리나라 형사절차의 소송구조에 대하여 당사자주의라는 견해,[82] 당사자주의를 기본으로 하면서 직권주의를 보충적으로 수용한 것이라는 견해[83]가 있을 순수한 직권주의라고 이해하는 견해는 거의 찾아보기 힘들다. 많은 학자들은 우리의 구조를 직권주의와 당사자주의가 절충된 소송구조라고 이해하고 있다.[84] 또한 최근 형사소송법 개정과정에서 당사자주의가 대폭 수용된 것은 부인하기 힘들다. 헌법재판소와 대법원은 우리의 형사소송구조를 당사자주의로 이해하는 판결을 내놓고 있다.[85]

다만 수사절차는 범죄사실의 해명에 제1차적 목적이 있으므로 본질적으로 밀행성과 비밀성을 갖게 되고, 피의자는 수사의 일방 주체로서 당사자의 지위를 갖기 보다는 직권주의적 수사의 객체로 인식되고 있다.[86] 따라서 수사절차에서 변호사의 지위는 상대적으로 소송절차에서 보다 약하다고 볼 여지가 있다. 그러나 형사절차에서 변호인의 역할이 피의자나 피고인의 보호자로서 국가의 수사권과 소추권을 행사하는 검사의 권력에 대해서 무기대등을 실현함으로써 수사절차에서는 피의자의 인권을 보호하고, 소송절차에서는 피고인이 소송의 한 주체인 당사자로서 가지는 소송상의 지위를 보호하여 궁극적으로 적법절차에 의한 실체진실의 발견을 견인하는 것이라면 우리 형사절차가 어떠한 구조를 취하고 있는지는 중요한 것이 아니라고 하겠다.[87]

더구나 피의자나 피고인을 보호하는 변호인의 지위는 적법절차와 변호인의 조력을 받을 권리 등을 통하여 헌법이 보장하고 있는 것이다. 변호사–의뢰인 특권이나 법률자문의 보호 특례와 같은 영미법상의 이념과 제도가 우리 헌법이 보장하는 적법절차와 변호인의 조력을 받을 권리와 동일한 이념적 기초 위에서 인정되고 있는 것이므로 이를 적극적으로 수용하는 것이 헌법적 형사절차의 구현[88]에 부합한다. 수용하는 방법에 있어서도 궁극적으로는 형사소송법의 개정을 통하는 것이 바람직하나, 개정 전이라도 그 제도가 피의자, 피고인, 변호인의 절차상 지위를 강화하여 헌법의 이념을 구체화하는 것이라면 적극적으로 우리 법제의 해석에 적용하여 법의 흠결을 보충하는 것이 바람직하다.

판례소개

서울중앙지법 2008. 10. 9. 선고 2007고합877 판결

【사건 개요】

S회사 성북사업소에 대한 압수수색 과정에서 S회사가 K법무법인 C변호사로부터 법률자문을 받은 의견서가 발견되었다. 피고인과 변호인은 이 사건 의견서를 범죄인정의 자료로 제출 및 사용하는 것, 나아가 이 사건 의견서의 작성 경위 등에 관한 내용이 포함된 검찰 진술조서를 증거로 사용하는 것은 헌법 제12조 제4항에서 규정하고 있는 변호인의 조력을 받을 권리를 침해하는 것이라고 주장하였다.

【판시 내용】

1) 누구든지 일상적인 생활을 함에 있어 자신이 행한 행위가 법률에 위반되는지, 또 위반된다면 어떠한 법적 대비를 하여야 하는지에 관하여 변호사의 자문을 구하는 경우가 통상적으로 있을 수 있는 바,

이와 같은 경우 그 의뢰인이 범죄를 구성할 수 있는 자신의 행위가 형사소추의 위험에 대비하고 강제수사에 대항한다는 측면에서 변호인의 조력을 충분히 받기 위해서는 변호인과의 사이에 비밀보장이라는 신뢰가 전제되어야 할 것이다.

2) 비록 우리의 현행법 상 명문의 규정은 없지만, 앞서 본 판례의 취지, 현행법 상 변호인과 의뢰인 사이의 비밀유지에 관한 각 규정의 취지 및 한계 등을 고려하면, 피의자 또는 피고인에 대하여 비록 형사소송법 등에서 구체적으로 규정되고 있지 않으나 헌법 제12조 제4항에 의하여 인정되는 변호인의 조력을 받을 권리 중 하나로서, 변호인과 의뢰인 사이에서 의뢰인이 법률자문을 받을 목적으로 비밀리에 이루어진 의사 교환에 대하여는 의뢰인이 그 공개를 거부할 수 있는 특권을 보유하는 것이라고 보아야 할 것이다.

3) 의뢰인의 보호를 위하여 의뢰인에게 위 특권이 인정된다면, 그 특권은 ①전문적인 법률적 조언자로서의 지위에 기초하여 법률자문가가 행하는 모든 종류의 법률 자문에 관하여, ②법률 자문의 목적과 관련된 그 의사 교환이 의뢰인에 의하여 신뢰를 바탕으로 비밀리에 이루어졌다면, ③의뢰인의 요구에 따라 영원히, ④의뢰인 자신이나 법률자문을 한 자에 의한 공개로부터 보호받는 것이라고 볼 수 있다.

Ⅳ. 비변호사에 의한 법률업무

1. 법조인과 법률가

언제부턴가 우리 사회에서 법조인과 법률가는 서로 다른 의미로 사용되고 있다. 법조인은 사법시험을 합격하고 사법연수원을 졸업한 사람을 의미하고, 법률가는 법을 공부하여 나름대로 전문성을 가진 사람을 의미한다. 법을 안다는 것은 공통분모이고, 법조인에만 있는 특성은 사법시험 합격이다. 사실 법조인은 법률가보다 법조인으로 불리기를 바라기 때문에(그 이유는 아마 자격증에 있을 것이다), 법률가는 사법시험에 합격하지 않았지만 법에 대한 전문적 지식이 있는 사람, 결국 법학교수를 포함하는 정도의 의미밖에 없다.

우리 사회에는 법조인도, 법률가도 아니지만 법을 잘 아는 전문가도 꽤 많다. 변호사라는 자격증은 없지만, 회사에서 법과 관련된 업무를 수십 년 동안 다루어온 사람의 경우 그 회사를 나오더라도 전에 다루었던 사건과 비슷한 일에 대한 법률자문은 할 수 있지 않을까? 그러나 우리나라 변호사법은 이를 금지하고 있다. 변호사법 제109조 제1호는 "변호사가 아니면서 금품 · 향응 또는 그 밖의 이익을 받거나 받을 것을 약속하고 또는 제3자에게 이를 공여하게 하거나 공여하게 할 것을 약속하고 다음 각 목의 사건에 관하여 감정 · 대리 · 중재 · 화해 · 청탁 · 법률상담 또는 법률관계 문서 작성, 그 밖의 법률사무를 취급하거나 이러한 행위를 알선한 자"에 대하여 7년 이하의 징역 또는 5천만 원 이하의 벌금에 처한다고 규정하고 있다.

> **변호사법 제109조 (벌칙)** 다음 각 호의 어느 하나에 해당하는 자는 7년 이하의 징역 또는 5천만 원 이하의 벌금에 처한다. 이 경우 벌금과 징역은 병과할 수 있다.
>
> 1. 변호사가 아니면서 금품·향응 또는 그 밖의 이익을 받거나 받을 것을 약속하고 또는 제3자에게 이를 공여하게 하거나 공여하게 할 것을 약속하고 다음 각 목의 사건에 관하여 감정·대리·중재·화해·청탁·법률상담 또는 법률관계 문서 작성, 그 밖의 법률사무를 취급하거나 이러한 행위를 알선한 자
>
> 가. 소송 사건, 비송 사건, 가사 조정 또는 심판 사건
> 나. 행정심판 또는 심사의 청구나 이의신청, 그 밖에 행정기관에 대한 불복신청 사건
> 다. 수사기관에서 취급 중인 수사 사건
> 라. 법령에 따라 설치된 조사기관에서 취급 중인 조사 사건
> 마. 그 밖에 일반의 법률사건

이러한 변호사법의 내용은 1993년 법 개정 때 도입된 것이다. 당시 변호사법 제90조는 "변호사가 아니면서 금품·향응 기타 이익을 받거나 받을 것을 약속하고 또는 제3자에게 이를 공여하게 하거나 공여하게 할 것을 약속하고, 소송사건·비송사건·가사조정 또는 심판사건·행정심판 또는 심사의 청구나 이의신청 기타 행정기관에 대한 불복신청사건, 수사기관에서 취급 중인 수사사건 또는 법령에 의하여 설치된 조사기관에서 취급중인 조사사건 기타 일반의 법률사건에 관하여 감정·대리·중재·화해·청탁·법률상담 또는 법률관계문서작성 기타 법률사무를 취급하거나 이러한 행위를 알선한 자"에 대하여 5년 이하의 징역 또는 1천만 원 이하의 벌금에 처하거나 이를 병과할 수 있도록 규정하여 현

행 규정과 큰 차이가 없다.

1993년 개정 전 변호사법은 그렇지 않았다. 당시 변호사법 제78조는 "변호사가 아니면서 금품·향응 기타 이익을 받거나 받을 것을 약속하고 또는 제3자에게 이를 공여하게 하거나 공여하게 할 것을 약속하고 소송사건·비송사건·가사조정 또는 심판사건·소원 또는 심사의 청구나 이의신청 기타 행정기관에 대한 불복신청사건, 수사기관에서 취급중인 수사사건 또는 법령에 의하여 설치된 조사기관에서 취급중인 조사사건에 관하여 감정·대리·중재·화해 또는 청탁을 하거나 이러한 행위를 알선한 자"에 대하여 5년 이하의 징역 또는 1천만 원 이하의 벌금에 처하거나 이를 병과할 수 있도록 규정하고 있었다.

과거 변호사법과 현행 변호사법의 차이는 어디에 있을까? 얼핏 보면 비슷한 것 같지만, 사실은 엄청난 차이가 있다. 과거에는 변호사가 아닌 사람이 법률상담, 법률관계 문서작성, 기타 법률사무를 취급하는 데 대하여 아무런 규제가 없었지만, 지금은 그렇지 않은 것이다. 이는 변호사 업무의 변호와 밀접한 관련이 있다. 과거에는 변호사 업무가 송무에 국한되었고, 또 그래도 변호사들이 먹고 사는 데 아무런 문제가 없었지만, 지금은 다르다. 우리나라도 경제규모가 커지고 국제화되면서 변호사 업무도 기업에 대한 법률자문 비중이 높아졌다.대형 로펌의 업무 형태를 보면 이해가 쉬울 것이다. 먹거리의 종류가 바뀌자 변호사들은 법의 보호막을 확대하게 된 것이다. 이것이 1993년 변호사법 개정이다.

1993년 법 개정이 중요한 의미를 갖는 것은 법률시장의 개방과 관련해서다. 1980년대 미국이 집요하게 일본의 법률시장 개방을 요구하는

> **▶ 1993년 이후 변호사법**
>
> 변호사가 아니면서 금품·향응 기타 이익을 받거나 받을 것을 약속하고 또는 제3자에게 이를 공여하게 하거나 공여하게 할 것을 약속하고, 소송사건·비송사건·가사조정 또는 심판사건·행정심판 또는 심사의 청구나 이의신청 기타 행정기관에 대한 불복신청사건, 수사기관에서 취급 중인 수사사건 또는 법령에 의하여 설치된 조사기관에서 취급중인 조사사건 기타 일반의 법률사건에 관하여 감정·대리·중재·화해·청탁·법률상담 또는 법률관계 문서작성 기타 법률사무를 취급하거나 이러한 행위를 알선한 자
>
> **▶ 1993년 이전 변호사법**
>
> 변호사가 아니면서 금품·향응 기타 이익을 받거나 받을 것을 약속하고 또는 제3자에게 이를 공여하게 하거나 공여하게 할 것을 약속하고 소송사건·비송사건·가사조정 또는 심판사건·소원 또는 심사의 청구나 이의신청 기타 행정기관에 대한 불복신청사건, 수사기관에서 취급중인 수사사건 또는 법령에 의하여 설치된 조사기관에서 취급중인 조사사건에 관하여 감정·대리·중재·화해 또는 청탁을 하거나 이러한 행위를 알선한 자

것을 지켜 본 우리나라 법조계는 변호사법에 큰 구멍이 있다는 것을 알게 되었다. 당시 변호사들은 송무에만 신경쓰고 있었지만, 외국 로펌은 송무에는 전혀 관심이 없고, 기업에 대한 법률자문 업무에만 눈독을 들이고 있었다. 그런데 당시 변호사법에 의하면, 외국 로펌이 국내에 들어와 법률자문 업무를 하더라도 아무런 제한이 없었다. 외국 변호사는 국내 변호사 자격은 없지만, 그렇다고 법률상담, 법률관계 문서작성 등을 하는 것을 금지하는 법도 없었기 때문이다. 이에 우리나라 법조계는 급히 변호사법을 개정하게 된 것이다.

문제는 개정된 변호사법이 변호사의 업무를 지나치게 확대하여 보호하고 있다는 점이다. 법률과 관련된 모든 사무는 변호사만이 할 수 있다는 식의 규정 형식이다. 법률상담 또는 법률관계 문서작성이라는 포괄적 용어를 사용하고 있을 뿐 아니라 "기타 일반의 법률사건"이라는 불명확한 용어까지 사용하면서 변호사 업무를 확대하고 있다.

만약 변호사가 아닌 사람이 자신이 변호사가 아님을 밝히고, 자신이 아는 지식으로는 이런 저런한 경우에 이렇게 된다는 법률자문을 하고 금품을 받으면 누구의 이익을 침해하는지 의문이다. 이에 대한 반론은 흔히 자격증 제도를 유지하는 한 어쩔 수 없다는 것이다. 하지만 자격증 제도 중 변호사법처럼 포괄적으로 업무 범위를 규정한 것이 또 있는지 의문이다. 법치국가에서 모든 문제가 법과 연결돼 있는데, 법에 관한 모든 업무는 변호사만 할 수 있다고 하는 것은 지나친 직역이기주의다.

그동안 사법시험의 대표적인 폐해로 지적된 것이 법학교육과 법조인 양성제도의 불일치에 있다. 사법시험과 법학교육이 괴리되면서 학교에서의 법학교육이 무용지물이 되는 현상을 많았다. 사법시험에 합격하려고 학생들은 고시학원이 몰려 있는 신림동에 들어가 생활하고, 학교에서 아무리 열심히 법학을 공부한 학생은 사법시험에 합격하지 못하면 자신의 지식을 사용할 방법이 없는(정확하게 말하면 사용하려고 하면 변호사법 위반으로 처벌받게 되는) 문제를 해결하는 가장 쉬운 방법은 변호사가 아닌 자도 법률자문을 할 수 있게 허용하는 것이다. 물론 자격자가 아니므로 제한이 따르는 것은 어쩔 수 없다. 현재 사법시험 제도는 모 아니면 도의 인생을 양성하는 것이기 때문에 잘못이다. 법학전문대학원 제도가 도입된다고 해도 이 문제는 해결되지 않는다. 오히려 법학 전문대학원 제도는 많은 학생들이 법학을 전혀 공부하지 않도록 유도하는 부작용이 있다. 법학은 법학전문대학원에 입학한 학생만 하면 되는 것으로 인식될 수 있기 때문이다.

흔히 미국도 이처럼 변호사가 아닌 자의 법률사무를 엄격하게 처벌한다고 하는데, 변호사 수가 100만 명이 넘는 나라와 변호사 수 1만 명이 넘는 나라, 변호사 시험 합격율이 70~80%인 나라와 3~5%인 나라를 동일한 선에 놓고 비교할 수 없다. 변호사가 많은 나라에서는 변호사가 아닌 자에 대한 법률사무를 제한하는 것이 정당성이 있지만, 변호사가 많지 않은 나라에서는 그렇지 않다.

안타까운 것은 헌법재판소의 태도다. 처벌규정은 명확하여야 하는데도 변호사법은 "기타 일반의 법률사건"이나 "기타 법률사무"라는 포괄적이고 불명확한 용어를 사용하고 있다. 그럼에도 불구하고 헌법재판소는 이 조항을 합헌이라고 보고 있다. 헌법재판소는 2007년 8월 "법률규정의 '일반의 법률사건'과 '법률사무'는 건전한 상식과 통상적인 법 감정을 가진 일반인이 구체적으로 어떤 사건 또는 사무가 이에 해당하는지 알 수 있다고 보여지고 법관의 자의적인 해석으로 확대될 염려가 없다고 할 것이므로 죄형법정주의에서 요구하는 형벌법규의 명확성의 원칙에 위배된다고 볼 수 없다"고 결정하였다.[89] 변호사법 해당 조항이 가지는 사회적 의미를 보지 못하고, 법조직역이라는 우물 안에서 세상을 바라보는 재판관들의 좁은 사고가 여실하게 드러나는 결정이다.

제 3 장

외국 변호사와 시장개방

Ⅰ. 법의 글로법화와 초대형 로펌의 탄생

1. 법의 글로벌화(Globalization of Law)

21세기는 글로벌 시대다. 글로벌화(Globalization)란 국경을 넘는 이동을 의미한다. 그 대상은 사람, 물건, 사상, 문화 등 다양하다. 이런 현상은 과거에도 있었다. 최근의 글로벌화는 주로 경제적인 측면에 초점이 맞춰져 있는 것이 과거와 다른 점이다. 국경을 초월한 거래가 주된 화두로 등장한 것이다. 많은 학자들은 21세기 글로벌의 핵심을 경제에서 찾고 있다.[1] 경제를 중심으로 살펴보면 21세기 글로벌화는 달러, 영어, 그리고 미국법이라는 세 가지 형태로 나타나고 있다.[2] 달러로 대표되는 미국의 자본시장과 영어로 대표되는 미국 문화의 세계화에 대해서는 비판적인 견해를 피력하는 사람들이 많지만 미국법, 좀 더 범위를 확대해서 영미법의 세계 지배 현상은 상대적으로 크게 주목받지 못하고 있다. 사실 영미법의 세계지배 현상은 그리 오래된 일은 아니다. 법이란 주권국가를 중심으로 집행되기 때문에 한 나라의 법이 국경을 넘어 다른 나라에서 이뤄지는 법률행위까지 규제할 수 없기 때문이다. 하지만 국제거래의 글로벌화는 생산과 소비의 글로벌화를 초래했고, 마침내 법의 글로벌화가 나타나게 됐다.

1) 다국적 기업과 보편적 법의 탄생

다국적 기업(Multi-national Enterprise)이 세계 경제에서 차지하는 비중은 날로 커지고 있다. 다국적 기업은 여러 나라에 생산설비를 갖고 있다. 1990년대 초에 이미 미국 기업이 해외에 갖고 있는 관계회사 수는 1만 8,000개가 넘는다는 통계가 있다.[3] 2008년 세계 최대 기업인 월마트(Wal-mart)의 매출은 3,787억 달러, 수익은 127억 달러가 넘는다.[4] 2007년 우리나라의 수출총액은 3,718억 달러로 월마트의 전 세계 매출액에 모자란다. 세계 500대 다국적 기업이 세계 경제에서 차지하는 비중은 총 제조물 수출의 1/3, 총 상품 거래의 3/4, 기술 및 경영 서비스 거래의 4/5에 달한다고 한다.[5]

최근에는 다국적 기업보다 한 단계 더 진보한 글로벌 기업(Global Enterprise)이란 용어도 사용된다.[6] 다국적 기업이 한 나라에 헤드쿼터를 두고 세계 여러 지역에 소재한 현지 지사를 지휘 통제하는 방식을 취했다면, 글로벌 기업은 지구촌 곳곳에 자리 잡은 여러 자회사들이 서로 밀접한 관계를 맺고 마치 오케스트라처럼 화합을 이뤄 생산하는 기업을 뜻한다. 세계 100여 개 국에 진출해 있는 코카콜라가 요즘 스스로를 미국회사라고 부르지 않고 국제기업이라고 말하는 것도 결국 같은 개념이다. 정보통신의 발달은 여러 국가에 소재한 기업 간 의사소통을 원활하게 만들어 글로벌 기업, 또는 다국적 기업의 성장을 더욱 촉진하고 있다.

다국적 기업이 성장하면서 개별 국가의 힘은 약화되고 있다. 글로벌 경제에서 정치 조직은 부적절하다고 지적한 소로스의 말대로 개별 국가는 글로벌 시대에 통제력을 상실해가고 있다.[7] 수십 개 국가에 진출해 있는 다국적 기업에게 개별 국가는 큰 의미가 없다. 특정 국가의 법과 제도가 자기에게 맞지 않을 경우 수정을 요구할 수 있는 힘을 갖고 있다.[8] 국내 경제성장을 위해 다국적 기업에 의존할 수밖에 없는 개별 국가는 이의 요구에 결국 응할 수밖에 없다.[9] 다국적 기업은 일종의 생산지 쇼핑을 할 수 있게 된 것이다. 그 결과 세계 많은 국가의 경제관련 법과 제도는 통일되는 경향을 나타내게 된다.

편의성이라는 경제적 측면만 고려해도, 국제거래에서 사용되는 법규의 통일화 현상은 쉽게 설명된다. 다국적 기업이나 이와 거래하는 금융회사 입장에서는 한 가지 계약서 양식으로 통일해서 사용하는 것이 편리하다. 통일된 계약 양식은 예측가능성을 높일 수 있다. 따라서 다국적 기업의 힘이 세면 셀수록, 국제거래의 당사자가 많으면 많을수록 준거법이나 거래 관행을 하나로 통일하려는 움직임은 강해지기 마련이다.

하지만 세계적인 다국적 기업이 모두 미국 기업인 것은 아니기 때문에 다국적 기업의 성장이 곧 미국법의 지배를 의미하지는 않는다. 세계의 경제관련 법규가 어느 나라의 법으로 통일되느냐는 여러 민족 간 의사소통을 매개로 하는 언어와 밀접한 관련이 있다. 현재 국제거래에서 보편적으로 활용되는 언어는 영어뿐이다. 21세기 세계의 유일한 패권 국가가 미국이기 때문이다. 독일, 프랑스, 스페인, 핀란드 등에 본부를 둔 다국적 기업도 미주, 아시아 등에 소재한 자회사와 의사소통하려면 영어를 사용해야 한다. 영어의 사용은 미국식 서류 작성과 사고 방식이 보편화되는 데 기여하고 있다.[10] 결국 다국적 기업의 성장과 영어의 세계 언어화는 미국법이 세계로 진출하는 데 결정적으로 기여했다.

2) 위험성 증가와 그 보완으로서의 법

다국적 기업이 어떤 나라에 진출할 때 고려하지 않을 수 없는 것이 그 곳에서의 위험성이다. 특히 진출국가가 개발도상국일수록 정치 경제적 불안이 심하기 때문에 그러한 위험으로부터 벗어날 수 있는 장치를 마련해 놓고 싶어한다. 당사자 사이의 법률관계와 분쟁이 발생할 때 해결하는 방법 등에 대한 약속이 사전에 명확하게 이뤄져야 예측가능성이 높아진다.

흔히 사업 초기 두 기업이 계약을 맺는 방식에는 두 가지가 있다고 한다. 하나는 미국식으로 사전에 모든 우발적인 상황을 감안해서 계약서를 마련해 놓는 방식이고 또 다른 하나는 일본식으로 큰 원칙에 대해서만 합의한 후 서로 웃으며 사진 찍는 방식이다. 같은 문화권에서 자라난 계약 당사자 사이에선 두 번째 방식도 의미가 있을 수 있다. 하지만 서로 다른 문화권에서 자란 당사자들이 관계되는 다국적 기업의 계약에 있어서는 미국식으로 계약서를 작성하는 방법이 선호될 수밖에 없다.

따라서 사업 초기 단계부터 변호사가 개입하게 되고, 다국적 기업을 대변하는 변호사는 특정 국가의 법과 제도보다는 이미 확립된 법 원칙에 근거해서 계약서를 만들기 마련이다.

2. 법률실무의 글로벌화와 초대형 로펌의 탄생

법의 글로벌화는 필연적으로 법률실무의 글로벌화를 초래한다. 거래의 기초가 된 법률을 가장 잘 이해하는 전문가에 대한 수요는 세계 곳곳에서 창출되고 있다. 최근 법률실무의 글로벌화는 로펌의 대형화로 이어지고 있다.

1) 세계의 로펌 현황[11]

세계의 법무서비스 시장은 90년대 이후 글로벌화(Gobalization)하는 모습을 보이고 있다. 그 중심에 서 있는 것이 영미계 로펌이다. 영미계 로펌은 유럽시장뿐만 아니라 세계 법률시장을 장악하고 있다. 2006년 매출액 기준 세계 100대 로펌 중 75개가 미국계, 17개가 영국계이며 나머지는 8개에 불과하다는 사실은 영미계 로펌이 세계 법률시장을 완전히 장악하고 있으며 다른 나라의 법률시장은 개방 후 영미계 로펌 아래 편입되고 있음을 보여주고 있다. 2006년 매출액 기준 세계 10대 로펌은 영국계와 미국계뿐이다. 그 구체적인 내용은 다음과 같다.

매출액 기준 세계 최대 로펌인 Clifford Chance의 성장은 최근 글로벌

〈표 1〉 세계 10대 로펌 현황

순위	법률사무소 이름	성향	본점 소재	추정 매출액(100만$)
1	Clifford Chance	국제	영국	1,875
2	Linklaters	국제	영국	1,702
3	Skadden, Arps, Slate, Meagher & Flom	뉴욕 중심	미국	1,610
4	Freshfields Bruckhaus Deringer	국제	영국	1,605
5	Latham & Watkins	국내	미국	1,412
6	Baker & McKenzie	국제	미국	1,352
7	Allen & Overy	국제	영국	1,340
8	Jones Day	국내	미국	1,285
9	Sidley Austin	국내	미국	1,124
10	White & Case	국제	미국	1,046

* 출처 : The American Lawyer, October, 2006

화가 법무서비스시장에 미치는 영향을 잘 보여주고 있다. 이 로펌은 2000년 초 미국 뉴욕의 Rogers & Wells와 독일의 Punder, Volhard, Weber & Axster를 흡수합병하면서 세계 최대로 탄생했다. 그 전까지 세계 최대 로펌의 자리는 미국계 로펌이 차지하고 있었다. Clifford Chance는 런던을 중심으로 뱅킹과 파이낸스 쪽에 뛰어난 로펌이었지만, 뉴욕의 월스트리트에서는 활약이 미비했다. 변호사 400명 규모의 Rogers & Wells와 변호사 250명 규모의 Punder Volhard를 흡수 합병한 것은 런던, 뉴욕, 프랑크푸르트, 홍콩을 잇는 전 세계 네트워크를 구축했다는 의미를 담고 있다.

〈표 2〉는 1993년과 2000년의 세계 10대 로펌을 비교한 것이다. 이 표는 90년대 글로벌화가 법무서비스 시장에 미친 영향을 확실하게 보여준다. 93년부터 2000년까지 가장 급성장한 로펌은 영국의 Allen &

〈표 2〉 90년대 로펌의 성장

93년	이름	소속국	파트너	고용 변호사	변호사 총계	2000 년	이름:( )는 93년 순위	소속국	파트너	고용 변호사	변호사 총계
1	Baker & McKenzie	US	506	1127	1633	1	Baker & McKenzie	US	588	2037	2625
2	Clifford Chance	UK	230	926	1156	2	Clifford Chance	UK	580	2020	2600
3	Jones Day Reavis & Pogue	US	407	658	1065	3	Skadden Arps Slate Meagher & Flom	US	314	1052	1366
4	Skadden Arps Slate Meagher & Flom	US	229	785	1014	4	Freshfields (12)	UK	277	1050	1327
5	Fulbright & Jaworski	US	265	474	739	5	Jones Day Reavis & Pogue	US	416	903	1319
6	Sidley & Austin	US	273	448	721	6	Allen & Overy (22)	UK	265	1020	1285
7	Eversheds	UK	204	500	704	7	Eversheds	UK	386	676	1062
8	Linklaters & Paines	UK	140	548	688	8	Linklaters	UK	229	807	1036
9	Gibson Dunn & Crutcher	US	232	450	682	9	White & Case (37)	US	218	799	1017
10	O' Melveney & Myers	US	177	503	680	10	Latham & Watkins (24)	US	322	662	984

* "Dateline 2000: The World' s Biggest Firms," Int' l Financial Law Review 1월호 기준으로 재구성.

Overy(127.8%), Clifford Chance(127.0%)와 미국의 White & Case (124.9%) 등이다.[12] 특히 White & Case는 93년 변호사 수 448명으로 세계 37위에 불과했으나 2000년에는 변호사 수 1017명의 세계 9위 규모로 성장했다. 이들 로펌의 특징은 글로벌화에 적극적이었다는 것이다. 〈표 2〉에서 보듯 본사 소재지 국가 이외에서 근무하는 변호사 비율이 Clifford Chance는 80%, Allen & Overy는 61%, White & Case는 56%에 달한다.

최근 세계의 로펌시장을 살펴보면 다음과 같은 몇 가지 특징을 발견할 수 있다.

첫째, 로펌이 대형화되고 있다. 1993년 세계 40대 로펌의 평균 변호사 수는 621명이었으나 2000년에는 921명으로 48% 증가했다.[13] 이러한 수치 증가는 세계 법무서비스 시장에서 덩치 키우기 경쟁이 벌어지고 있음을 의미한다. 또 규모가 클수록 사건 수임에 유리하다는 사실에 대한 반증이기도 하다.

둘째, 세계 법무서비스 시장에서 미국의 지배력은 압도적이다. 100대 로펌 중 81개가 미국계이며, 100대 로펌의 총매출액 중 77%가 미국계에서 나왔다. 미국 로펌은 세계 경제 질서의 중심축인 미국 경제를 배경으로 유럽 시장까지 진출하고 있으나, 미국 시장을 제대로 공략하고 있는 외국 로펌은 없다고 해도 과언이 아니다.[14] 영국의 Clifford Chance가 2000년 미국의 Rogers & Wells를 합병하면서 영국 로펌의 미국 상륙을 예고하는 전망도 있었으나, 그 후 별다른 징후가 나타나지 않고 있다.

셋째, 영국 로펌의 성장이 눈에 띈다. 영국의 일류 로펌들은 세계 10대 로펌 안에 5개가 포함되는 등 매출액 기준이나 변호사 수 기준에서 세계 최대 수준이다. 이는 런던 소재 로펌들이 90년대 독일, 프랑스, 이탈리아 등 다른 EU 국가의 로펌을 지속적으로 흡수 합병한 결과다. 〈표 2〉에서 보듯 93년 세계 10대 로펌에 포함된 영국 로펌은 Clifford Chance, Eversheds, Linklaters & Paines 등 3개에 불과했다. 이 같은 영국 로펌의 상대적 우위는 법무서비스가 단순히 한 국가의 경제력만으로 설명할 수 없음을 알려 주고 있다.

넷째, 호주 로펌도 세계적인 수준의 대형화에 성공했다. 세계 100대

로펌에 호주 로펌이 셋이나 포함돼 있다. 호주 최대 로펌인 Mallesons Stephen Jaques로 2000년 2억 988만 달러의 매출을 올려 세계 85번째 규모다. Minter Ellison은 2억 288억 달러, Freehills는 1억8947만 달러의 매출을 기록했다. 이들 로펌들은 변호사 수도 각각 987명, 804명, 626명에 달한다. 미국과 영국을 제외한 국가 중에서 세계 100대 로펌에 포함된 나라는 호주, 캐나다(1개, MaCarthy Tetrault)에 불과하다.

이상에서 세계의 법무서비스 시장은 영어권 국가 로펌들에 의해 완전히 장악됐음을 알 수 있다. 특히 우리나라의 법무서비스 시장에 관심을 갖고 있는 영국, 미국, 호주의 로펌들은 대부분 글로벌화 전략을 통해 성공한 로펌들이다.

3. 로펌의 대형화에 대한 이론적 분석

영미계 로펌의 외형상 가장 두드러진 특징은 초대형 규모라는 것이다. 변호사 수나 매출액에서 영미계 로펌은 다른 국가의 로펌을 월등히 압도한다.[15] 로펌이 날로 대형화하는 원인은 수요, 공급, 규제 등 세 가지 측면에서 살펴볼 수 있다.

가. 수요 측면에서의 설명

(1) 대형 프로젝트의 증가

변호사는 프로젝트를 중심으로 움직이는 조직이다. 혼자 개업한 변호사의 경우 손해배상, 부동산 매매, 이혼, 상속, 형사 사건 등 맡는 일의 성격이나 규모가 매번 다르다. 로펌의 경우도 마찬가지다. 인수합병, 기업 매각, 증권화, 해외 증시상장, 공정거래, 조세 등 일의 성격이나 규모가 천차만별이다. 글로벌화가 국제 거래를 활성화, 대형화하면서 로펌이 맡는 프로젝트 규모가 더욱 커졌다. 일의 성격도 날로 복잡해지고 있다. 국적이 다른 두 기업의 합병을 다룰 때면 증권, 세금, 환경, 공정거래 등 여러 분야의 전문 변호사들이 달라붙어 처리해야 한다.

메가로펌의 출현은 기업의 욕구를 충족시켜주기 위한 방안으로 설명할 수 있다. 대형 프로젝트 수주에는 일시에 얼마나 많은 변호사를 동원할 수 있느냐가 중요한 관건이다. 물론 대형 프로젝트의 수요가 늘어난다고 해서 로펌이 반드시 자체 규모를 확장하는 것은 아니다. 다른 로펌과 연합(syndication)해서 외형을 키울 수도 있다. 외부 연합이냐, 인력 확충을 통한 내부성장[16]이냐의 선택에서 중요한 것은 비용이다. 일반적으로 로펌은 비용이 적게 드는 쪽을 선택하게 된다.

하지만 비용 못지않게 중요한 것이 수요 전망이다. 대형 프로젝트가 얼마나 지속적으로 늘어날 것이냐는 전망에 따라 전략이 달라지게 된다. 수요가 지속적으로 늘어날 것이라는 확신이 서지 않을 경우 다른 로펌과 연합(syndicate)하는 방안이 선호된다. 연합은 내부 비용(internal cost)을 증가시키지 않고 대형 프로젝트를 처리할 수 있는 방법이되기도 한다. 지역별로, 사안별로 파트너를 잘 선정하면 효율적인 방법이기도 하다.

그러나 대형 프로젝트가 계속 이어질 것이라는 확신이 서게 되면 상

황은 달라진다. 대형 프로젝트일수록 전체 일을 조정하고 통제할 필요
성이 커지기 때문에 여러 작은 로펌들이 연합한 형태보다는 단일 로펌
에 대한 수요가 커진다. 또 프로젝트가 커질수록 연합에 따른 감독비용
(monitoring)은 증가하기 마련이다. 반면에 내부 비용(internal cost)은
프로젝트 규모에 상관없이 고정적이다. 따라서 대형 프로젝트가 늘어날
수록 로펌들은 내부 성장을 하고자 하는 욕구가 커진다. 여기에 선두 로
펌들이 몸집 불리기를 통해 수주 경쟁에 나설 경우 연합을 통해 균형을
이뤘던 로펌 업계는 지각변동이 발생한다. 프로젝트를 공동으로 수주할
파트너를 찾기가 점차 어려워진다. 규모가 상대적으로 작아진 로펌들도
어쩔 수 없이 규모를 키워야 하는 상황이 온다. 한 연구보고서는 지난
20년간 대형 프로젝트가 늘어나면서 로펌들은 연합보다는 내부 성장
쪽으로 방향을 바꾸었다고 결론지었다.[17]

(2) 원스톱 서비스 요구

기업의 원스톱 서비스 요구도 메가로펌 출현의 주요 원인이다. 국제
거래가 복잡해지면서 한 곳에서 모든 서비스를 받고 싶어하는 기업들이
늘어나는 것이다. 미국의 대형 로펌은 변호사 수가 많을 뿐만 아니라 취
급하는 업무도 다양하다. 대형 로펌은 법률 자문, 서류 작성, 송무 등 기
존의 변호사 업무뿐만 아니라 향후 정부 정책 및 입법 동향 파악, 대정
부 로비까지 수행하고 있다. 특히 연방제 국가인 미국은 주마다 법률이
다르기 때문에 로펌은 상이한 법률제도를 비교분석해서 고객에게 가장
유리한 지역의 법률을 자문하는 일까지 담당했다. 최근 다국적 기업의

원스톱 서비스는 업무분야 뿐만 아니라 지역적 다양성까지 요구하고 있다. 이처럼 다양한 서비스를 제공하기 위해서 로펌들은 자체 인력보강이나 M&A를 통해 규모를 키울 수밖에 없었다는 설명이 가능하다.

미국 최고의 로펌으로 평가받는 Skadden, Arps, Slate, Meagher & Flom의 성장과정은 메가로펌의 출현을 잘 설명해 준다.[18] Skadden은 1948년 Marshall Skadden, Les Arps, John Slate 등 세 변호사가 창설한 작은 로펌이었으나 1970년대 Joseph Flom이 기업 인수합병 분야에서 이름을 날리면서 성장기에 들어섰다. 특히 1980년대 M&A 붐이 일었을 때 대형 거래에 많이 참여하면서 M&A 최고 로펌으로 부상했다. 그 때만 해도 Skadden은 M&A만 담당하고 기업의 다른 법무서비스 수요에는 관심이 없었다. 필요할 경우 다른 로펌과 연합하는 방식을 택했다. 하지만 기업의 원스톱 서비스 욕구를 읽고 Skadden은 점차 다른 분야로 업무범위를 넓혀 지금은 멀티서비스를 제공하는 글로벌 로펌이 됐다.[19]

최근 서로 다른 지역에 있는 로펌 간 합병도 기업의 원스톱 서비스 요구를 충족시키기 위한 것으로 볼 수 있다. 글로벌화가 진행되면서 다른 지역에 대한 법률 서비스 수요가 늘어나게 됐고, 그 결과 한 로펌에서 모든 것을 처리하고 싶어하는 욕구가 생겨나게 된 것이다.

나. 공급 측면에서의 설명

로펌의 성장 원인을 공급 측면에서 설명하는 이론으로 대표적인 것이 토너먼트 이론이다.[20] 이 견해에 의하면 유능한 변호사는 자기가 처리할 수 있는 것보다 더 많은 사건을 맡게 된다. 이를 처리하기 위해 유능한 변호사는 고용 변호사(Associate)를 여러 명 채용하고, 이들 보조 변호사를 효율적으로 감독하기 위해 승자만 파트너(Partner)로 발탁하는 토너먼트를 운영하는 것이 로펌 경영의 핵심이라고 이 견해는 주장한다. 이 토너먼트 이론에 따르면 로펌은 계속 성장할 수밖에 없다. 새로 파트너가 된 사람은 또 여러 명의 보조 변호사가 필요하므로 토너먼트의 승자비율, 즉 파트너 변호사 대 고용 변호사의 비율만 일정하게 유지하면 로펌은 지속적으로 성장하게 된다.

하지만 공급 측면만으로는 최근 급팽창한 메가로펌의 성장원인을 충분히 설명하지 못한다. 최근 나타나는 현상은 단순히 한 로펌의 내부 팽창이 아니기 때문이다. 다른 로펌과의 합병, 파트너 변호사의 로펌 간 이동 등은 토너먼트 이론으로는 설명하기 힘들다.

다. 규제 측면에서의 설명

메가 로펌이 탄생하게 된 또 다른 원인은 규제 완화에 있다. 법무서비스 시장의 규제 완화가 논의되기 전까지는 로펌은 자기 지역에서 적절한 규모로 성장할 수밖에 없었다. 국제거래에 수반되는 법무서비스는 다른 지역의 변호사와 연계(Syndicate)해서 처리해 왔다. 그러나 최근 세계적으로 진행되고 있는 규제 완화는 로펌의 대외적 팽창에 큰 영향을 미쳤다. 크게 세 가지 방향에서 살펴 볼 수 있다. 첫 번째는 유럽공동체(European Community)의 창설로 유럽 국가 사이에 국경이 사라진 것이다. 두 번째는 복수전문직 간 동업(MDP: Multidisciplinary Partnership)의 허용이며, 세 번째는 WTO/GATS에 따른 법무시장 개방 협상이다.

유럽공동체의 창설로 80년대 이후 유럽에서는 국가 간 장벽이 서서히 사라지고 여러 국가에 걸친 대규모 프로젝트가 늘어나게 됐다. 이는 새로운 법무서비스의 수요가 생겨났음을 의미한다. 하지만 자기 지역에만 기반을 둔 기존의 유럽 로펌들은 이를 충족시키지 못했다. 영국과 미국의 대형 로펌들은 이 기회를 충분히 활용했다. 특히 영국 로펌들은 유럽 로펌들을 흡수합병하는 전략으로 시장을 장악했다.

유럽 법률시장은 소위 '빅5'로 불리는 대형 회계법인[21]에 의해서 크게 잠식된 상태다. 회계법인들은 세금에 대한 법률자문을 제공하는 데서 시작해 점차 영업 범위를 넓혀왔다. 대형 회계법인의 주요 고객은 기업이기 때문에 회계법인이 회계, 경영컨설팅에 이어 법무서비스까지 제공하게 되면 원스톱 서비스를 완벽하게 구현하게 될 수 있을 것으로 기대됐다. 법률에 대한 서비스를 주축으로 하는 로펌 입장에서는 상대하기 껄끄러운 경쟁자가 나타난 셈이다. 실제로 90년대 대형 회계법인들은 기존 로펌을 인수하며 유럽 법무서비스 시장을 크게 잠식했다.

WTO/GATS 협상도 메가로펌의 출현을 촉진시켰다. 그 폭발력은 앞으로 더욱 커질 것으로 보인다. 미국과 영국의 메가로펌들이 최근 중국 등 아시아에 사무소를 확대하고 있는 것은 그 적절한 예라고 생각한다.

Ⅱ. 시장개방 후 변화 : 외국의 경험

1. 독일의 시장 개방

가. 독일의 법무서비스 시장 개관

독일은 세계에서 미국 다음으로 법무서비스 시장이 큰 국가다.[22] 하지만 독일 변호사들은 전통적으로 지역에 기반을 두고 혼자 또는 소규모로 사무실을 운영해오고 있었다. 변호사의 업무는 주로 송무에 국한됐고, 기업의 경영에 관여하는 데는 한계가 있었다. 따라서 변호사가 사업 전반에 걸친 고문 역할을 하거나 전문 변호사끼리 합쳐서 로펌을 만드는 대형화에는 영미법 국가보다 뒤쳐졌다.[23] 독일에서 본격적인 로펌이 등장한 것은 1980년대 후반에 이르러서이다.

독일 로펌의 성장기를 살펴보면 크게 두 차례의 인수 · 합병(M&A) 열풍이 있었다. 첫 번째는 로펌이 사무소를 두 개 이상 둘 수 있도록 허용된 1989년 이후 나타났다.[24]

그 전까지 독일 로펌은 한 지역에서만 영업해야 했고, 파트너 수도 20명을 넘을 수 없었다. 연방제 국가인 독일은 여러 지역으로 나뉘어 발전하고 있었고, 로펌 역시 지역 특성에 맞게 성장했다. 사무소 제한이 풀리자 90년대 초 서로 다른 지역 로펌들이 합병해 전국 규모의 로펌이 탄생하는 M&A 붐이 일었다. 현재 순수 독일계로 최대 로펌인 Hengeler Mueller도 1991년 프랑크푸르트와 뒤셀도르프에 있던 지역 로펌들이 합병해서 만들어진 것이다.

두 번째 인수·합병의 열풍은 1998년 후반 독일의 자동차회사 다임러 벤츠가 미국의 자동차회사 크라이슬러를 인수·합병할 때 그 법률자문을 독일 로펌이 아닌, 미국의 Shearman & Sterling에게 맡기면서 촉발되었다. 이후 독일 로펌들은 국제화에 본격적으로 뛰어들면서 외국 로펌과의 합병을 모색하기 시작했다.[25] 하지만 영미계 로펌들이 독일 법무서비스 시장에 진입한 후 독일 로펌들은 영미 로펌들에 주도권을 넘겨주게 되었다. 이 때문에 1998년 앵글로색슨계 로펌들이 독일 시장에 대규모로 상륙한 이후 독일의 변호사 업계는 혼란의 도가니에 빠졌다는 평가를 받고 있다.[26] 순수한 독일 혈통을 고집하고 있는 국제 규모의 로펌은 Hengeler Mueller 하나에 불과하고 나머지 로펌들은 대부분 영미

〈표 3〉 독일의 대형 로펌 상위 10개(매출액 기준)

순위	이름	소속국	연간 수임료 (단위: 천 $)	변호사 수
1	Freshfields Bruckhaus Deringer	영국 + 독일	$148,049	342
2	Clifford Chance Punder	영국 + 독일	$127,710	230
3	Linklaters Offenhoff & Radler	영국 + 독일	$122,980	269
4	Hengeler Mueller	독일	$96,492	170
5	Haarmann, Hemmelrath	독일*	$85,140	211
6	Lovells Boesebeck Droste	영국 + 독일	$80,410	225
7	CMS Hasche Sigle Eschenlohr Peltzer Schafer	CMS Network	$71,423	250
8	BBLP Beiten Burkhardt Mittl & Wegener	독일**	$61,490	170
9	White & Case, Feddersen	미국 + 독일	$57,233	159
10	Andersen Luther	영국 + 독일	$47,300	216

출처: Western Europe at a Glance, The American Lawyer, Oct. 30, 2001.(visited at Feb. 26, 2005)
〈http://www.law.com/servlet/ContentServer?pagename=OpenMarket/Xcelerate/View&c=LawArticle&cid=1015973983357&live=true&cst=1&pc=0&pa=0〉
 * Haarmann, Hemmelrath & Partner는 변호사, 회계사, 세무사 등이 모여 1987년 뮌헨에서 설립한 MDPs임.
** BBLP는 유럽 로펌 연합임. 이 로펌은 2002년1월 KPMG Treuhand & Goerdeler에 합병돼 KPMG Beiten Burkhardt로 바뀜.

로펌에 흡수 합병되었거나, 긴밀한 제휴관계를 맺고 있다.[27]

나. 영국과 미국 로펌의 독일 진출

영국 로펌은 해외 진출에 적극적이다. 영국은 경제 규모가 작기 때문에 영국 로펌들은 안정적인 수입원을 찾아 일찌감치 해외로 눈을 돌렸다. 영국 로펌이 독일에 진출한 사례를 유형별로 보면 다음과 같다. 첫 번째 는 독일의 일류 로펌을 인수·합병하는 전형적인 방식이다. Linklaters가 Oppenhoff를 합병한 것이나,[28] Freshfields가 Deringer과 Bruckhaus을 합병한 것,[29] Clifford Chance가 Punder를 합병한 것,[30] Lovell & White 이 Boesebeck Droste를 합병한 것[31]이 그 예이다. 두 번째 유형은 전략 적 제휴를 맺는 것이다. Osborne & Clarke이 Westphalen Fritze Modest 와, Herbert Smith이 Gleiss와 전략적 제휴를 맺었다. 세 번째는 독일 로 펌에서 유능한 변호사를 스카우트하여 자기가 직접 사무소를 운영하는 방식이다. 영국의 Allen & Overy는 프랑크푸르트에 사무소를 차린 후 중간 크기의 독일 로펌에서 파트너 8명을 스카우트했다.[32]

독일 로펌들은 영국 로펌의 적극적인 공략에 맞서기 위하여 미국 로 펌과의 합병을 모색하기도 했다. 독일 로펌 Punder가 영국의 로펌 Clifford Chance와 합병하기에 앞서 미국 로펌 Rogers & Wells와 먼저 합병한 것이 그 대표적인 예이다. 하지만 전통적으로 미국의 일류 로펌 들은 다른 나라 진출에 큰 관심을 보이지 않았다. 월가에서 충분히 수익 을 올리고 있는데 구태여 외국으로 나갈 이유가 없기 때문이다. 독일 로 펌과 미국 로펌간의 최초의 합병은 미국의 White & Case와 독일의

〈표 4〉 개방 후 독일 법무서비스시장 변화

1999년 (Frankfurter Allgemeine Zeitung, April 27th 1999)	변호사	2000년 (A German Legal Journal, February 1st 2001)	변호사	2001년 (a private source June 2002)	변호사	합병제휴상대
Bruckhaus Westrick Heller Lober	323	Freshfields Bruckhaus Deringer	363	Freshfields Bruckhaus Deringer	446	Freshfields (영국계)
Oppenhoff & Radler	287	Clifford Chance Punder	351	Clifford Chance Punder	421	Clifford (영국계)
Punder Volhard Weber & Axster	256	Oppenhoff & Radler Linklaters & Alliance	284	Linklaters Oppenhoff & Radler	396	Linklaters (영국계)
Wessing & Berenberg-ossler	205	CMS(Cammeron McKenna) Hashe Sigle Eschenlohr Peltzer	230	Andersen Luther Menold & Aulinger	350	Andersen (회계)
Haarmann Hemmelreth & Partner	203	Wessing	213	CMS Hasche Sigle	310	CMS Group (영국계)
Gaedertz	194	Andersen Luther	201	KPMG Treuhand Beiten Burkhardt	280	KPMG (회계)
Boesebeck Droste	181	Gaedertz	195	Lovelle Boesebeck Droste	264	Lovells (영국계)
Feddersen Laule Ewerwahn Scherzberg Finkelnburg Clemm	179	Lovells Boesebeck Droste	195	Wessing & Taylor Joyson Garrett	212	Joyson (미국계)
Beiten Burkhardt Mittle & Wegener	172	BBLP Beiten Burkhardt Mittl & Wegener	187	Hengeler Mueller	176	(독일계)
Cleiss Lutz Hootz Hirsch	150	White & Case, Feddersen	160	White & Case, Feddersen	173	White & Case (미국계)

Fedderson, Laule, Ewerwahn, Scherzberg, Finkelnburg, Clemm 간에 2000년 7월 발생했다. White & Case는 세계화 전략으로 성장한 로펌으로 월가에서의 비중은 상대적으로 미약하다.

다. 합병 후 법무서비스 시장의 변화

(1) 합병과 도산의 갈림길

독일 로펌들은 영미 로펌들의 적극적인 공세에 눌려 합병되거나 도산하는 운명에 처했다. 독일 10대 로펌 중 하나였던 Gaedertz의 공중분해는 그 대표적인 예이다. Gaedertz는 변호사 수가 200명에 이르는 대형 로펌이었다.[33] Gaedertz는 영국계 로펌과 합병을 진행하다가 무산되자, 각 지역의 Gaedertz 사무소가 미국과 영국의 로펌에 의하여 분리 인수되면서 해체되었다. 이런 사례는 영미 로펌이 진출한 유럽의 다른 나라에서 자주 발견된다. 영국의 한 법률 잡지는 이를 "합치자, 그렇지 않으면 잡아먹는다(Merge, or We'll Raid You!)"라는 전략이라고 소개하고 있다.[34] 합병을 논의하면서 상대방 로펌의 유능한 변호사를 파악하고 나면 글로벌 로펌은 유리한 입장에 서게 된다. 합병을 해도 좋고, 안하더라도 유능한 변호사를 스카우트할 수 있기 때문이다.

(2) 변호사의 계층 분화

독일 법무서비스 시장의 최근 두드러진 현상은 변호사의 잦은 이동이다. 영미 로펌이 들어오기 전까지 독일 변호사들은 한 로펌에서 근무하는 것을 당연하다고 생각했다. 파트너 변호사에게 로펌은 결혼보다 더 밀접한 관계라는 말이 있을 정도였다.[35] 변호사를 대상으로 한 헤드헌터까지 등장할 정도로 변호사의 이동이 잦아졌다.[36] 이를 부정적인 시각에서 보면 유능한 변호사 뺏어오기가 시작된 셈이다. 이 같은 변호사의 잦은 이동은 변호사 역할에 대한 인식변화에서 기인한 것으로 보인다. 전통적으로 독일에선 변호사를 준사법기관이라고 보고 있었다. 그러나 영미 로펌의 진출로 변호사 업무를 사업으로 생각하는 사고가 확산되면서 몸담고 있는 조직에 대한 충성심도 떨어지게 된 것이다.

영미 로펌의 진출로 변호사 계층도 분화됐다. 톱클래스의 독일 변호사들은 영미 로펌 진출로 이익을 본 계층이다. 이들을 스카우트하는데 거액이 오고 간다. 하지만 평범한 변호사들은 오히려 피해를 보게 됐다. 종전보다 국제거래 사건을 수임할 기회가 적어졌기 때문이다. 월급 파트너가 늘어난 것도 또 하나의 특징이다. 독일 로펌은 파트너 비율이 영미 로펌보다 상대적으로 높고, 파트너 1인당 수입이 낮아 합병 후 파트너들은 종전처럼 지분이 인정되는 파트너(Equity partner)의 자리를 유지할 수 없게 되고, 월급 파트너(Salaried partner)로 전락하는 경우가 자주 발생되었다.

(3) 변호사 비용 증가

외국 로펌의 진출로 독일 소비자는 더 많은 변호사 비용을 지불하게 됐다는 평가가 나온다. 독일에서는 기업 사건에서도 변호사 비용을 총 거래가액에 따라 지불하는 방식이 일반적으로 활용되고 있었다. 그러나 영미 로펌의 영향으로 시간당 비용을 청구하는 일이 자주 발생하게 됐다. 사건에 따라서는 예전 방식이 시간당 청구방식보다 고객에게 더 큰 부담이 될 수도 있다. 하지만 일반적으로 시간당 비용 청구방법이 변호사 비용의 증가를 초래하기 쉽다. 조세(Tax)나 기업(Corporate) 전문 변

호사 중에는 시간 당 700달러까지 청구하는 경우도 있다고 한다.[37]

독일에서 수임료 청구는 이원화되고 있다고 한다. 글로벌 로펌의 파트너는 시간당 300유로 이상을 청구하는 경우가 많지만, 독일 국내 로펌의 수임료 청구는 이보다 크게 낮다고 한다.

2. 프랑스의 시장 개방

1) 1972년 이전

프랑스는 법무서비스 시장개방에 관한 한 다른 나라에서 찾아보기 힘든 특이한 경험을 갖고 있다. 프랑스는 개방적인 법무서비스 시장정책을 추진했다가 변호사 단체의 반발로 문호를 닫았다. 그러나 현재 프랑스 법무서비스 시장은 프랑스 고유의 로펌보다는 회계법인계열 로펌과 영국 로펌이 더 큰 비중을 차지하는 기형적인 형태를 띠고 있다.

프랑스 법무서비스 시장개방은 1971년의 법률전문직개혁법과 1990년 신법률전문직개혁법 등 두 차례의 개혁입법과 맞물려 있다. 첫 번째 시기는 1972년 발효된 '사법 및 법률전문직 개혁에 관한 1971년 12월 31일 법률 제71-1130호'(Loi N° 71-1130 여 31 decembre 1971 modifiee portant reforme de certaines professions judiciaries et juridiques)가 시행되기 전으로 외국변호사들이 자유롭게 활동할 수 있었을 때다.[38]

프랑스의 법무서비스 시장개방은 프랑스 고유의 법률전문직 제도에 대한 이해가 선행되어야 올바로 파악된다. 프랑스는 다른 유럽 국가와 마찬가지로 법률전문직이 분화되어 있었다. 첫 번째 부류는 Avocat로 법정 변호사를 의미했다. 이들은 수 년 동안 프랑스 법률전문직의 중추였다. Avocat는 1954년까지만 해도 단독개업만 할 수 있었고 그 후 로펌을 구성하는 것이 허용되었기 때문에 일반 상거래에 관련된 자문 업무는 Avocat가 아닌 다른 종류의 법률전문가들이 담당하게 되었다. 두 번째 부류는 Avoué(소송대리인), Notaire(공증인) 등과 같이 국가에서 임명한 법률가로 특정한 법률사무에 대하여 독점권을 갖고 당해 특정 사법업무를 수행하는 사람들이 있다. Avocat, Avoué, Notaire는 교육과정, 규제법규, 규제기관 등 모든 면에서 엄격히 구분되어 운영되고 있었다. 세 번째 부류로 법률문제에 대해서 자유롭게 의뢰인에게 자문하고 문서 작성을 해주는 사람들이 있다. Agréé(상사변호사), Conseil Juridique(법무 상담역), Conseil Fiscaux 또는 Conseil Fiscal(세무 상담역), Expert Comptable(회계사), Agent Général D'assurances(보험대리인) 등이 여기에 해당된다. 이들은 업무 수행과 관련해서 어떠한 사업허가나 전문직 면허를 요구받지 않았다.[39]

외국변호사가 일찍부터 프랑스에서 활동할 수 있었던 것은 Conseil Juridique라는 직업을 통해서였다. Conseil Juridique는 프랑스인이던 외국인이던 상관없이 누구라도 할 수 있었다. Conseil Juridique는 19세기 프랑스의 경제활동에서 기업의 역할의 커지고 사회법의 제정 등으로 법률문제가 복잡해지자 새로운 법률수요를 충족시키기 위해 자연발생적으로 탄생한 제도다. 당시 Avocat는 재판과 관련된 법률문제에 한정해서 업무를 수행하고 있었고, 기업법무서비스는 일반인에게 방치된 상태였다.[40] 따라서 프랑스에서 법무서비스를 제공하고자 하는 외국변호사는 Conseil Juridique로 활동하면 되었다. 더구나 제2차 세계대전 직후 파리는 유럽 전후복구사업의 중심지로 미국의 자본과 함께 미국 변호사들이 유입하고 있었다. 1972년 이전까지 프랑스는 외국변호사의 활동에 대해서 가장 우호적이고 개방적인 제도를 취하고 있었다고 평가받는다.[41]

2) 1972-1991년

1971년 '사법 및 법률전문직의 개혁에 관한 법'이 제정되면서 프랑스 법률전문직 제도는 변화를 맞는다. 개혁의 내용은 크게 두 가지다. 하나는 Avocat, Avoué, Agréé 등 분화된 변호사직을 Avocat로 통합한 것이고 둘은 Conseil Juridique직을 처음으로 제도화한 것이다. 법률전문직 개혁법은 Conseil Juridique의 자격요건을 Avocat와 유사하게 규정하였다.[42] Conseil Juridique는 직무의 독립성을 해치는 다른 직업을 갖지 못하도록 겸업이 제한되었다.[43] 개혁법은 Avocat와 Conseil Juridique를 통합하기 위해 필요한 조치를 취할 것을 규정하고 있어 후속작업으로 두 직역간 통합이 시행되어야 함을 명시했다. 당시 통합의 필요성을 인식하면서도 통합작업을 바로 시작하지 못한 이유는 Conseil Juridique에 대한 교육제도가 없었기 때문이다. 그동안 Conseil Juridique의 자격을 취득하는 데 법학학위나 수습기간 등이 요구되지 않았기 때문에 Conseil Juridique직을 먼저 제도화할 필요가 있었던 것이다.

새로운 법률의 시행으로 외국변호사는 프랑스에서 활동하기 어려워졌다. 1971년 7월 1일 기준으로 그 전에 이미 설립된 외국 로펌이나 활동 중인 외국변호사에 대해서는 새로운 요구조건의 적용을 면제해주었으나 그 이후 활동하는 외국변호사는 새로운 자격요건을 충족해야 프랑스에서 활동할 수 있게 되었다. EC 회원국이 아닌 외국의 로펌의 경우 1972년 이후 새로 설립할 수도 없고, Conseil Juridique를 고용할 수도 없게 되었다.[44] 따라서 EC 비회원국의 로펌은 프랑스 로펌과 제휴(Affiliation)해서 업무를 수행할 수밖에 없었다. 이로써 EC 비회원국의 로펌은 사실상 프랑스 법무시장에 진출할 수 있는 기회가 봉쇄되었다는 평가를 받는다.[45] EC 회원국의 로펌도 1972년 이후 진출할 경우 Conseil Juridique가 될 수 없음은 물론 이들을 고용할 수도 없고, 다만 본국의 변호사 자격으로 프랑스에 로펌을 설립할 수 있을 뿐이다.

새로운 법 시행에서 가장 큰 이득을 본 집단은 회계법인이었다. 프랑스의 MDP 전통은 이 때부터 시작된다. 법률전문직개혁법은 Conseil Juridique만 규제대상에 포함시켰고, Conseil Juridique가 비변호사와 제휴(Affiliation)하거나 변호사보수를 분배하는 것을 금지하는 내용은 담고 있지 않았다.[46] 대형 회계법인들은 이 기회를 놓치지 않고 Conseil Juridique를 고용해서 법무 분야를 확대해나갔다.

법 시행 후 20년 동안 Conseil Juridique는 기업법무 분야에서 성공적으로 자리를 잡았는데 반해 Avocat는 성공한 경우가 많지 않다. 사람들은 Avocat가 만든 로펌을 송무(Litigation) 관련업무만 제공하는 곳으로 생각하는 경향이 있기 때문이었다.

3) 1992년 이후

Avocat와 Conseil Juridique간 통합 논의가 1987년 이후 본격적으로 진행됐다. Avocat 단체는 통합에 적극적인데 반해 Conseil Juridique 단체는 반대했다. Avocat는 두 직역을 통합하고 Avocat에게 변호사 업무의 독점권을 부여할 것을 주장했다. 이는 외국 로펌이 프랑스에서 활동하는 것도 금지시키는 것을 의미한다.[47]

반면에 Conseil Juridique는 외국 로펌의 활동을 제한하는 모든 규제는 국제법률중심지로서 파리의 위치를 약화시키고 결과적으로 프랑스에도 이익이 되지 않는다고 주장했다.[48]

프랑스 정부는 법률전문직개혁법 개정안을 만들어 의회에 회부하였으며, 프랑스 상하원은 1990년 12월 20일 개정안을 승인했다. 이 법은 1992년 1월 1일 발효되었다.

1990년 신법률전문직개혁법(법률 제90-1259호)의 주요 내용은 다음과 같다.[49]

첫째, 기존 Avocat와 Conseil Juridique를 통합한 새로운 Avocat를 창설하고, Avocat에 법률업무에 관한 독점권을 부여했다. 둘째, 전국변호사평의회(Coneil National des Barreaux : CNB)를 창설하고, CNB는 Avocat직을 취득하고자 하는 외국변호사에게 요구되는 적성시험과 특별시험에 관한 관리책임을 맡는다. 셋째, 1990년 12월31일 이전에 프랑스에 설립된 외국 로펌과 Conseil Juridique로서 등록된 외국변호사는 자동적으로 Avocat가 된다. 넷째, 1990년 말 이전에 프랑스에 자격 있는 지부(Branch)를 설립한 외국 로펌만 프랑스에 지부를 유지할 수 있다.[50] 그 밖의 다른 모든 외국 로펌은 엄격한 제한 아래 프랑스에서 전문직유한책임회사로서 설립하거나 Avocat 또는 Firm of Avocats와 계약 관계(Correspondence Organique Internationale)를 체결하여야 한다. 다섯째, 신법의 시행에 따라 새로 프랑스에서 활동하려는 외국변호사는 (1) EU 회원국 출신일 경우 적성검사에 합력해야 하며 (2) EU 비회원국출신일 경우 '프랑스법에 대한 이해평가시험(Exam de Control des Connaissances en Droit Frauçais)' 에 합격해야 한다.[51]

신법률전문직개혁법을 입안하는 과정 중에 EU 비회원국출신 변호사들을 위해 FLC(Foreign Legal Consultant)제도를 도입해, 이들로 하여금 법정에 설 수는 없지만 프랑스 변호사와의 동업과 고용을 허용하자는 의견이 있었지만 받아들여지지 않았다. EU 회원국 출신 변호사는 그가 받은 법학교육 및 훈련과 프랑스 변호사가 받은 내용을 상호 비교하여 신청자별로 적성시험의 범위가 결정된다.[52] EU 비회원국 출신 변호사가 프랑스에서 법률업무를 수행하기 위해서는 특별시험에 합격해야 한다. 특별시험은 4분야에 걸쳐 필기시험과 구두시험으로 이뤄진다. 이 시험은 기본적으로 프랑스에서 법학교육을 받은 사람에게 요구되는 프랑스변호사인증시험(CAPA)과 큰 차이가 없어 특별시험에 합격하기란 매우 어렵다.[53]

프랑스가 법무서비스 시장을 개방에서 보호 쪽으로 방향을 전환한 것은 개방의 결과 프랑스 법무시장에서 외국 변호사와 외국 로펌의 비중이 크게 확대되는 현실에서 프랑스의 이익을 수호해야 할 필요성을

인식한 데서 기인한다.[54]

4) 법무서비스 시장 현황

프랑스 법무서비스시장을 장악하고 있는 로펌은 크게 회계법인계, 영국 등 외국로펌계, 순수 프랑스 로펌 등 셋으로 구분할 수 있다. 소위 '빅 5(Big Five)라는 회계법인과 연계된 로펌과 국제 로펌(International)이 100대 로펌의 매출총액에서 차지하는 비중은 2002년 59%로 매년 증가하는 추세다.[55]

다른 나라와 달리 회계법인의 법률사업부가 법무서비스시장을 장악하게 된 것은 프랑스의 법률전문직개혁과정과 밀접한 관련이 있다. 앞서 본 것처럼 1971년 개혁법률 제정이 제정되었지만 Conseil Juridique가 비변호사와 제휴(Affiliation)하거나 변호사보수를 분배하는 것을 금지하지 않아 대형 회계법인들은 Conseil Juridique를 고용해서 법무서비스 사업을 강화했다. 더구나 1991년 또 한 번의 법률개혁은 회계법인이 법무서비스 사업을 더욱 확대할 수 있는 기회를 제공했다. 개혁 법률은 전문가가 자기 고유 업무에 부수적인 일로 고객의 법률문제를 자문해주는 것을 허용했기 때문이다.[56] 이에 따라 회계법인뿐만 아니라 은행, 보험회사 등도 법률자문을 할 수 있게 됐다. 세계적인 네트워크를 갖춘 대형 회계법인은 이미 알려진 회계법인의 이름과 적극적인 마케팅 기술을 이용해서 시장확대를 가속화할 수 있었다.

영국계 로펌의 약진도 최근 두드러진 현상이다. 2002년 Juristes

Associes의 조사에 따르면, 프랑스 10대 로펌에 영국계 로펌으로 Clifford Chance, Freshfields Bruckhaus Deringer, Linklater 등 3개가 포함됐다. 이처럼 대형 회계법인과 영국계 로펌의 비중이 커지면서 프랑스 고유의 로펌들은 유능한 파트너 변호사를 빼앗기는 등 국제거래 분야에서 고전을 면치 못하고 있다. 프랑스의 대표적인 로펌으로 1920년 설립된 Gide Loyrette Nouel의 경우 영국의 Allen & Overy와 제휴관계를 맺고 있다가 1998년 결별했는데 그 후 A&O는 Gide의 뱅킹 담당 파트너 3명을 스카우트했다. 이처럼 유능한 프랑스 변호사가 외국계 로펌으로 자리를 옮기는 사례는 흔히 볼 수 있는 일이다.

그러나 프랑스는 변호사 수가 35,000명 정도로 적은 편이며, 더구나 대부분이 개인 사무소 중심으로 운영하고 있어 국제거래를 담당할 수

〈표 5〉 프랑스의 대형 로펌

순 위	이 름	변호사 수	특징**
1	Fidal	1,200	회계법인(KPMG)
2	Andersen Legal Association d' Avocats*	378	회계법인
3	Landwell & Associes/Partners	360	회계법인(PwC)
4	CMS Bureau Francis Lefebvre	270	CMS Network
5	HSD Ernst & Young	261	회계법인
6	Gide Loyrette Nouel	235	프랑스계
7	Deloitte & Touche Juridique et Fiscal	230	회계법인
8	Salans Hertzfeld & Heilbronn	182	프랑스계 + 미국계
9	Clifford Chance	174	영국계
10	Freshfields Bruckhaus Deringer	157	영국계

출처: Western Europe at a Glance, The American Lawyer, Oct. 30, 2001,
〈http://www.law.com/servlet/ContentServer?pagename=OpenMarket/X
celerate/View&c=LawArticle&cid=1015973983357&live=true&cst=1&pc=0&pa=0〉.
 * Anderson Legal은 2002년 Ernst & Young에 흡수합병되었음.
** 특징은 인터넷을 통해서 얻은 자료로 재구성

있는 변호사 수는 한정돼 있다. 합병을 하거나 사무소를 확대하려고 해도 유능한 변호사를 찾기 힘들다는 것이다.

미국계 로펌 중 Cleary Gottlieb Steen & Hamilton, White & Case, Coudert Brothers 등은 이미 1920년대부터 프랑스 파리에 진출해 프랑스 로펌처럼 여겨질 정도로 정착에 성공했다. 영국과 미국계 로펌의 적극적인 공세로 프랑스 법무서비스 시장은 크게 변화하고 있다.[57] 젊은 파트너 변호사들은 영미계 로펌에서 일하는 것을 선호한다. 보수가 많기 때문이다. 프랑스 로펌은 젊은 변호사들의 보수가 낮고, 극소수의 스타급 변호사의 보수는 영미계 로펌보다 더 많은 구조이기 때문에 젊은 변호사일수록 영미계 로펌에서 일하기를 좋아한다. 영국 로펌의 적극 공세에 프랑스 변호사들은 영국 변호사회에 영국계 로펌이 자본력을 이용해 프랑스 로펌들을 시장에서 축출하고 있다는 항의서한을 보내기도 했다.[58] 대표적인 프랑스 로펌인 Jeantet은 국제 로펌(International Firm)을 꿈꾸고 동구진출 등 확장해 변호사가 한 때 130명에 이르기도 했으나 국제 로펌으로 성장하는데 실패하고 지금은 부티크 펌으로 재편했다.

3. 일본의 시장 개방과 특정공동사업

1) 법률시장 개방과 특정공동사업의 도입[59]

일본은 미국의 압력으로 법률시장을 비교적 일찍 개방하였다. 1985년 12월 9일 일본변호사연합회(이하 일변련)은 임시총회를 개최하여 외국

변호사 개방제도의 기본방침을 승인하였다. 그 주요내용은 다섯 가지였다. 첫째, 외국변호사의 승인은 상호주의에 의한다. 둘째, 외국변호사는 일변련의 지도·감독 아래 둔다. 셋째, 외국변호사의 직무범위는 자국법과 지정법에 한한다. 넷째, 일본의 변호사를 고용하는 것과 일본 변호사 사무실과 공동 경영하는 것은 금지한다. 다섯째, 그 밖의 구체적인 조건은 이사회가 정하는 바에 의한다. 이러한 내용은 그 다음해인 1985년 5월 제정되어 1987년 4월 1일 시행된 "외국변호사에의한법률사무의취급에관한특별조치법"(이하 외변법)에 그대로 반영되었다. 당시 외변법은 외국법사무변호사가 일본 변호사를 고용할 수 없음(제49조 제1항)과 일본 변호사와의 동업 및 수익배분을 금지함(동조 제2항)을 명시하였다.

 하지만 초기 개방의 내용은 미국과 영국 등의 기대에 못 미치는 것이어서 일본은 곧 추가 개방의 압력에 받게 되었다. 이에 일본 법무성과 일변련은 1992년 6월 '외국변호사문제연구회'를 설치하고, 그 해 9월부터 1993년 9월까지 1년간 외국 변호사 제도를 조사·연구·검토한 후 외국 변호사 제도의 규제완화를 결정하였다. 대부분 미국 측이 요구하였던 사항을 수용하는 내용이었다. 외국법사무변호사의 자격요건으로 직무경험이 완화되고, 사무소 명칭 사용의 규제가 완화되었다. 공동사업에 대한 규제도 완화되었다. 하지만 국내외 변호사간 동업 및 고용의 허용은 일변련이 강력하게 반대하였다. 절충안으로 도입된 것이 특정공동사업이다. 일본은 1994년 6월 공동사업을 일반적으로 금지하되, 외국사무변호사와 일본 변호사가 동일한 장소에서 제한된 범위의 법률사무를 공동으로 하는 것을 허용하는 방향으로 외변법을 개정하였다.

특정공동사업의 핵심은 일본 법조의 자율성 유지라고 하겠다. 일본 정부는 만약 글로벌 로펌이 일본 로펌을 합병하거나 일본 변호사를 고용하도록 허용할 경우 글로벌 로펌의 일본 사무소는 본사가 결정하는 바에 따라야 하므로 일본법에 관한 독립성을 상실할 수 있는 가능성을 우려하였다. 예컨대 일본 사무소에 파트너로 일본 변호사가 50명 있고, 외국법사무변호사가 10명 있다면 이 사무소의 주요 의사는 일본 변호사가 주도적으로 이끌어낼 것으로 생각할 수 있다. 하지만 이 일본 사무소가 글로벌 로펌에 소속되었다면 그렇지 않다. 일본인 파트너 변호사의 수보다 글로벌 로펌의 파트너 변호사 수가 많기 때문에 일본 사무소는 다수결에 따라 글로벌 로펌의 의사결정에 따를 수밖에 없다.[60] 특정공동사업은 일본 변호사와 외국법사무변호사가 공동사업을 하더라도 이 사업이 글로벌 로펌에서 분리되도록 고안된 제도다. 일본에서는 이를 로컬 파트너쉽(Local Partnership)이라고 부른다. 이 제도 아래서 글로벌 로펌은 소속 변호사인 외국법사무변호사만 통제할 수 있으며, 일본 변호사에 대해서는 영향력을 행사할 수 없다.

특정공동사업은 일본 변호사와 외국법사무변호사가 사안별로 제휴한다는 의미가 아니다. 사안에 따라 일본 변호사와 외국법사무변호사가 제휴하여 공동으로 일하는 것은 특정공동사업을 도입하기 전에도 허용되었다. 특정공동사업은 외국법사무변호사와 일본 변호사가 사무소를 공동으로 사용하고, 특정한 법률업무를 연대책임으로 행하고, 그에 대한 보수를 서로 나누는 것이다. 일본 변호사와 외국법사무변호사는 각

자 고유한 업무에서 발생하는 수입과 특정공동사업에서 발생하는 수입을 구분하여 회계처리 하여야 한다. 특정공동사업의 특징을 그림으로 그리면 아래와 같다.

또한 특정공동사업을 할 수 있는 일본 변호사의 자격을 직무 경험 5년 이상인 경우로 한정함으로써 일본 법조의 자율성 유지에 주력하였다. 다만 변호사 등록 후 외국에서 법률사무 또는 법에 관한 지식에 기초한 법률사무를 한 경험은 통산 2년까지 국내에서 변호사로 직무를 수행한 경험으로 인정되었다.

일본 정부는 외국법사무변호사가 특정공동사업을 이용하여 사실상 일본 변호사와 동업하거나 일본 변호사를 고용하는 불법행위가 성행할까 우려하였다. 이에 따라 특정공동사업의 수행과 관련한 규제가 많아졌다. 외국법사무변호사는 일본 변호사에 대하여 부당하게 관여할 수 없는 의무가 부과되었다. 특정공동사업을 하고자 하는 외국법사무변호사는 미리 일정한 사항을 일변련에 신고하도록 하였다. 일변련 신고사

일본의 특정공동사업의 모형도

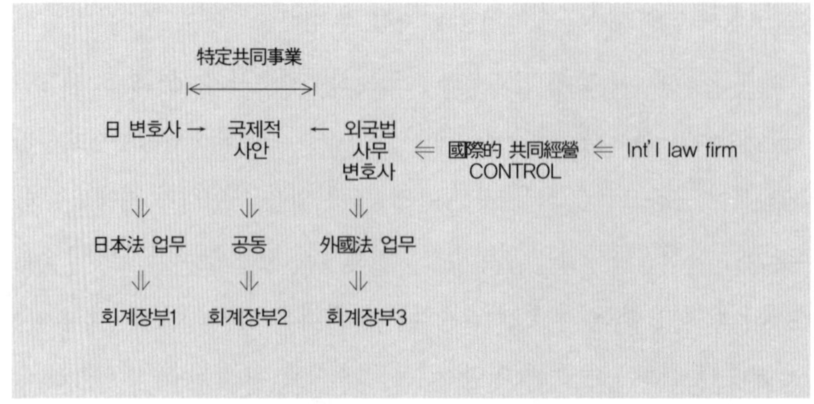

항은 특정공동사업에 관계되는 변호사의 명칭 및 사무소, 당해 특정공동사업에 관계되는 법률사무의 범위, 기타 일변련 회칙에서 정한 사항 등이다.[61] 외국법사무변호사는 특정공동사업에 관련된 법률사무의 범위 기타 일변련의 회칙에서 정한 중요한 사항을 변경하고자 할 경우 그 취지를 사전에 신고하여야 하며, 특정공동사업의 운영을 그만둔 경우에도 지체 없이 신고하여야 한다. 또한 특정공동사업을 경영하는 외국법사무변호사는 사무소 명칭에 특정공동사업을 한다는 취지 및 이에 관계되는 변호사 사무소의 명칭을 부기하여야 한다.

2) 특정공동사업의 업무 범위

특정공동사업 도입 후 쟁점은 공동사업으로 할 수 있는 사무의 범위로 옮겨갔다. 1994년 도입 시 특정공동사업은 '외국법에 관한 지식을 필요로 하는 법률사무'로써, 법원 검찰 기타 관공서에 있어서의 절차 대리, 형사 변호사로서의 활동, 일본법이 전부 적용되거나 적용되지 않으면 안 되는 법률사건이 제외되었다. 여기서 특정이라는 말은 공동사업을 할 수 있는 목적이 외국법에 관한 지식을 필요로 하는 법률사무로 한정된다는 의미이며,[62] 따라서 특정공동사업은 제한된 형태의 동업을 말하는 것이다.

미국 정부와 EU 등 외부뿐 아니라, 행정개혁위원회 경제단체연합회 등 내부에서도 외국 변호사에 대한 규제완화를 요구하자, 일본은 1998년 5월 외변법을 개정하여 특정공동사업에 대한 규제를 완화하였다. 이와 함께 외국법사무변호사의 자격취득 요건도 완화되고, 제3국법 취급

범위도 확대되었다.[63]

그동안 소송사무와 행정절차 등은 특정공동사업의 범위에서 제외되어 있었기 때문에 외국법사무변호사는 일본 변호사와 공동사업으로 업무를 수행하다가 소송의 필요성이 발생하면 더 이상 진행할 수 없는 문제가 종종 발생하였다. 1998년 개정법에서 이러한 제한이 없어졌다.

개정법에 따르면, 공동사업의 목적사업은 외국에서 효력이 있거나 있었던 법에 관한 지식을 필요로 하는 법률사무(제49조의2 제1항 제1호), 당사자의 전부 또는 일부가 외국에 주소, 주된 사무소, 또는 본점을 가지고 있는 법률사건에 관한 법률사무(동조항 제2호), 외국에 주소, 사무소, 또는 본점을 가진 자가 발행주식 총수의 2분의 1 이상의 주식을 보유한 회사가 의뢰한 법률사건에 관한 법률사무(동조항 제3호) 등으로 확대되었다. 이 세 가지는 흔히 섭외사건이라고 불리는 사안을 거의 모두 포함한다. 이로써 외국법사무변호사는 섭외사건에 한하여 일본 변호사와 공동으로 소송사무와 행정절차까지 포함한 종합적이고 체계적인 법무서비스를 제공할 수 있게 되었다.

그러나 외국법사무변호사가 특정공동사업을 하더라도 일본 변호사를 고용할 수 있는 것은 아니다. 특정공동사업의 파트너인 일본 변호사의 양해를 얻어 그가 고용한 일본 변호사와 공동으로 법률사무를 할 수 있을 뿐이다. 외국법사무변호사는 특정공동사업을 하는 일본 변호사의 법률업무에 대하여 지휘감독권을 행사할 수 없다. 외국법사무변호사는 특정공동사업을 운영하는 경우 일본 변호사가 스스로 행한 법률사무 및 기타 업무에 부당한 관여를 하여서는 안되는 제한을 받는다.

3) 특정공동사업 제도의 폐지

규제완화에도 불구하고 법률시장의 전면 개방에 대한 국내·외 압력은 여전하였다. 1999년 7월 내각 직속기관으로 설치된 사법제도개혁심의회는 2001년 6월 12일 '21세기 일본을 지탱하는 사법제도'라는 제목의 의견서를 내각에 제출하면서, '국제화에의 대응'이라는 항목에서 외국 변호사에 관한 제도의 개선을 다루었다.[64] 사법제도개혁심의회는 일본 변호사와 외국 변호사 등의 제휴 협동을 적극적으로 추진하는 입장에서 특정공동사업의 요건을 완화하여야 한다고 지적하였으며, 외국 변호사가 일본 변호사를 고용하는 문제는 국제적인 논의과정을 지켜보면서 장기 과제로 계속 검토할 것을 제시하였다.

사법제도개혁심의회가 제출한 의견서의 취지에 따라 사법개혁을 종합적이고 집중적으로 추진하기 위하여 내각 직속기관으로 사법제도개혁추진본부가 설치되었다. 특정공동사업의 규제완화와 관련, 사법제도개혁추진본부가 검토한 안은 ①특정공동사업의 목적요건 완화안 ②공동사업 금지규정의 철폐안 ③공동사업 및 고용 금지규정의 철폐안 ④공동사업, 고용, 수익배분 금지규정의 철폐안 등 네 가지다.[65]

일변련은 특정공동사업의 목적 제한을 완화하는 제1안을 지지하였다.[66] 구체적으로 보면, 제49조의2 제1항 제1호에 "외국법과 일본법 양쪽의 지식을 모두 필요로 하는 법률사무"를 추가하고, 제2호에 "일본에 거주하는 외국인의 사건"을 추가하고, 제3호의 의결권 요건(2분의 1 이상)을 완화하는 내용이다. 일변련은 이러한 요건 완화의 조건으로 폐해

방지조치를 강화하라고 요구하였다. 그 예로 제휴계약의 제출의무, 개별사건에 있어서 일본 변호사와 외국법사무변호사가 관여한 내용 등의 기록 공개의무, 변호사회의 조사에 응할 의무 등을 들었다.

그러나 사법제도개혁추진본부는 2002년 7월 25일 제9차 회의에서 모든 제한을 철폐하는 ④안을 추진하기로 의견을 모았다.[67] 그 결과 외국법사무변호사가 일본 변호사를 고용하는 것을 금지한 제49조 제1항, 외국법사무변호사와 일본 변호사 또는 변호사법인이 공동사업 및 수익배분을 하는 것을 금지한 제49조 제2항, 특정공동사업에 관한 규정인 제49조 제1항 등을 모두 폐지하게 되었다. 2003년 7월 25일 '사법제도개혁을위한재판소법등을일부개정하는법률'이 공포되고, 이 법에 따라 일부 내용이 개정된 외변법은 2004년 4월 1일부터(동업·고용 조항은 2005년 4월 1일부터) 시행되었다.

4) 특정공동사업 제도에 대한 평가

(1) 특정공동사업 제도의 문제점

특정공동사업은 문제가 있는 제도임에 틀림없다. 일본 법무성이 사법제도개혁추진본부에 제출한 자료[68]에 따르면, 특정공동사업 제도는 외국법사무변호사의 지식과 능력을 충분히 활용할 수 없으며, 공동처리할 수 있는 법률사무가 제한되어 일본 변호사와 외국법사무변호사가 하나의 사무실을 구성하기 어렵다는 것이 문제로 지적되었다. 그 결과 일본 변호사와 외국법사무변호사가 제휴하여 질적으로나 양적으로 풍부한 섭외적 법률서비스를 제공하지 못하며, 일본 변호사 사무소와 외국법사무변호사 사무소로 회계를 분리하여야 하므로 비용이 많이 들고, 일본 변호사와 외국법사무변호사가 각각 독립된 사무소를 운영함으로써 고객의 신용을 얻기 어렵다는 불만이 제기되기도 하였다.

미국 정부는 2000년 6월 9일 일본 사법제도개혁심의회에 보낸 의견서에서 특정공동사업 제도의 문제점을 지적하고 이 제도의 폐지를 요구하였다.[69]

그 주요 내용을 보면 다음과 같다. 첫째, 1995년 개정된 외변법이 시행되어 '특정공동사업'이라고 하는, 세계에 있어서는 물론 일본에 있어서도 그 예를 찾아 볼 수 없는 사업형태가 창설되었다. 1998년에는, 해당 사업이 취급할 수 있는 업무 범위가 다소 확대되었지만, 해당 사업의 독특함 때문에, 외국의 의뢰인은 말할 것도 없고, 일본인 의뢰인 또는 일본 변호사조차 해당 사업을 충분히 이해하지 못한다. 둘째, 소수의 외국 법률사무소가 이러한 사업 형태를 사용하고 있다. 이 사업 형태에서는 사업 멤버의 직무 범위가 인위적으로 분리되어, 의뢰인이 포괄적인 법적 조언을 효율적으로 받을 수 없는 위험이 있다. 셋째, 특정공동사업 제도는 외국법사무변호사와 일본 변호사간의 완전한 파트너십이라는 제휴형태를 적절히 대체하지 못하고 있을 뿐 아니라 일본이 필요로 하는 법무서비스의 자유화를 방해하는 부자연스러운 구조물이 되었다. 사법문제 전반에 관련되는 이러한 장벽은 일본법에 정통한 변호사와 미국법에 정통한 변호사가 서로 협력 · 지원 관계를 구축하는 것을 인위적으로 방해함으로서 비즈니스 사회에 불이익을 주고 있다. 넷째, 특정공동사업 제도의 부분적인 개선으로는 제도의 본질적인 결함을 치유할 수 없다. 일본에서 특정공동사업 제도가 유일한 제휴수단이어서 다국적기업이 포괄적인 법적 조언을 얻을 수 없게 되어, 일본의 다국적기업은 일본 밖에서 법적 조언을 구하고 있으며 일본 변호사가 아닌 기업 내부의 법무 담당 직원에게 법적 조언을 구하고 있다. 이것은 일본인 변호사가 국제 문제에 관한 경험을 쌓을 기회를 방해할 뿐 아니라 일본이 적절한 국제관계 법률전문가를 육성하는 길을 막아 사법제도 공동화의 원인이 된다. 일본 기업이 자기들의 법률업무의 장소로 일본을 기피하게 되는 것은 일본에게 이익이 되지 않는다. 다섯째, 미국의 변호사는 일본법의 전문가가 아니기 때문에 더욱 일본인 파트너를 필요로 하는 것과 마찬가지로 일본 변호사는 미국법의 전문가가 아니기 때문에 미국의 파트너를 필요로 한다. 미국 등 다른 국제금융 센터에서 파트너십이 용인되고 있는 것은, 법률사무소가 거래에 관한 모든 법적 문제에 대하여 적절하고 포괄적인 조언할 수 있도록 하기 위해서다. 여섯째, 외국법사무변호사와 일본 변호사 간 파트너십은 전문가 사이의 직접적인 협력관계를 구축하여 국제사법업무에 관심을 가지는 일본의 젊은 변호사를 육성, 양성하는 최선의 수단이다. 일곱째, 국제법무서비스에 필요한 일정한 질을 확보하기 위해서는, 의뢰인에게 가장 효율적이고 효과적인 서비스를 제공할 수 있는 최선의 제휴형태를 외국 변호사 또는 일본 변호사가 스스로 선택할 수 있도록 인정하는 것이 지극히 중요하다고 생각한다.

그동안 국내외에서 지적되었던 특정공동사업의 문제점을 정리하면 다음과 같다.[70]

첫째, 공동사업의 목적이 제한적이어서 자유로운 제휴가 불가능하다. 특정공동사업은 1998년 외변법 개정을 통하여 공동사업의 목적으로 할 수 있는 사업을 확대하였음에도 불구하고 완전 동업보다 제한적이라는 이유로 비판받았다. 외국법사무변호사와 소속 로펌의 지식과 경험을 활용할 수 있는 분야가 제한적이라는 불만이 크다. 따라서 특정공동사업 제도는 그 자체가 의뢰인에게 진정으로 이익을 주는, 즉 질적 양적으로 충실한 법률서비스를 원스톱쇼핑으로 제공하는 것을 막고 있다는 것이 글로벌 로펌 쪽 주장이다.

둘째, 표시의 제한에서 발생하는 문제가 있다. 외변법은 "OO법률사무소, XX외국법사무변호사사무소, 특정공동사업소"라는 식으로 서로 다른 명칭을 열거하도록 요구한다. 그러다 보니 두 로펌이 긴밀한 협력체로 활동하는 공동사업체라는 실체(Identity)와 이점(Merit)이 의뢰인에게 완전하게 전달되지 않는다는 불만이 제기된다. 또한 두 로펌이 존재하고, 일본 변호사와 외국법사무변호사가 각각 서로 다른 법률사무소에 소속되다 보니 이를 명확하게 요구하는 법령상 의무가 많아지고, 이를 실천하는 것이 번거로운 일이 된다. 예컨대 명찰, 문서 헤드레터(Letter Head), 기타 서류상이나 사무소 입구 간판에 기재하여야 하는 의무사항이 많다.

셋째, 일본 법률사무소와 외국법사무변호사사무소가 제한적 공동사업을 하면서 발생하는 복잡하고 귀찮은 문제가 있다. 우선 회계를 분리하여야 하는데, 이를 처리하는 비용이 추가로 발생한다. 또 특정공동사업은 그 자체가 독립적인 실체가 아니므로 고용이 불가능하다.

실제로 특정공동사업은 광범위하게 활용되지 못하였다. 일본이 특정공동사업을 처음 허용한 것이 1995년 1월인데, 2000년 말 일변련에 특정공동사업을 신고한 사무소는 10개 정도에 불과하였다. 2003년 12월 31일 현재 등록된 수는 27건이다.[71]

(2) 반론 및 종합 평가

특정공동사업은 시장개방으로 소비자의 선택의 폭을 확대하면서도 자국법에 관한 법률사무가 글로벌 로펌에 의하여 통제되지 않도록 하는 목적으로 도입되었기 때문에 이 제도에 대한 평가 역시 두 가지 목적을 달성하였는지 여부를 기준으로 하여야 할 것이다.

이 중 첫 번째 목적은 소위 원스톱쇼핑 서비스(One-Stop-Shopping Service)를 기준으로 평가하는 경우가 많다. 특정공동사업도 원스톱쇼핑 서비스를 제공하기 때문에 첫 번째 목적은 어느 정도 달성하였다고 보인다. 다만 제한 없는 공동사업이나 외국 변호사에 의한 국내 변호사의 고용이 허용되는 경우와 비교하면 원스톱쇼핑 서비스를 제공하는 강도가 약하다.

원스톱쇼핑 서비스는 그 이름이 주는 매력만큼 기업의 로펌 선정에 결정적이라고 할 수 없기 때문에 이 점 역시 고려되어야 한다. 글로벌 로펌 중에는 원스톱쇼핑을 지향하는 로펌도 있고, 사안마다 관련 국가에서 가장 실력이 뛰어난 로펌과 제휴하는 베스트 프렌드(Best Friends) 전략으로 업무를 처리하는 로펌도 있다. 주로 영국계 글로벌 로펌은 전자의 전략을 구사해왔고, 미국 월가의 로펌은 후자의 전략을 선호해왔다. 원스톱쇼핑의 실현이 소비자의 효용을 극대화하는데 절대적으로 필요하다는 말은 특정 로펌이 사적 이익을 추구하기 위하여 내세우는 명분에 불과할 수도 있다.

아래 그림은 일본에 진출한 외국 로펌의 국내법 실무 성향을 분석한 것이다. 여기서 알 수 있듯이 외국 로펌이라고 해서 모두 일본법사무에 관심을 갖는 것은 아니다. 글로벌 로펌마다 전략이 서로 다르기 때문이다. 글로벌 로펌 중에는 초국가적법사무를 처리하는 데 있어서 현지법에 관한 법률사무는 이를 가장 잘 처리할 수 있는 현지 로펌에게 맡기는

일본에 진출한 주요 외자계 법률사무소의 특징별 포지션

외국법	미국 동부계	미국 서부계	영국 · 유럽계
	Simpson Thacker & Bartlett	Bingham McCutchen	Laurent Dubois
	Davis Polk & Wardwell	Latham & Watkins	Lovells
	Shearman & Sterling	Morgan, Lewis & Bockius	Ashurst
	Paul, Weiss, Rifkind, Wharton & Garrison	Sidley Austin	Sullivan & Cromwell
		O' Melveny & Myers	
	Simmons & Simmons	Baker & McKenzie	Allen & Overy
	Skadden · Arps	Orrick, Herrington & Sutcliffe	Freshfields
	White & Case	Paul, Hastings	Linklaters
외국법 + 일본법	Jones Day	Morrison & Foerster	Clifford Chance

* 출처 : 日經BP社編, 『ビジネス弁護士大全2007』, 9쪽

곳도 있다. 한 일본 변호사의 설명에 따르면, 일본에 들어 온 외자계 법률사무소는 넷으로 분류할 수 있다.[72] 크게 보면 일본 변호사를 고용하여 일본법 실무 자체를 적극적으로 행하는 부류와 그렇지 않은 부류가 있고, 이를 다시 세분하면, 전자는 제휴 또는 합병 등을 통하여 조직적으로 하는 경우와 개별적으로 하는 경우가 있으며, 후자는 일본에 사무소를 설치하고 있는 경우와 그렇지 않은 경우로 나눌 수 있다. 전반적인 경향을 보면 영국계 대형 로펌은 전자의 성향을 나타내고, 미국의 일류 로펌은 후자의 성향을 나타낸다. 전자는 상대적으로 일본법을 하는데 따르는 위험이나 변호사 업무수행의 품질을 중시하지 않는다. 일본법사무에 적극적으로 나서는 일류 로펌의 수는 아직 많지 않다. 일본의 대형 로펌이 특정 글로벌 로펌과 동업하지 않는 이유도, 일본 로펌과 사안별로 협조하려고 하는 일류 로펌의 수가 월등하게 많기 때문에 현 시점에서 하나의 외국 로펌을 선택하는 것이 좋은 전략이라고 생각하지 않기 때문이다.[73] 즉 일본의 대형 로펌은 원스톱쇼핑서비스(One-Stop-Shopping Service) 전략보다 베스트 프렌드(Best Friends) 전략을 선택하고 있다고 하겠다.

특정공동사업에 대한 평가는 일본의 법률시장 현황과 함께 검토할 때 좀 더 공정해질 것이다. 일본의 법률시장은 현재 토종 로펌과 글로벌 로펌이 세 싸움을 크게 벌이고 있는 형국이다. 세계 법률시장을 장악하고 있는 글로벌 로펌은 거의 모두 일본에서 활동하고 있다. 하지만 법률시장 개방 후 외국 로펌에게 국내 시장의 주도권을 내 준 독일 프랑스 이탈리아 등 유럽 국가와 달리 일본은 토종 로펌이 중심이 되어 법률사무소의 대형화가 이루어지고 있다. 〈표 7〉에서 보듯이 상위 5대까지는 일본 토종 로펌이, 그 뒤로는 일본 로펌과 동업하고 있는 글로벌 로펌이 위치한다. 상위 5대 로펌과 그 밑의 로펌간 규모의 차이도 보인다.

현재 일본 최대 규모의 로펌은 西村ときわ법률사무소로, 얼마 전까지는 〈표 6〉에서 보듯이 3위 규모였으나, 2007년 7월 1일 5위의 あさひ·拍법률사무소의 국제부문과 합병하여 지금은 변호사 수 319명의 초대형 로펌이 되었다. 지난 1년 동안 변호사 수가 20여명 이상 늘어난 법률사무소는 長島·大野·常松法律事務所, 西村ときわ法律事務所, アンダーソン·毛利·友常法律事務所 등으로 200명 이상 변호사를 보유하고 있는 대형 로펌 4개 중 3개다. 대형 로펌의 대형화 가속 현상을 보여준다. 이는 일본의 변호사 업계가 본격적으로 전문화하고 있음을 알려주고 있다. M&A 등 법률사안이 대형화되면서 단기간에 얼마나 많은 변호사를 동원할 수 있느냐에 따라 수주가 결정되면서 일본의 법률사무소는 상시 근무하는 변호사 수를 늘리는 중이다. 〈표 7〉는 2002년 2월 기준 일본의 대형 법률사무소 규모로, 5년 사이 대형 로펌의 변호사 수가 100명 정도 늘어난 것을 알 수 있다.

특이한 점은 일본의 대형 법률사무소가 보유하고 있는 외국 변호사의 수다. 일본의 대형 로펌은 그 규모에 비하여 외국 변호사 비율이 매우 낮다. 변호사 수 200명 정도인 로펌에 외국 변호사 수는 10명 내외에 불과하다. 이는 일본의 대형 로펌의 경우 초국가적법사무 등에 대한 비중이 적다는 점과 앞으로도 이 분야에서 외국 로펌과 경쟁할 의사가 없음을 보여준다. 일본의 대형 로펌은 일본법에 관한 법률사무에 특화하고

〈표 6〉 일본의 20대 법률사무소(변호사 및 외국 변호사의 수 기준)

순위	법률사무소 이름	변호사	외국법사무변호사	합계
1	長島·大野·常松法律事務所	222(196)	11(11)	233(207)
2	森·濱田松本法律事務所	209(200)	10(3)	219(203)
3	西村ときわ法律事務所	209(185)	9(7)	218(192)
4	アンダーソン·毛利·友常法律事務所	195(170)	8(11)	203(181)
5	あさひ·拍法律事務所	157(139)	3(3)	160(142)
6	TMI綜合法律事務所	102(87)	6(8)	108(95)
7	東京靑山·靑木法律事務所 ベーカー&マッケンジー外一法事務弁護士事務所(外國法共同事業)	70(62)	23(22)	93(84)
8	弁護士法人 大江橋法律事務所	71(64)	8(7)	79(71)
9	モリソン·フォースター外國法事務弁護士事務所 伊藤見富法律事務所 (外國法共同事業事務所)	27(22)	51(46)	78(68)
10	シティユーワ法律事務所	74(64)	1(3)	75(67)
11	外國法共同事業法律事務所 リンクレーターズ	35(28)	24(36)	59(64)
12	ホワイト&ケース外國法事務弁護士事務所/ホワイト&ケース法律事務所(外國法共同事業)	28(25)	28(32)	56(57)
13	北浜法律事務所	46	1	47
14	渥美綜合法律事務所·外國法共同事業	42(39)	3(2)	45(41)
15	牛島綜合法律事務所	41(34)	3(3)	44(37)
15	クリフォードチャンス法律事務所 外國法共同事業	24(20)	20(20)	44(40)
17	ジョーンズ·デイ法律事務所	30(25)	10(9)	40(34)
17	弁護士法人 御堂筋法律事務所	40(36)	0(0)	40(36)
19	ポール·ヘイスティングス法律事務所·外國法共同事業	25(26)	14(13)	39(39)
20	岩田合同法律事務所	36	2	38

* 출처 : 日徑BP社編, 『ビジネス弁護士大全2007』, 5쪽
** 2006년 7월 기준으로 작성(괄호 안은 2005년 7월 기준)하였음. 일본 변호사 자격자의 수와 외국 변호사 자격자의 수를 합산하여 순위를 부여함. 일본 변호사로서 외국 변호사 자격을 가진 자는 일본 변호사로 계산함. 일본의 법률사무소와 외국법공동사업을 하는 외국법사무변호사사무소는 양 사무소에 소속된 변호사와 외국 변호사를 합계한 수로 비교하였음.

있음을 시사한다. 즉 시장개방에도 불구하고 원스톱쇼핑 전략보다 베스트 프렌드 전략을 통하여 성장을 모색하고 있는 것이다. 독일과 달리 일

〈표 7〉 일본의 대형 법률사무소(2002. 2. 21 현재)

순위	법률사무소 이름	변호사 수
1	長島·大野·常松法律事務所	144
2	西村綜合法律事務所	110
3	森綜合法律事務所	93
4	アンダーソン·毛利法律事務所	91
5	あさひ法律事務所	69
6	三井安田法律事務所	68

* 日本 司法制度改革推進本部 제2회 국제화검토회 배포자료.

본의 토종 로펌이 개방 후 살아남아 있는 이유도 여기서 찾을 수 있다.

　일본에 진출한 많은 글로벌 로펌은 최근 일본 변호사의 고용을 크게 늘리고 있다. 5대 외국계 법률사무소에 근무하는 일본 변호사의 수는 모두 186명으로, 1년 사이 29명이 증가하였다.[74] 외국 로펌이 일본 변호사의 고용을 늘리는 것은 초국가적법사무에 있어서 일본법 관련 사무를 담당하기 위한 목적 외에 순수한 일본법사무에 대한 관심이 높아졌기 때문이다. 국내법과 외국법을 모두 제공하는 원스톱쇼핑서비스를 제공한다는 것이 이들 글로벌 로펌의 전략이다. 하지만 모든 글로벌 로펌이 원스톱쇼핑서비스에 주력하는 것은 아니다. 예컨대 영국계 로펌 Herbert Smith는 일본법에 관한 법률사무를 직접 하지 않는다. 그럼에도 불구하고 Herbert Smith 도쿄 사무실의 파트너 변호사 당 수익(Profits per Equity Partner)은 글로벌 로펌의 세계 어느 사무실보다 높다. 그 비결은 사안별 제휴에 있다. 일본 변호사의 시간당 청구금액이 영국 변호사보다 훨씬 낮기 때문에 Herbert Smith는 일본 변호사를 고용하지 않고 사안별로 동업함으로써 더 높은 수익을 올릴 수 있다고 한다.[75]

일본 로펌과 글로벌 로펌은 현재 일본의 법률시장에서 때로는 경쟁하고 때로는 협력하면서 공존하고 있다. 적지 않은 글로벌 로펌이 원스톱쇼핑서비스를 지향하고 있지만, 국내 로펌과 베스트 프렌드 관계를 맺고 있는 글로벌 로펌도 많다. 그 결과 소비자는 원스톱쇼핑을 이용할 수도 있고, 국내 로펌과 외국 로펌을 찾아다니며 법률사무를 맡길 수도 있다. 경쟁과 협력이 가능한 것은 국내 로펌이 굳건히 버티고 있기 때문이다. 일본법에 정통한 전문가가 모두 원스톱쇼핑서비스를 제공하는 글로벌 로펌에서 소속되어 있다면, 베스트 프렌드 전략은 존재할 수 없다. 시장개방에도 불구하고 동업이 제한적으로 인정됨으로써 능력 있는 일본 변호사가 모두 글로벌 로펌에 소속되어 법률시장이 원스톱쇼핑서비스 일변도로 흘러가지 않게 되었다.

4. 싱가포르의 합작법률회사(Joint Law Venture)

1) 합작법률회사의 도입 과정[76]

싱가포르는 2000년 법무전문직법 개정(Legal Profession (Amendment) Act 2000)을 통해 법무서비스시장을 공식적으로 개방하였다. 하지만 그 전에도 싱가포르는 외국 변호사가 자유롭게 활동할 수 있도록 개방적인 제도를 운영하고 있었다. 외국 변호사와 외국 로펌은 싱가포르 법무검찰총장(Attorney-General)으로부터 인가를 받아 법률사무에 종사할 수 있다. 변호사가 아닌 사람도 외국 로펌의 대표사무소(Representative Law Office)를 운영할 수 있다. 다만 직접 법률자문을 할 수 없고 글로벌 로펌에 연결해주는 역할에 그쳐야 한다. 외국의 로펌이 법률자문 활동에 종사하려면 외국 로펌(Foreign Law Firm)으로 등록하여야 한다. 영업방식에 관한 규제는 없다. 외국 로펌은 소속 변호사들이 원자격취득국에서 허용되는 영업방식과 윤리규범에 따라 자유롭게 의뢰인에게 대금을 청구하거나 변제받을 수 있다.[77] 두 외국 로펌이 한 사무실을 공동으로 사용하는 것도 허용된다. 다만 외국 로펌과 싱가포르 로펌이 한 사무실을 공동으로 사용하는 것은 금지된다.[78] 외국 변호사가 싱가포르 거주하지 않은 채 싱가포르 로펌의 파트너가 되는 것도 허용된다.[79]

1998년 싱가포르에 진출한 외국 로펌은 영국계 21개, 미국계 20개 등 모두 69개였으며, 외국변호사의 수는 303명이었다.[80] 외국 변호사는 역외법(Off-Shore Law)에 관한 업무만 수행할 수 있으며, 싱가포르법에 관한 업무는 할 수 없다. 여기서 역외법(Off-Shore Law)이란 원자격취득국법, 제3국법, 국제법 등 싱가포르법을 제외한 법으로, 외국 변호사는 싱가포르법에 관한 법률사무를 제외한 모든 법률사무를 할 수 있다는 뜻이다. 싱가포르의 개방적인 태도를 보여준다.

법률시장 개방과 관련, 싱가포르 정부가 예의주시한 것은 싱가포르법에 관한 법률사무의 자율성 확보였다. 싱가포르 정부는 외국 변호사가 싱가포르 변호사를 고용하는 것이나, 파트너로 영입하는 것을 금지하지 않았다. 다만 싱가포르 변호사가 외국 로펌에 근무할 경우 그는 외국법에 관한 법률사무만 할 수 있다. 따라서 외국 로펌이 싱가포르법에 관한 법률사무를 수행하는 것은 불가능하였다. 싱가포르 정부는 외국 변호사에게 싱가포르 변호사의 고용을 허용하여 외국 로펌의 주장을 수용하면

서도, 싱가포르법에 관한 법률사무는 싱가포르 변호사에 의하여 독립적
으로 이루어져야 하고, 또 자율적으로 발전되어야 한다는 원칙을 고수
하고 있다.

싱가포르 정부는 싱가포르를 금융서비스의 중심지로 발전시키는데 필
요한 제도를 마련하기 위하여 1997년 9월 '법무서비스검토위원회(Legal
Service Review Committee)를 신설하였다. 위원회는 금융부분의 경쟁
력을 높이기 위하여 법률분야의 강화가 필요하다고 보고 싱가포르 로펌
과 외국 로펌간 합작법률회사(Joint Law Venture)와 정식법무제휴
(Formal Law Alliance)의 결성을 허용하도록 제안하였다.[81] 싱가포르 정
부는 이 위원회의 보고서를 토대로 법무전문직법의 개정안을 마련하였
으며, 개정안은 2000년 1월 17일 싱가포르 의회를 통과하여 그 해 5월 5
일 시행되었다.

2) 합작법률회사 제도의 도입

(1) 합작법률회사의 개념 및 혜택

합작법률회사는 합작이라는 명칭에서 나타나듯이 외국 로펌과 싱가
포르 로펌이 하나의 법률사무소를 설립하는 것이다. 싱가포르 정부는
합작법률회사에 대하여 다음과 같은 혜택을 부여하였다.[82]

첫째, 합작법률회사로 등록하면 두 합작 로펌이 서로 동의하는 내용
의 법률업무를 수행할 수 있다. 둘째, 합작법률회사에 고용되어 있거나,
합작법률회사의 파트너인 외국 변호사는 일정한 범위 내에서 싱가포르

법에 관한 업무도 수행할 수 있다. 셋째, 합작법률회사는 합작에 참여하는 로펌이 제공할 수 있는 모든 영역에서 법무서비스를 제공할 수 있는 하나의 로펌으로 자신을 소개하거나 홍보할 수 있다. 넷째, 합작법률회사는 마치 하나의 로펌인 것처럼 고객에게 청구서를 보낼 수 있다. 다섯째, 그 밖에 법에서 규정하는 혜택을 누릴 수 있다.

합작법률회사에 참여하는 싱가포르 로펌 입장에서는 국제금융사건에서 요구되는 법률실무와 거래실무의 경험 및 대형 로펌을 운영하는데 필요한 경영 노하우를 글로벌 로펌으로부터 자연스럽게 전수받을 수 있으며, 싱가포르 변호사들의 역외법률사무(Cross-Border Work) 능력을 제고할 수 있는 이점이 있다. 외국 로펌 입장에서는 싱가포르법이 포함되는 역외법률사무를 할 수 있으며 이를 마케팅 수단으로 활용할 수 있는 혜택을 누릴 수 있다. 싱가포르 로펌이나 외국 로펌 모두 원스톱쇼핑(One-Stop-Shopping) 서비스를 제공할 수 있는 것도 큰 이점이다.

(2) 합작법률회사의 구조적 특징

합작법률회사의 구조적 특징은 싱가포르 법무검찰청이 2002년 5월 5일 제시한 '합작법률회사에 부과되는 공동조건(Common Conditions Imposed on All Joint Law Venture Licences)' 에 잘 나타난다.[83] 합작법률회사는 그 명칭, 레터헤드, 로고 등에는 합작법률회사임을 표기하여야 하며, 합작에 참여한 싱가포르 로펌과 외국 로펌의 이름이 드러나야 한다. 하지만, 싱가포르 로펌이 싱가포르법에 관한 법률사무 등 합작법률회사의 업무 영역에 속하지 않는 영역의 업무를 수행할 때는 반드시 싱가포르 로펌이라는 실체(Identity)를 통하여 하여야 한다. 따라서 싱가포르 로펌은 자기의 레터헤드를 사용하고, 자기 이름으로 법원에 서류를 접수하고 등록하여야 한다.

싱가포르 로펌은 소속 변호사를 모두 합작법률회사에서 업무를 수행하도록 파견할 수 있다. 하지만 합작법률회사에게 허용된 범위 이외의 업무, 즉 싱가포르법에 관한 법률사무에서 발생하는 소득은 합작법률회사의 회계에서 분리하여 별도로 처리하여야 한다. 싱가포르 로펌은 합작법률회사의 업무 영역에 속하는 법률사무를 반드시 합작법률회사에서 처리하여야 할 의무를 부담하지 않는다. 이것은 합작계약의 내용에 달려 있다. 따라서 싱가포르 로펌은 합작법률회사를 설립하고도 외국법에 관한 사무를 다른 외국 로펌에게 넘기거나 공동으로 처리할 수 있다. 이에 반하여 외국 로펌이 싱가포르 로펌과 합작법률회사를 구성할 경우 외국 로펌으로 별도의 활동을 할 수 없으며,[84] 모든 업무를 합작법률회사를 통해서만 할 수 있다. 싱가포르 합작법률회사의 특징을 그림으로 그리면 아래와 같다.

싱가포르의 합작법률회사의 모형도

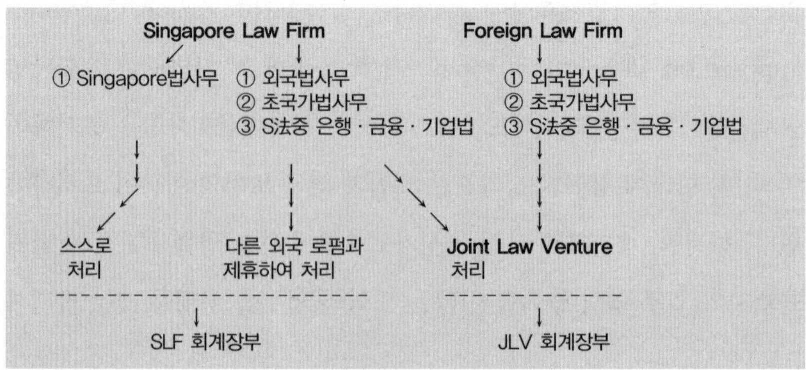

이처럼 합작법률회사의 모델은 국내 로펌에 유리한 구조다. 그럼에도 불구하고 외국 로펌이 합작법률회사의 설립에 참여하는 이유는 합작회사 소속 외국 변호사는 은행법, 금융법 및 기업법 등 제한된 범위에서 싱가포르법에 관한 법률사무를 할 수 있는 혜택이 주어지며, 싱가포르 로펌을 통하여 일시에 국내 고객의 정보를 공유할 수 있기 때문이다.

싱가포르 로펌에 유리하도록 만들어 놓은 합작법률회사의 제도적 특징 중 하나는 외국 로펌이 합작법률회사를 명백히 통제하는 것은 허용하지 않는 구조에 있다. 외국 로펌이 싱가포르 로펌과 합작법률회사를 설립하려면 법무검찰총장에게 설립을 신청하여 승인받아야 하는데, 그 신청요건 중 하나는 외국 로펌의 파트너(회사 형태일 경우 이사)의 수가 싱가포르 로펌의 파트너(회사 형태의 경우 이사)의 수보다 많을 수 없다는 것이다.[85] 또한 외국 로펌과 싱가포르 로펌은 서로 합의한 비율에 따라 이익을 분배할 수 있지만, 합작법률회사에서 외국 로펌이 차지하는 몫은 그 합작법률회사가 뱅킹, 금융, 기업 업무 등에서 얻은 총이익을 초과할 수 없는 제한을 받는다.

3) 합작법률회사에 대한 평가 및 개선 방안 마련

(1) 합작법률회사의 현황

싱가포르가 2000년 합작법률회사를 허용하였을 때만 해도 국내·외 로펌간 동업을 허용하고, 외국 변호사에게 은행 금융 및 기업 분야의 싱가포르법사무를 수행할 수 있도록 허용하였다는 점에서 시장개방적 태도를 분명히 했다. 이는 싱가포르 정부가 세계 일류 로펌과의 합작을 통해서 싱가포르 로펌 및 변호사의 수준을 향상시켜 싱가포르를 국제금융의 중심지로 키우기 위한 야심을 가지고 있었기 때문이다.

그러나 현재 싱가포르는 다른 나라보다 더 개방적이라고 평가하기 힘들다. 2000년 이후 대만, 일본 등 여러 나라가 완전 동업을 허용하면서 싱가포르의 합작법률회사 모형은 자국의 변호사를 보호하는 듯한 인상을 주고 있다. 합작법률회사의 실적을 보면, 이 제도를 도입한 성과를 거두고 있는지 의심이 들기도 한다.[86] 심지어 실패라는 평가까지 나온다.[87]

2000년 8월 처음으로 합작법률회사 승인을 받은 로펌은 7개였지만, 2007년 7월 현재 합작법률회사로 등록한 로펌은 5개로 오히려 줄었다. 미국의 White & Case과 싱가포르의 Colin Ng & Partners가 설립한 합작법률회사는 2002년 5월, 미국의 Shearman & Sterling과 싱가포르의 Stamford LLC가 만든 합작법률회사는 2002년 7월 해체되었다. Freshfields가 싱가포르에서 철수하기로 결정함에 따라 Drew & Napier와 설립한 합작회사는 2007년 4월 청산되었다. 합작법률회사가 몇 차례 해체된 원인은 여러 가지 있겠지만, 그 중 가장 중요한 것은 국적이 다른 로펌간의 기업 · 문화의 차이(Corporate and Cultural Differences)다.[88]

Stamford와 Shearman & Sterling의 결별은 양측의 이기적인 태도에서 비롯되었으며, White & Case와 Colin Ng의 결별은 글로벌 로펌과 지역 로펌간의 문화적 충돌에 그 이유가 있다고 한다.[89] 싱가포르 로펌은 통합 후 사무실 운영비의 부담이 종전보다 더 커졌고, 외국 로펌으로 부터 수임료를 인상하라는 압력에 시달리기도 하였다.

하지만 싱가포르의 경제 규모에 비추어 보면, 합작법률회사가 5~6개 정도가 적당하다는 해석도 있다. 글로벌 로펌 입장에서 제휴할 만한 규모의 싱가포르 로펌의 수가 많지 않기 때문에 합작법률회사의 수가 확대되는 것은 한계가 있다는 것이다. 〈표 8〉은 합작법률회사의 현황을 정리한 것이다.

합작법률회사와 함께 도입된 공식법무제휴(Formal Legal Alliances)는 사정이 더 심각하다. 공식법무제휴란 새로운 법적 실체를 창설하지는 않지만, 초국가적 법률사무를 하는 데 있어서 국내·외 로펌이 하나의 로펌인 것처럼 대외적으로 내세우고 비용도 하나의 로펌으로 청구할 수 있도록 허용한 제도다. 그러나 2007년 1월 현재 공식법무제휴를 활용하는 로펌은 White & Case LLP/Venture Law LLC, A Formal Law Alliance 하나뿐이다. 거의 모든 외국 로펌은 이 제도를 이용하지 않고, 싱가포르

〈표 8〉 싱가포르의 합작법률회사 현황

합작법률회사 이름	글로벌 로펌의 성격	현황
Allen & Overy Shook Lin & Bok	영국계	활동 중
Baker & McKenzie Wong & Leow	미국계	활동 중
Clifford Chance Wong	영국계	활동 중
Freshfields Drew & Napier	영국계	2007.4. 청산
Linklaters Allen & Gledhill	영국계	활동 중
Lovells Lee & Lee	영국계	활동 중
White & Case Colin Ng & Partners	미국계	2002.5. 해체
Shearman & Sterling Stamford	미국계	2002.7. 해체

로펌과 비공식적인 제휴관계를 맺고 있다.

한편 싱가포르에 등록된 외국 로펌의 수는 2007년 1월 현재 67개[90]로 개방정책을 펴기 직전인 1999년의 69개와 거의 비슷하다. 2000년 법제정 후 외국 로펌의 수가 오히려 줄었으나 이는 제도의 문제라기보다 싱가포르 경제의 불황과 아시아 거점을 중국으로 옮기려는 글로벌 로펌의 전략에 기인한 것으로 해석하여야 할 것이다. 대표사무소는 4개 등록되어 있다.

(2) 싱가포르 정부의 합작법률회사 재평가

싱가포르 정부는 합작법률회사(JLV)와 공식법무제휴(FLA)를 도입하면서 5년간 운영한 뒤 재검토하겠다는 계획을 발표하였다. 이에 싱가포르 정부는 2005년 6월 위원회를 구성하여 두 제도가 싱가포르 경제의 전략적 서비스분야를 법적으로 지원하고 있는지 검토하였다. 위원회는 검찰총장을 위원장으로 하여 7인의 위원으로 구성되었다. 이 위원회가 발견한 내용은 다음과 같다.[91]

첫째, 싱가포르에서 접할 수 있는 외국법 및 싱가포르법에 관한 법률사무의 범위는 만족스러우며, 싱가포르 경제의 전략적 서비스 분야의 수요(Needs)를 충족시키고 있다. 둘째, 합작법률회사 및 공식법무제휴의 구조는 당초 기대하였던 목표, 즉 이 지역에서 발생하는 국경간 금융거래에 있어서 싱가포르법과 외국법에 관한 법률사무의 원스톱쇼핑 서비스를 제공하는 것을 달성하고 있다. 셋째, 합작법률회사 및 공식법무제휴의 구조는 구조적으로 건전하며, 목표를 달성하는데 적합하고, 활동에 필요한 조건을 변경하여야 할 이유가 없다. 넷째, 싱가포르법에 관한 법률사무가 합작법률회사를 구성하는 외국 로펌에게 반드시 필요하다고 볼 수 없으며, 이러한 법률사무는 합작법률회사를 구성하는 싱가포르 로펌에 의하여 더 적은 비용으로 더욱 효율적으로 제공될 수 있다. 다섯째, 새로운 전략적인 실무 분야로 중재, 지적재산권, 해양법 등을 포함시킬 수 있다. 여섯째, 지적재산권법에 관한 법률실무는 보다 전문가, 특히 특허법 실무에 정통한 외국 로펌과 변호사가 싱가포르에서 실무를 하도록 권장할 필요가 있다.

싱가포르의 합작법률회사 검토위원회(Review Committee)는 위와 같은 사실의 발견에 기초하여 다음과 같은 내용을 정부에 건의하였다. 첫째, 외국 로펌과 싱가포르 로펌은 중재 실무의 목적으로 합작법률회사 또는 공식법무제휴를 설립할 수 있다. 둘째, 지적재산권법은 합작법률회사 또는 공식법무제휴의 주된 실무 분야, 즉 국제금융거래에 부수되는 실무로 포함시킬 수 있다. 셋째, 해양법은 합작법률회사 또는 공식법무제휴의 주된 실무 분야, 즉 국제금융거래에 부수되는 실무로 포함시킬 수 있다. 넷째, 검찰총장은, 관련부처와 상의한 후 합작법률회사 또는 공식법무제휴가 싱가포르의 경제나 기술의 발전 또는 싱가포르의 법률실무의 능력 향상에 기여할 것이라고 판단할 경우, 지적재산권법, 해양법, 기타 어떤 분야의 법률실무라도 합작법률회사 또는 공식법무제휴의 주된 업무거나 부수된 업무로 수행할 수 있도록 사안별로 허가할 수 있다. 다섯째, 외국 변호사의 지분 또는 이익이 모두 합하여 25%를 넘지 않는 한도에서, 또는 그러한 조건 아래서 외국 변호사들도 싱가포르 로펌의 지분을 소유할 수 있다. 여섯째, 위원회는 법무부장관이 검찰총장과 상의하여 최소한 5년에 한번 재량껏 싱가포르 법률서비스의 상태를 주기적으로 점검할 필요가 있다. 이는 법률서비스가 싱가포르 경제의 전략적 분야의 수요를 충족시킬 수 있을 만큼 관련 있고 적정한지 확인하기 위해서 필요하다.

(3) 합작법률회사 개선 방안 종합

합작법률회사의 개선방안은 결국 2000년 도입한 합작법률회사 및 정식법무제휴의 틀을 그대로 유지하면서 싱가포르 로펌과 글로벌 로펌이 상호 합의를 통하여 할 수 있는 업무의 범위를 확대하는 선으로 정리할 수 있다. 싱가포르 정부는 합작법률회사가 원스톱쇼핑 서비스를 제공하면서도 싱가포르법에 관한 법률사무는 싱가포르 변호사가 주도적으로 수행할 수 있는 제도라는 판단하고 있다. 즉 법률서비스의 소비자를 만족시키면서도, 싱가포르 법조직역의 독립성을 유지할 수 있는 제도적 장치가 합작법률회사라고 판단한 것이다.

그렇다고 싱가포르 정부가 단순히 국내 법률시장 보호에 그치는 보호주의적 태도만 견지한 것은 아니었다. 사법개혁을 꾸준히 추진한 것으로 판단된다. 전 검찰총장 Chan Sek Keong을 위원장으로 하는 변호사공급에 관한 제3위원회(The Third Committee on the Supply of Lawyers)를 2005년 12월 구성하여 변호사의 공급이 수요를 충족시키는지 검토하도록 하였다. 제3위원회는 다음과 같은 내용을 건의하였다.[92] 첫째, 제2 로스쿨의 설립을 검토한다. 둘째, 국립싱가포르대학의 입학생을

2007년부터 250명으로 증원한다. 셋째, 싱가포르인으로 외국의 유명 로스쿨을 졸업한 외국 변호사에게 일정한 조건 아래 실무를 할 수 있도록 허용한다. 넷째, 싱가포르 로펌이 동남아 지역에서 성장하고 경쟁력을 가질 수 있도록 유능한 외국 변호사를 고용하여 일정한 조건 아래 싱가포르법에 관한 법률사무에 종사할 수 있도록 한다. 싱가포르 정부는 이러한 내용에 원칙적으로 동의하고 수용하였다.

Ⅲ. 시장 개방이 법조에 미치는 영향

1. 법무서비스 시장 개방의 효과 분석

개방 협상의 전략은 법무서비스 시장이 개방될 경우 어떻게 변화될 것인가를 먼저 살펴 본 후 수립하는 것이 타당하다. 그동안 시장개방의 긍정적인 효과로 거론되는 것은 (1)외국인투자 유치에 기여 (2)기업에 원스톱쇼핑 기회의 제공 (3)한국 로펌 및 법조인력의 국제화에 기여 (4) 국제법무서비스의 이용여건 및 질의 개선 (5)국내 법조인의 취업기회 증가 및 처우 향상 등이며, 반면에 (1)법률문화의 상업화 (2)국내 법무서비스시장의 기반 침식 우려 (3)질 낮은 외국 법률가의 유입으로 인한 소비자 피해 (4)국내 기업 기밀의 해외 유출 등은 주로 개방의 부작용으로 거론되었다.[93]

이러한 효과는 각 국가가 처한 고유한 상황에 따라 다를 수밖에 없다. 하지만 어떠한 효과가 시장개방 국가에서 공통적으로 나타난다면 그 문제에 주목하고 대비해야 할 것이다. 대부분의 시장개방 국가들은 개방 후 영미계 로펌에 의해서 국내 기업법무서비스 시장의 주도권을 빼앗겼다. 시장개방이 여러 법률문화의 조화(Harmonization)를 이뤄내기 보다는 영미 중심의 단일화(Homogenization)를 초래했다는 것은 여러 나라에서 목격됐다.[94] 특히 대륙법계 국가들은 시장개방 후 큰 변화를 겪었다. 대륙법계 국가는 변호사가 송무 중심으로 업무를 수행하고, 기업에 대한 법률자문 제공은 소홀히 해왔다. 변호사는 단독으로 개업하는 경우가 거의 대부분이었다. 독일, 프랑스, 이탈리아 등 유럽 대륙의 대표적인 국가에서 순수 국내 로펌은 시장개방 이후 주도권을 상실했다. 법무서비스 분야에서 무역수지 흑자를 지속적으로 기록하고 있는 나라가 미국, 영국, 캐나다, 호주 등 모두 영미법계 국가들이라는 사실[95]은 시장개방 이후 대륙법계 국가의 고민을 반증해주고 있다.

또한 시장개방의 효과를 분석할 때 유의해야 할 점은 한국 상황의 특수성이다. 한국은 사법시험 합격률이 미국 등에 비해 현저히 낮고[96], 그 결과 인구 대비 변호사 수에서도 큰 차이를 보인다.[97] 이는 일본, 대만 등 동북아시아 국가에서도 똑같이 나타나는 현상이다. 이처럼 변호사 시험의 합격률이 극히 낮은 국가에서 높은 국가의 압력으로 법무서비스 시장을 개방할 경우 젊은 학생들이 시험이 쉬운 국가로 유학 가서 되돌아오는 부작용이 발생하게 돼 사법제도의 근간이 흔들릴 위험성이 있다. 우리나라처럼 변호사 수를 적게 운영해온 국가에서는 법무서비스 업무의 일부를 변리사 세무사 법무사 등 유사 법조인이 맡고 있어 법무서비스 시장개방은 변호사 뿐 아니라 변리사 세무사 법무사 등의 활동에도 큰 영향을 미치게 된다. 시장개방의 효과를 광범위한 시각에서 살펴보아야 할 이유가 여기에 있다.

그러나 법무서비스 시장의 개방은 필연적이기 때문에 개방 효과의 분석은 개방의 여부가 아닌, 개방의 폭을 중심으로 이루어져야 한다. 즉, 개방할 경우와 그렇지 않을 경우가 아니라, 부분 개방과 전면 개방을 비교 대상으로 삼는 것이 타당하다.

1) 외국인투자 유치 지원

외국인투자 유치를 위해서 이들이 선호하는 외국 로펌이 국내에 주재하도록 해야 한다는 견해가 있다. 타당한 주장이다. 외국 기업인 입장에서는 본국에서 활용하던 변호사의 도움을 한국에서도 받을 수 있다면 새로운 환경에 대한 불안감을 해소하고 경제활동을 하는데 도움이 될 것이다. 또 동북아시아의 경제중심지를 놓고 일본, 중국의 주요 도시와 다투고 있는 우리 입장에선 외국인투자에 조금이라도 도움이 된다면 그런 정책을 펴는 것이 올바른 선택이다.

하지만 외국인투자 유치에 도움이 되는 것은 외국 로펌의 국내 존재이다. 외국 로펌이 국내에 사무소를 내고 다국적 회사에 대한 법률자문을 해줄 수 있으면 그것으로 충분하다. 외국 로펌이 국내 로펌과 합작 또는 동업을 하거나 국내 변호사를 고용할 수 있거나 하는 개방의 폭과는 상관이 없는 문제이다. 싱가포르의 경험은 이를 증명하고 있다.

싱가포르가 법무서비스시장을 공식적으로 개방한 것은 2000년이었다. 그 전에도 외국 로펌들은 본국법에 관한 법률업무를 수행하기 위해서 싱가포르에 진출해 있었다. 싱가포르 변호사를 고용할 수도 있었지만, 외국 로펌에 고용된 싱가포르 변호사는 싱가포르 법에 대한 자문은 할 수 없었다. 또 싱가포르 로펌과 외국 로펌의 동업이나 합작은 허용되지 않았다. 그럼에도 불구하고 1998년 싱가포르에 진출한 외국 로펌은 69개에 달했다. 하지만 외국로펌과의 합작(JLV)과 제휴(FLA)가 허용된 지 5년이 지난 2005년 2월 현재 외국 로펌은 59개로 과거보다 크게 줄었다. 싱가포르 정부가 JLV와 FLA를 허용한 이유는 싱가포르가 아시아의 금융 중심지로 성장하기 위해서는 외국 로펌과의 합작이 필요하다고 생각했기 때문이다. 자발적인 선택에 의한 개방 확대였지만, 결과는 좋지 못하다. 싱가포르의 사례는 외국인 투자유치를 위해서 외국 로펌이 필요하다는 문제와 외국 로펌에게 국내 로펌과의 합작 및 동업, 국내 변호사의 고용 등 활동범위를 광범위하게 허용해줘야 한다는 문제는 별개라는 것을 보여주고 있다.

2) 원스톱쇼핑 기회 제공

국내 변호사와 외국 변호사의 동업 또는 외국 로펌의 국내 변호사 고용이 허용되면 외국 로펌은 국내법과 외국법에 대한 종합적인 자문이 가능해진다. 법무서비스의 수요자인 기업 입장에서는 한 곳에서 모든 법률자문을 받을 수 있으면 그 방안을 선호할 것이다. 국내법과 외국법뿐만 아니라 법률과 세금, 경영전략 등까지도 한 군데서 자문 받을 수 있으면 이 역시 마다할 이유가 없다. 하지만 변호사와 다른 전문직종간 동업(MDP)을 허용하는 예는 세계에서 많지 않다. 독일, 네덜란드 등 극히 일부 국가에서 허용하고 있다. 변호사는 고객의 비밀을 지켜야 하는데 반해 회계사는 고객의 부정을 고발해야 하는 등 서로 이익이 상충할 수 있기 때문이다. 또 변호사의 독립적인 업무수행을 방해받을 수 있다. 미국과 일본 등 대부분의 국가는 MDP를 허용하고 있지 않다. MDP의 금지는 원스톱쇼핑의 기회를 제공한다는 것이 절대적인 기준이 될 수 없다는 반증이다.

원스톱쇼핑은 이를 허용하지 않을 경우 기업의 경쟁력이 크게 떨어진다는 좀 더 구체적인 이유가 제시될 때 법무서비스시장의 대폭 개방을 지지하는 논거로 활용될 수 있다. 하지만 그럴 가능성은 높아 보이지 않는다. 그 이유는 첫째 지금도 대기업은 사안별로 로펌을 선정하는 경향을 보인다. 고문계약을 맺은 로펌이라고 항상 그 로펌에 법률자문을 의뢰하는 것이 아니다. 특히 기업의 구조조정, 인수·합병, 해외 금융시장에의 접근 등 복잡하고 기업의 운명을 좌우할만한 사건일수록 그 분야에 가장 평판이 좋은 로펌을 찾기 위해 노력한다. 다시 말해서 한 백화점에 가서 옷 사고 점심 먹는 것이 아니라, 옷을 가장 잘 살 수 있는 곳에서 옷 사고 음식별로 가장 잘 하는 레스토랑을 골라 식사하는 것이 기업이 로펌을 선정하는 형태다. 둘째, 세계의 주요 로펌을 보면 원스톱쇼핑을 제공하는 메가로펌만 있는 것이 아니다. 미국의 Davis Polk, 영국의 Slaughter and May, 독일의 Hengeler Mueller 같은 로펌은 독립적으로 운영하면서 초국가적 업무가 있을 때는 서로 협력하는 방식으로 긴밀한 관계를 맺고 있다. 사안별로 협조하는 방식으로도 기업에게 충분히 만족스러운 법무서비스를 제공할 수 있음을 보여주는 예다. 셋째, 싱가포르의 경험에서 보듯이 외국 로펌과 국내 로펌이 합작을 통해 국내법과 국제거래법에 관한 종합적 자문을 할 수 있도록 허용할 경우 기업이 이 방안을 더 선호할 것이라는 가정은 입증되지 않았다. 싱가포르에 진출한 대부분의 외국 로펌과 국내 로펌이 독자적으로 사무소를 운영하고 있는 것은 합작로펌에 대한 기업 측의 요구가 그리 크지 않음을 보여준다.

3) 법조 인력의 국제화 및 처우 향상

법무서비스시장이 개방되면 국제적인 감각과 능력을 갖춘 변호사들이 많이 양산될 것이라는 전망이 있다. 외국 로펌이 국내에 진출해 사무소를 개설하고 국내 변호사를 채용할 경우 이곳에서 근무하는 변호사는 다른 나라에 소재한 사무소와 긴밀한 관련을 맺고 일을 하기 때문에 국제 변호사로 성장할 수 있다는 것이다. 하지만 일부의 국제 변호사를 양성하기 위해서 국내 법무서비스시장 전체를 뒤흔드는 정책을 선택하는 것은 곤란하다. 더구나 유능한 국제 변호사는 국제 거래가 많아지면 자연스럽게 양성되는 것이다. 1997년 말 외환위기 후 초국가적 대형거래가 많이 발생하면서 우리나라 변호사의 국제거래 업무처리 수준도 상당히 높아졌다는 평을 받고 있다.

시장이 개방되면 국내 법조인의 취업 기회가 늘어나고 처우가 나아질 것이라는 전망도 나온다. 외국 로펌이 국내 변호사를 고용하도록 허용할 경우 가능한 이야기다. 다른 나라의 경험에 비춰보면, 외국어에 능통하고 전문성이 있는 변호사는 외국 로펌의 주요 스카우트 대상이다. 이들에 대한 처우는 지금보다 좋아질 것이다. 변호사 보수의 증가는 다른 측면에서 보면 소비자의 부담 증가를 의미한다. 외국의 대형 로펌이 관심을 가지고 있는 고급시장(high-end market)에서 변호사 비용은 개방 전보다 상승할 것이라는 전망은 다른 나라의 경험을 비추어 보면 자명한 일이다. 소비자의 부담을 늘리면서 국제 변호사의 처우를 개선하는 것이 올바른 정책 방향인지는 신중히 생각해 보아야 할 문제다.

소비자 입장에서 가장 좋은 것은 개방으로 로펌의 수가 늘어날 경우 선택의 폭이 넓어진다는 점일 것이다. 하지만 이것도 국제 업무와 관련된 사건에서만 맞는 말이다. 국내법에 대한 자문을 할 수 있는 변호사의 총 숫자는 개방 전이나 후나 동일하다. 개방은 외국법과 국제거래법에 대한 자문을 할 수 있는 변호사가 늘어난다는 것을 의미할 뿐이다. 이러한 효과는 외국 로펌이 한국에 지사를 설치할 수 있도록 허용하는 방법으로도 거둘 수 있다고 본다. 외국 로펌이 한국 변호사를 고용하거나 한국 로펌과 합작 또는 동업하는 것을 허용하는 문제는 좋은 외국 로펌이 국내에 사무소를 내도록 유도하는 유인책으로서는 고려할 수 있어도, 국내 법무서비스의 질을 크게 향상시키는 목적에 적합한 수단이라고 보기는 어렵다.

4) 개방의 부작용

(1) 가치의 변화

법무서비스 시장의 개방은 그 자체가 절대적인 선이 아니다. 국가 경제에 도움을 주는 측면이 있지만, 그에 대한 부작용도 분명히 존재한다. 법무서비스 시장을 전면 개방할 경우, 다시 말해 외국 변호사가 우리나라에서 합법적으로 활동할 수 있을 뿐만 아니라 한국 변호사를 고용할 수도 있고 한국 로펌과 합작할 수도 있다면 가장 먼저 나타나는 현상은 국내 법무서비스시장의 동요이다. 외국의 대형 로펌은 국내에 들어와 로펌 쇼핑을 먼저 시작할 것이다. 국내 로펌 중에서 합작할 수 있는 대상을 고르고, 합작 또는 동업 협상을 벌이다 실행에 나서기도 하고 그렇지 않기도 한다. 가장 무서운 것은 후자의 경우다. 독일 프랑스 등 유럽에서의 사례를 보면, 영미계의 대형 로펌들은 협상을 통해 한국 로펌의 실상을 파악한 후 가장 역량 있는 변호사를 스카우트해서 국내법 분야를 확충하는 방법을 사용할 가능성이 크다.

잦은 변호사의 이동과 국내 로펌의 위상 전략은 그 자체에서 끝나지 않는다. 그로 인해 변화되는 법조 문화는 궁극적으로 우리 사회에 부담을 줄 것으로 보인다. 한 국가의 사법제도와 법무서비스는 그 국가의 고유한 역사 정치 문화와 밀접한 관련을 맺고 있다. 법무서비스는 국가의 사법제도를 통해서 정의(Justice)를 실현하는 일을 담당하고 있으며, 국민의 재산권에 지대한 영향을 미치기 때문에 이를 누가 담당할 것인가의 문제는 단순히 경제 논리만으로 풀어나갈 수 없다.[98] 외국 변호사들은 진출 국가의 국민들이 느끼는 정의감을 이해하지 못하기 쉽고, 따라서 업무 수행도중 정의의 관념을 훼손하는 일을 저지를 수 있다. 국가는 바로 이러한 이유 때문에 국민들과 공감대를 형성하지 못하는 외국 변호사의 활동을 제약하는 데 정당성을 갖게 된다.[99]

시장 개방으로 외국 로펌들이 국내에서 자유롭게 활동하게 되면 법의 지배는 더욱 강화될 것이라고 생각할 수도 있다. EC 소속 28개국 50만명의 변호사를 규율하는 CCBE(Council of the Bars and Law Societies of the European Union) 규정에 따르면, 변호사의 가장 중요한 가치는 그 사회에 법의 지배가 존중되도록 하는 것이다.[100] 이런 선진국 소속 변호사들이 국내에서 활동하면 법의 지배가 뿌리내릴 것이라는 생각이 잘못이라고 할 수는 없다. 모든 관계를 법적으로 정해 놓고, 분쟁이 생기면 법적인 절차에 따라 처리하는 사회 분위기가 조성될 가능성도 있다.

그러나 적어도 법의 지배의 관점에서 보면, 영국과 미국의 로펌에 대한 평가는 그리 좋지 않다. 법의 지배의 원칙이 사기업에 의하여 악용되면서 국가의 자의적인 법집행을 막는데 그치는 것이 아니라, 정당한 권한의 행사까지 도전하는 일이 빈번하게 일어날 수 있다는 우려가 있다.[101] 치열한 경쟁에서 살아난 미국 로펌들은 정의의 실현에 대해서는 관심이 적고, 고객에 대한 충성심을 최고로 생각한다. 변호사는 고객 이익의 대변자 역할을 충실히 수행하고 있다. 만약 고객의 이익과 사법제도가 충돌한다면, 고객의 이익이 우선한다는 사고가 미국 로펌 변호사들 사이에 팽배하다.[102] 대형화된 영국의 로펌 역시 미국의 로펌과 크게 다를 게 없다. 영미계 로펌이 본격적으로 진출한 후, 고객을 위해 법의 약점을 찾아내고 새롭게 해석하는 법적 창조력을 요구하는 영미식 업무방식이 유럽의 법률 시장을 변화시키고 있다고 한다.[103] 전통적으로 독일에선 변호사를 준사법기관으로 여겨왔으나, 영미 로펌이 진출한 후 변호사의 업무를 사업(business)로 생각하는 사고가 급속도로 확산되었다고 한다.

또 한 가지 반드시 지적해야 할 점은, 변호사 수의 증가가 변호사의 손길이 닿지 않던 사회의 그늘진 곳에 법의 보호가 확대되는 결과를 낳아 법의 지배를 확립하는 데 도움이 된다면, 그 방법은 대외 개방보다 대내 개방에서 찾아야 하다는 것이다. 대외개방은 이질적인 문화의 지배를 초래할 뿐만 아니라, 영미 로펌에게 사회적 약자는 고객이 아니기 때문이다.

결국 영미계 대형로펌이 국내의 기업법무서비스 시장을 장악하게 될 경우 모든 가치의 기준은 '돈'이 될 가능성이 높다. 변호사는 돈을 따라 로펌을 수시로 옮기고, 고객에게 '돈'을 벌어주기 위해 모든 수단을 동원하려는 현상이 자주 발생할 것이다. 지금도 변호사 업무가 '돈'을 기준으로 이루어지고 있는 것이 현실인데 개방한다고 무엇이 더 문제가 되겠느냐는 반론도 있을 수 있다. 하지만 정책은 조금 더 나아지는 방향으로 시행되어야지, 더 악화되는 것을 당연시 하는 것은 잘못이라고 생각한다. 변호사가 전문직업인으로서 일할 수 있도록 하는 방안이 모색되어야 하며, 변호사가 돈만 중시하는 사업가로 전락되어 가도록 방치할 수는 없다.

(2) 저급 변호사의 출현과 부실 자문

개방의 또 다른 부작용으로 질 낮은 외국 법률가가 유입될 가능성을 지적하는 견해도 있다. 개방 후 영미계의 대형 로펌만 한국에 관심을 두고 진입할 것이라는 생각은 잘못이라는 지적이다. 시장개방은 WTO 회원국 모두에게 적용되는 것이기 때문에 개도국 출신 변호사들도 국내에 진출할 가능성이 있으며, 그 중에는 질이 낮거나 불성실한 외국 법률가도 있을 것이라는 지적도 염두에 두어야 할 것이다. 이는 개방에 앞서 외국 변호사의 관리감독 방안에 대한 연구가 선행되어야 한다는 것을 의미한다.

우리나라의 경우 유럽 국가들이 경험하지 못했던 특별한 사정이 존재하고 있음도 잊어서는 안 된다. 즉, 한국계 미국 변호사가 상당히 많이 있으며, 이들의 실력은 한국 변호사에 비해서 균등화되지 않았기 때문에 질 낮은 법무서비스를 제공할 가능성을 배제할 수 없다.

(3) 기업 기밀사항의 해외 유출

개방으로 국내 기업이 갖고 있는 기밀이 해외로 유출되는 것을 우려하는 견해도 있다. 한 기업에 대한 법률자문은 필연적으로 아직 대외에 공포되지 않은 기밀사항에 대한 법적 분석을 포함하기 때문에, 법무서비스 시장이 개방되면 우리 기업의 기밀이 외국 로펌을 통하여 경쟁사로 전달될 것이라는 견해가 있다.

하지만 국내 기업이 세계로 진출하기 위하여 외국 회사에 컨설팅이나 회계감사를 받는 일이 비일비재한 세계화의 시대에 유독 로펌을 통한 기밀의 유출을 우려하는 것은 지나치다고 본다. 또한 로펌을 통한 기밀사항의 해외 유출은 시장개방 전이라도 국내 기업이 외국 로펌을 찾아가서 자문을 받을 때 역시 발생할 수 있기 때문에 이러한 주장을 근거로 법무서비스 시장의 개방을 반대하거나 개방 폭을 좁혀야 한다는 것은 국내에서조차 설득력을 얻기 어렵다고 본다.

2. 향후 대응방향

법무서비스 시장개방에서 고려하여야 할 주요 쟁점은 (i)국내 진출한 외국 변호사가 제공할 수 있는 서비스의 범위를 어디까지 허용할 것인지, (ii)외국 로펌과 국내 로펌과의 제휴나 동업을 허용할 것인지, (iii)외국 로펌이 국내 변호사를 고용하도록 허용할 것인지 등 세 가지로 집약된다.

한·미 FTA의 내용과 입법예고된 외국법자문사법(안)에 의하면, 우리 정부는 (i)외국 변호사가 외국법자문사(FLC)로 등록해 자격증 취득국가의 법령에 관한 자문과 그 국가가 당사국인 조약 및 일반적으로 승인된 국제관습법에 관한 자문, 국제중재사건의 대리를 할 수 있도록 허용하되, (ii)외국 변호사나 로펌은 국내 변호사와 동업하거나 합작할 수 없으며, 국내 변호사를 고용할 수 없다.

따라서 앞으로 남은 쟁점은 한·미 FTA에서 약속한 추가개방을 어떻게 진행할 것인가에 있다. 즉 제1단계로 외국법자문사법을 제정·시행하고, 협정 발효 2년 내에 외국법자문사무소와 국내 로펌과의 업무 제휴를 허용하고(제2단계), 협정 발효 5년 내에 합작사업체의 설립을 허용하는(제3단계) 순서로 개방범위를 확대하기로 하였는데, 그 구체적인 내용을 어떻게 그려 나갈 것인지에 따라 국내 법무서비스시장에 미치는 영향이 달라질 것이다.

주의 깊게 보아야 할 것은 제3단계다. 법무부 설명에 의하면, 합작사업체의 구체적 법정요건과 외국계 경영지분 제한권한이 우리 관리감독당국에 유보되었다고 한다. 또한 그 다음 개방 단계, 즉 소위 국내외 변호사간 동업 및 고용이 허용되는 전면개방의 시기에 대해서도 한·미 FTA는 언급이 없다.

합작사업체의 모습을 어떻게 그리는 것이 성공적인지, 제3단계 이후 개방은 어떻게 시행하는 것이 성공적인지에 관한 연구가 필요할 때다. 하지만 법률시장 개방에 어떻게 대처하는 것이 "성공하는 것인가"라는 질문에 대한 대답은 응답자가 처한 환경에 따라 다를 수밖에 없다. 개방되면 어떤 로펌은 외국 로펌과 손잡고 수임사건이 더 늘어날 것이고, 또 어떤 로펌은 그동안 맡아왔던 사건을 외국 로펌에 빼앗길 수 있다. 어떤 변호사는 외국 로펌에 스카우트되어 더 좋은 대우를 받을 것이고, 또 어떤 변호사는 과열경쟁으로 수입이 줄어들 것이다. 어떤 소비자는 지금과 똑같은 수준의 법률서비스를 받으면서 더 많은 수임료를 지급하여야 할 것이고, 또 어떤 소비자는 더 낮은 가격에 더 좋은 법률서비스를 받을 것이다. 이런 개별적인 사정에 따라 성공 여부를 판단할 수는 없다. 성공에 대한 판단 기준은 국민 전체를 기준으로 할 수밖에 없다.

국민의 입장에서 보면, 법률시장 개방은 외국 변호사에게 법률서비스를 받을 수 있다는 것을 의미한다. 한국 변호사 입장에서 보면, 시장개방은 외국 변호사와 경쟁하는 것을 의미한다. 따라서 법률시장에서 경쟁의 강도는 높아질 것이고, 그만큼 소비자의 선택의 폭은 넓어질 것이다. 반면에 국내법 관련 법률사무의 독립성과 자율성은 오히려 약화될 수 있다. 법률시장이 개방된다고 해도 외국 변호사는 국내법에 관한 법률사무를 할 수 없다. 법률시장 개방은 일반적으로 변호사 자격의 상호인증을 포함하지 않기 때문이다. 다만 국내외 변호사가 함께 일을 하다 보면 외국 변호사가 국내법에 관한 문제를 처리하거나, 처리하도록 국내 변호사에게 지시하는 일이 현실적으로 발생할 수 있기 때문에 이를 막을 수 있는 제도가 필요하다. 이것이 국내법의 자율성 확보 방안의 핵심 내용이다.

법률시장의 개방은 국내법에 관한 법률사무의 경우 국내 변호사가 주도적으로 선진화하고, 초국가법률사무(Transnational practice of law)는 세계적 네트워크를 가진 외국의 일류 로펌(Law firm)과 국내 로펌이 때로는 협력하고 때로는 경쟁하는 구도로 재편되는 것이 바람직하다. 앞의 것을 자율성이라고 한다면 뒤의 것은 경쟁성이라고 하겠다. 시장개방 후 외국 로펌이 진입하면 경쟁성은 자연스럽게 제고될 것이기 때문에 정책의 초점은 자율성의 유지에 모아진다. 성공의 판단 기준 역시 국내법 업무의 독립성 유지, 또는 법조직역의 자율성 확보라고 하겠다.

이러한 기준에서 본다면, 일본은 시장개방에 성공한 나라다. 싱가포르 역시 그렇다. 일본과 싱가포르는 시장개방에도 불구하고 글로벌 로펌에게 국내 법률시장의 주도권을 빼앗기지 않은 나라로서 검토할 가치가 있다. 두 나라는 법률시장을 개방한 후 그 다음 단계로 전면개방에 이르지 않고, 합작법률회사라는 중간 모델을 채택하였다는 점에서 공통점을 갖는다. 이 부분에 대한 연구가 필요하다고 본다.

Ⅳ. 외국법자문사

1. 국제변호사, 외국 변호사, 외국법자문사

지금도 대학에서 학생들과 대화할 때면 어김없이 등장하는 단어가 국제변호사다. 학생들에게 "왜 법대 들어왔니?" 하고 물으면 열에 여덟은 국제변호사가 되고 싶어서라고 대답한다. "로스쿨 가서 뭐할래?" 라는 질문에도 국제변호사가 등장하는 경우가 꽤 많다. 변호사가 들으면 펄쩍 뛸 대답이다. 아직도 국제변호사가 자격증 중 하나라고 생각하는 사람들도 있다. 어떤 사람은 변호사 자격 위에 국제변호사 자격이 있는 줄 오해하기도 한다. 1990년대 초반 한 미국 변호사가 신문에 칼럼을 연재하면서 변호사라고 소개했다가, 국내 변호사로부터 변호사법 위반이라는 지적을 받자 국제변호사라고 바꿔 쓰게 되었고, 그 후 국제변호사는 유행처럼 사용되었다. 그러나 국제변호사라는 자격증은 없으며, 국제업무를 많이 하는 변호사를 부르는 말이 국제 변호사일 뿐이다. 지금은 변호사단체의 홍보 노력으로 국제변호사라는 국적불명의 용어는 자주 사용되지 않는다.

법률시장 개방과 관련하여, 우리나라에서 가장 논란이 되었던 부분 중 하나가 외국 변호사에게 어떠한 이름으로 활동하도록 할 것인지였다. 변호사단체는 변호사라는 단어가 들어가면 일반인이 오해할 가능성이 크므로 절대 허용되어서는 안 된다고 주장하였고, 국내에서 활동하고 있는 외국 변호사들은 변호사를 변호사로 부르지 못하는 부당성을 지적하였다. 변호사가 단순히 직업을 의미하는 데 그치지 않고, 부와 명예를 상징하여온 우리나라 특유의 사회문화에서 벌어진 해프닝이다.

변호사단체는 자신의 주장을 법률로 강제하기 위하여 노력하였다. 그 결과 정부가 마련한 법률안에는 외국법자문사라는 생소한 용어가 사용되었고, 그 밖에 다른 용어, 즉 변호사라는 말을 사용하지 못하도록 법으로 강제하고 있다.

2. 외국법자문사법(안)

정부는 오랜 작업 끝에 2008년 10월 10일 외국법자문사법안을 국회에 제출하였다. 국제무역기구(WTO) 같은 기구에서 법률시장 개방에 대한 국제사회의 대타협이 이루어지지 않은 상황에서 구태여 우리가 먼저 시장을 개방할 필요가 없다는 의견에서부터, 법률서비스의 국제경쟁력을 높이기 위해서 적극적으로 시장을 개방하여야 한다는 의견까지 다양한 의견이 제시되었지만 정부는 단계적 개방안을 채택하였다. 외국법자문사법(안)의 주요 내용을 보면 다음과 같다.

1) 외국법자문사 및 외국법자문사무소 제도의 창설

외국의 공인된 법률전문직 종사자가 국내에서 원자격국법령에 관한 자문 등 외국법사무에 종사할 수 있도록 이를 제도적으로 허용하는 외국법자문사(Foreign Legal Consultant; FLC)제도를 도입하고, 외국 로펌이 일정요건 하에서 외국법사무취급 영업을 위하여 우리나라에 외국 로펌의 대표사무소(Representative Office) 형태의 외국법자문사무소(Foreign Legal Consultant Office; FLC Office)를 설립할 수 있도록 제도적으로 허용한다.

2) 외국법자문사의 자격승인·등록 및 요건

외국법자문사로 활동하기 위해서는 법무부장관의 자격승인이 필요하다. 법무부장관은 외국법자문사 자격 승인 시 당해 외국법자문사에게 우리나라에서 자문업무 등을 수행할 수 있는 원자격국을 지정한다. 경쟁력이 떨어지는 외국 법률가의 국내 유입을 방지하고 국내 소비자 보호를 위하여 외국법자문사의 자격승인 요건으로 원자격국에서 3년 이상 직무를 수행한 경력을 요구한다. 국내 기업이나 로펌 등에서 일한 재직기간은 최대 2년까지 직무경력기간에 산입한다.

외국 변호사 자격 취득자로서 국내 기업·로펌 등에서 직원으로 사용자만을 위하여 일하는 사람은 외국법자문사 자격 승인 없이 자유롭게 취업할 수 있다. 외국법자문사법이 규율하는 것은 외국법자문사라는 자격에 기하여 독립적으로 업무하는 경우다. 즉 외국법자문사무소의 구성원이나 소속 외국법자문사로, 법률사무소 법무법인 법무법인(유한) 법무조합 소속 외국법자문사로 일하는 경우를 말한다.

외국법자문사에 대한 규율 및 감독을 위하여 외국법자문사로 하여금 업무 수행 전에 대한변호사협회에 등록하도록 제도화하였다. 외국법자문사는 원칙적으로 연중 180일 이상 국내에 체류하여야 하며, 국내외를 막론하고 직무와 관련한 비밀을 침해 또는 누설할 수 없다. 외국법자문

사는 그 활동에 관하여 법무부장관 및 대한변호사협회의 감독에 따라야
하고, 일정한 경우 감독기관에 업무 현황자료를 제출할 의무가 있다.

3) 외국법자문사무소의 개설 및 규율

외국법자문사무소는 외국 로펌의 국내 분사무소 형태로 개설되고, 법
무부장관의 설립 인가 및 대한변호사협회의 등록을 필한 후 활동할 수
있다. 국내에 외국법자문사무소를 개설하려는 당해 외국 로펌은 그 원
자격국에서 적법하게 설립된 후 5년 이상 정상 운영되고, 최고의사결정
기관의 의사 결정 절차에 따라 우리나라에 설치되는 외국법자문사무소
의 업무상 행위에 관한 민사 상사상 책임에 대한 이행을 보증하여야 한
다. 외국법자문사무소의 운영 책임을 부담하는 외국법자문사무소 대표
구성원은 원자격국에서 3년을 포함하여 총 7년 이상의 법조 경력을 필
요로 한다.

외국법자문사무소는 국내에 2개 이상의 사무소를 설치할 수 없고, 운영
및 책임 등에 관하여는 변호사법상 법무조합 규정의 일부가 준용된다.

4) 외국법자문사의 활동 유형, 업무 범위 및 제한

외국법자문사는 외국법자문사무소의 구성원 또는 소속 외국법자문
사, 국내 로펌의 소속 외국법자문사로만 활동할 수 있다. 외국법자문사
는 원자격국의 법령에 관한 자문, 원자격국이 당사국인 조약 및 일반적
으로 승인된 국제관습법에 관한 자문, 국제중재사건의 대리를 외국법사

무로서 수행할 수 있으며, 자격 허용 범위를 넘어서는 국내법사무 또는 공공사무는 수행할 수 없다.

외국법자문사는 변호사 및 법조유사직역의 전문가와 수익을 분배하거나 동업할 수 없으며, 어떠한 형태로든 국내변호사 자격을 가진 자를 고용할 수 없다. 외국법자문사 요건을 충족하는 국내변호사가 외국법자문사로 활동하는 경우에는 변호사의 휴·폐업을 선행요건으로 규정하여 국내 변호사 자격을 이용한 탈법적 제휴·동업을 방지하고 있다.

5) 외국법자문사의 표시 및 윤리·징계·벌칙 등

외국법자문사는 직무를 수행함에 있어 본인을 표시할 경우 업무상으로 '○○법자문사'로 표시(예시: 노르웨이법자문사)하여야 한다. 외국법자문사무소는 본점 명칭에 '외국법자문사무소'를 부기해야 하며, 사무소 내외에 소속 외국법자문사의 원자격국을 공시하여야 한다.

외국법자문사는 사건 수임 전 위임인에게 원자격국 및 업무범위를 명시하여야 하며, 기타 직무 범위에 오인을 일으킬 명칭을 일체 사용할 수 없다. 외국법자문사가 아닌 자는 외국법자문사라고 표시할 수 없다.

외국법자문사에 대해서는 국내 변호사 윤리기준 등을 고려하여 전문직 윤리기준을 마련하고, 대한변협 및 법무부에 각 징계위원회를 설치한다. 외국법자문사가 각 금지규정을 위반한 경우 해당 금지규정의 내용 등에 따라 징계·과태료가 부과되거나 또는 형사처벌이 가해질 수 있다.

3. 외국법자문사법(안)의 평가

외국법자문사법(안)은 다음과 같은 점에서 긍정적인 평가를 받을 만하다. 첫째, 기업 등 법률소비자가 외국 변호사의 전문지식을 국내에서 직접 활용할 수 있는 제도가 처음으로 마련되었다. 둘째, 외국 변호사의 활동을 법제화함으로써 개방의 성과를 거두면서도, 초기 단계에서 동업·고용 등을 허용하지 않음으로써 국내 법률시장에 나타날 혼란을 최소화하였다. 셋째, 외국법자문사무소의 설립인가를 규정함으로써 일정 규모 이상의 경험 있는 외국 로펌만 국내에서 활동하도록 허용하여 시장 개방 후 나타날 혼란을 최소화하고 국내 소비자의 보호에 충실하였다. 넷째, 외국 변호사는 대한변협에 등록하여야 외국법자문사로 활동할 수 있으며, 대한변협이 자료 제출을 요구할 경우 이에 응하여야 하는 등 대한변협을 중심으로 외국 변호사에 대한 관리·감독제도가 마련되었다. 다섯째, 그동안 논란이 되었던 외국 변호사라는 용어 사용의 금지에 대하여 합리적인 안이 마련되었다.

외국법자문사법의 제정과 관련하여, 그 내용의 타당성보다 외국법자문사의 호칭을 놓고 국내외 변호사가 불편한 감정을 표출하는 일이 먼저 벌어졌다. 법무부가 2006년 11월 개최한 공청회에서 제시된 외국법자문사법(안)은 외국법자문사가 "직무의 수행과 관련하여 본인을 표시할 때" OO법자문사라고 하여야 하며(제19조제1항), 다른 명칭이나 표시를 사용할 수 없고(동조제5항), 이를 위반하면 3년이하의 징역 또는 2천만원 이하의 벌금에 처하도록 규정(제45조제2호)하고 있었다. 법안의 내용이 발표된 후 언론에 나타난 반응은 외국법자문사라는 명칭에 적대적이었다. 금 밥통 지키기라느니,[104] 코미디라는 평가[105]가 나왔다.

당시 법안의 문제는 외국법자문사라는 호칭 자체보다 "직무의 수행과 관련하여"의 해석이 지나치게 확대될 소지가 있다는 것이었다. foreign legal consultant는 세계적으로 사용되는 보편적 용어로서[106] 이를 번역한 외국법자문사는 부적절하다고 할 수 없다. 다만 외국법자문사가 직무 수행과 관련하여 외국 변호사(예컨대 미국 변호사)라는 말을 사용할 수 없도록 강제함으로써 외국법자문사가 자신을 외부에 소개하거나 명함 등에도 외국 변호사라는 호칭을 전혀 사용할 수 없는 것처럼 해석될 소지가 컸다. 이 같은 해석은 외국 변호사의 표현의 자유 및 일반적 행동자유권을 침해할 수 있는 것이다. 이 조항의 입법 취지가 변호사와 외국법자문사를 혼동할 수 있는 소비자를 보호하는데 있다면, 외국 변호사의 명칭 규제는 그러한 입법목적을 달성할 수 있는 수단 중에서 가장 덜 침해적인 것을 선택하여야 한다. 최종 법률안은 외국법자문사가 "직무를 수행하면서 본인을 표시할 때" 외국법자문사 이외의 명칭이나 표시를 사용할 수 없도록 한정하고(제27조 제1항), 위반 시 3천만 원 이하의 과태료에 처하도록(제53조제1항제4호) 제재규정을 완화하였다는 점에서 불필요한 오해를 없애면서도 소비자 보호에 충실하여 적정하다고 생각한다.

제 4 장

변호사가 되는 길

I. 로스쿨의 꿈

1. 하버드 대학의 공부벌레와 금발머리

1980년대 초 법과대학에 입학한 학생들은 소중한 꿈을 간직하고 있었다. 하트처럼 되고 싶은 것이다. 당시 인기 TV 시리즈 '하버드대학의 공부벌레들'(Paper Chase)의 주인공 하트처럼 법학을 공부하고 싶은 마음에 다른 전공은 거들떠보지도 않고 법과대학을 선택한 친구들이 많았다.

킹스필드 교수의 날카로운 질문, 소위 소크라테스식 문답법에 절절매던 학생들의 모습이 30년 가까이 지난 지금도 눈에 선하다. 특히 사진기 같은 기억력을 가지고 있다던 한 학생의 퇴학은 충격적이었다. 그는 어떤 책을 읽어도 사진기 찍듯이 다 기억할 수 있는 머리를 가지고 있다고 했다. 하지만, 그는 킹스필드 교수의 소크라테스식 강의에 적응하지 못했다. 킹스필드 교수는 그에게 말한다. 법률가에게 필요한 것은 사진

기같은 기억력이 아니라고. 그렇지 않아도 기억력이 좋지 않던 나에게 이 말은 천군만군을 얻은 것 같은 자신감을 불어넣었다.

하지만 우리나라 법과대학은 드라마 속 하버드대학이 아니었다. 킹스필드 교수처럼 강의하는 교수는 커녕, 책이나 강의안을 줄줄 읽지 않는 교수를 만나면 그나마 다행이었다. 교수들은 리걸 마인드(Legal mind)를 이야기하지만, 무엇이 리걸 마인드인지 감도 잡지 못한 채 대학을 졸업했다.

우리나라에도 내년부터 로스쿨이 시작된다고하니, '하버드대학의 공부벌레들'을 연상하는 사람들이 많다. 킹스필드 교수처럼 소크라테스식 강의를 하고, 과제물을 해결하기 위하여 도서관 구석구석을 찾아다니며 자료를 찾고, 끼리끼리 스터디 그룹을 결성하여 토론하고 공부하는 모습들. 우리가 부러워하던 법학교육의 이상이 국내에서도 실현되는 것처럼 생각한다. 하지만, 지금 미국 로스쿨의 모습도 30년 전 킹스필드 교수가 강의하던 그 모습 그대로일까?

2001년 리즈 위더스푼이 주인공으로 나온 '금발이 너무해'(Legally Blonde)는 지금 하버드 로스쿨이 30년 전과 확연히 다르다는 것을 보여준다. 이 영화는 풋내기 학생이 캘러한 교수의 법률사무소 인턴으로 채용되어 젊은 여성 피고인의 살인죄 변호를 맡는 내용이다. 법학교육의 장소는 강의실에 한정되지 않고, 법정도 추가되었다. 학생은 소크라테스식 문답법을 통하여 법을 이해할 뿐만 아니라, 직접 소송을 수행하면서 법을 공부한다.

요즘 미국의 법학교육은 변호사처럼 생각하기(Thinking like a lawyer)

에서 변호사처럼 행동하기(Doing like a lawyer)로 바뀌고 있다. 1992년 미국변호사협회(ABA)가 내놓은 미국 법학교육개혁서인 맥크레이트보고서(MacCrate Report)는 개혁의 필요성을 역설한다. 개혁의 핵심은 변호사로서 지녀야 할 가치(Value)와 필요한 기술(Skills)을 로스쿨에서 가르치라는 것이다.

법학전문대학원 개원이 1년도 남지 않았다. 걱정하는 사람들도 많다. 교육제도는 혁명적으로 바뀌었지만, 이를 추진할 수 있는 소프트웨어도 혁명적으로 바뀌었는지 의문을 제기하는 사람들도 있다. 시행착오는 분명히 있을 것이다. 하지만 필자는 희망을 본다. 그 이유는 방향성에 있다. 현재의 사법시험제도로는 세상이 요구하는 인재를 키울 수 없기 때문이다. 다른 나라는 변호사처럼 생각하기에 이어 변호사처럼 행동하기를 가르치고 있는데, 우리는 옛날 고시제도를 유지할 수는 없는 일이다.

모든 정보를 인터넷으로 검색하는 세상에, 무엇을 아느냐가 중요한 것이 아니고, 내가 필요한 정보가 무엇인가를 아는 것이 중요하다. 즉 법적 지식이 중요한 것이 아니고, 지금 이 상황에서는 어떠한 법적 지식이 필요한가를 아는 것이 중요하다. 이것이 미국 로스쿨에서 강조하는 변호사처럼 생각하기의 핵심이다. 또 요즘처럼 커뮤니케이션이 중요한 사회에서는 자기가 아는 지식을 잘 정리하여 전달하는 능력이 중요하다. 이것이 미국 로스쿨이 요즘 강조하는 변호사처럼 행동하기의 요체다. 우리 법학전문대학원도 이런 교육을 지향한다.

2. 일본 로스쿨을 보는 시각

일본 로스쿨은 실패작이라는 평가가 많다. 2004년 일본의 로스쿨 도입은 우리나라 법학전문대학원 도입을 촉발시켰지만, 타산지석으로 자주 회자되는 소재이기도 하다. 실패로 보는 이유는 새로 도입된 신사법시험의 합격률이 너무 낮아 로스쿨 도입 취지가 무색하다는 데 있다. 2008년 합격률이 33%에 불과하니 과거와 같은 로스쿨 열기를 찾기 힘들다는 것이다. 변호사 합격자를 한 명도 못 낸 로스쿨이 올해 세 곳이나 되고, 문 닫는 로스쿨도 나오는 것이 현재 일본의 로스쿨 모습이라는 것이다.

일본의 로스쿨을 보고, 우리나라 로스쿨의 미래를 전망하는 것은 속단이다. 또 일본의 로스쿨이 실패작이라고 평가하는 것도 속단이다. 사실 평가는 기준을 어디에 두느냐에 따라 달라진다. 우리나라처럼 급속히 변화하는 나라에서는, 일본에서 성공이라고 평가하는 것도 성공이라고 받아 들이기 힘든 것이 사실이다.

몇 년전 재독학자 송두율 교수에 대한 논쟁에서 유행했던 내재적 접근법을 통해서 보면, 일본 로스쿨의 진실은 우리가 생각하는 것과 다를 수 있다. 먼저 일본이 새로운 제도를 받아들이는 과정을 보자. 일본인들은 기존 제도를 버리지 않는다. 기존의 것과 새로운 것을 합치는 방식으로 변화를 추구한다. 반면 우리는 현행 제도에 문제가 있다고 생각하면 과감하게 버린다. 항상 새로운 것을 찾는다. 유명한 학자일수록 외국에서 나온 새로운 이론, 새로운 제도에 민감하다. 유능한 관료일수록 새로운 아이디어를 많이 내는 사람이지만, 그의 아이디어는 거의 모두 외국 것이다. 사회적 논란이 생기면 그 해결방법을 외국의 사례에서 찾는다. 그 결과 우리나라는 외국 제도의 전시장이다.

대학 시절 읽었던 글에 이런 주장이 있었다. 일본은 A + B + C로 가고, 우리나라는 A→B→C로 간다는 것이다. 종교가 그렇고, 문화가 그렇다는 것이다. 우리나라 종교는 샤머니즘→불교→유교→기독교 등의 순으로 진행되고 있지만, 일본의 종교는 샤머니즘 + 불교 + 유교 + 기독교의 혼합체라는 것이다. 한자를 사용하다 어느날 갑자기 다 버리고 한글을 사용하는 것도 또 한 예라고 한다.

나는 로스쿨의 도입과 운용도 마찬가지라고 본다. 우리나라는 법학 교육의 문제점이 있다고 모든 것을 버리고 법학전문대학원 제도를 도입했지만, 일본은 기존 법학 교육을 그냥 둔 상태에서 로스쿨을 도입한 것이다. 법학부 학생을 위하여 예비시험 제도를 두는 것도 이해가 되고, 로스쿨을 도입한 후에도 사법연수소를 두는 것도 이해가 된다. 그들 기준으로는 예전보다 변호사 수가 조금이나마 늘어난 것도 개혁이고, 법학과 출신이 아닌 학생이 로스쿨에서 공부한 후 변호사가 되는 길을 열어 놓은 것도 개혁이고, 영어 잘하는 학생이 변호사가 될 수 있는 길을 열어 놓은 것도 개혁일 수 있다. 일본은 일본으로 보아야 한다. 그 곳에서 벌어지는 일을 가지고 우리 법학전문대학원의 미래를 점치는 것은 위험하다.

정말 걱정스로운 것은 우리 법학전문대학원이 일본도 아닌, 미국도 아닌 애매모호한 입장을 취하고 있다는 점이다. 현행 법과대학을 내다 버리는 것 같은 태도로 보면, 분명 미국식을 지향하는 것 같은데 실제

움직임은 그렇지도 않다. 변호사시험 합격율이 미국처럼 높게 운영될지도 걱정스럽고, 변호사시험 합격자를 대상으로 연수를 실시하겠다는 대한변호사협회의 발상도 걱정스럽다. 우리 제도는 우리의 것으로 운영하려면 운영자 모두에게 공감대가 형성되어야 하는데, 우리 법조계와 법학계에 어떤 공감대가 형성되어 있는지 모르겠다. 일본은 로스쿨이 실패라고 생각하면 되돌아 기댈 언덕이라도 있지만, 우리는 다 버렸기 때문에 그러지도 못한다. 일본의 로스쿨을 걱정할 때가 아니라 우리 로스쿨을 어떻게 운영할지 정말 머리를 맞대야 할 때가 아닌가 생각한다.

3. 법률가와 영어 실력

이명박 정부가 출범하자 마자 민심이 등을 돌린 이유를 곰곰이 생각해보면 '어륀지'에 있는 것 같다. 대통령직인수위원회 위원장이었던 이경숙 당시 숙명여대 총장은 '오렌지' 하면 외국사람들이 못 알아들으니 '어륀지'로 발음해야 하며, 외국어 표기법도 그렇게 수정해야 한다는 취지로 역설했다. 인수위는 여기서 한 걸음 더 나아가 영어 이외 과목도 영어로 수업하는 영어몰입교육을 학교에서 실시하겠다고 했다. 그 후 영어몰입교육은 영어 사교육을 부추긴다는 호된 반대에 부딪혀 결국 없던 일이 됐다. 국민과 눈높이를 맞추지 못한 이명박 정부의 행보는 그 후에도 계속 돼 지금 이 모양이 된 것이다.

그런데, 잘 생각해보면 인수위의 영어몰입교육은 틀린 정책이 아니다. 영어가 세계 공용어가 되고 있는 것은 현실이고, 영어를 잘 하는 학생에게는 그렇지 않은 학생보다 더 많은 기회가 주어지는 것 역시 현실이다. 이 현실을 직시한다면, 영어교육은 공교육이 담당하여야 한다. 그렇지 않고 그냥 둘 경우, 부모 잘 만난 학생은 조기유학 갔다 오고 학원 다녀 영어를 잘 할 수 있지만, 그렇지 못한 학생은 영어를 잘 못하는 영어 양극화가 더 심화될 수 있다. 다만, 인수위가 잘못한 것은 영어 발음에 집착하면서 진지하게 논의하여야 할 과제를 조롱거리로 만들어 버린 데 있다. 영어가 미국인의 언어가 아니고, 세계인의 말이 되고 있는 점을 직시하였다면 발음 역시 미국식에 집착해서는 안 된다는 것을 알아야 했다. 미국 영어에 익숙한 사람도 영국 영어, 필리핀 영어, 인도 영어를 듣다 보면 잘 못 알아들을 때가 있다. 세계어로서 영어의 발음은 그만큼 다양한 것이다.

그렇다면, 법률가에게 영어는 얼마나 중요할까? 잘하면 잘할수록 좋다는 것은 분명하다. 독해를 잘 하면 미국 westlaw나 lexis-nexis에서 미국의 법령과 논문을 찾아 볼 수 있다. 요즘 우리나라 법제와 판례에 미국이 주는 영향은 무시할 수 없으며, 그 비중은 날로 늘어나고 있으므로 영어로 된 문서를 빨리 읽을 수 있느냐는 법률가의 경쟁력을 좌우한다. 영어에 귀가 트였다면, 인터넷에 널려 있는 미국 로스쿨 교수의 강의, 세미나 발표 등을 직접 들으며 지식을 습득할 수 있다. 책으로 보는 것과 강의를 듣는 것과는 효과 면에서 천지차이다. 여기서 더 나아가 영어로 자기 의사를 분명하게 전달할 수 있다면, 또 영어 논문을 쓸 수 있다면 그러한 법률가의 앞에는 넓은 세상이 열려 있음에 틀림없다.

문제는 영어가 하루아침에 되지 않는다는 데 있다. 영어를 잘하면 좋은 것은 알지만, 그렇다고 지금 어떻게 해 볼 도리가 없는 학생에게 영어가 중요하다고 떠드는 것은 고문이다. 특히 대학에 입학한 후 영어와 담을 쌓고 살아온 대부분의 법대생, 그 중에서도 사법시험 준비생에게 영어는 가장 자신 없는 분야다. 앞으로 로스쿨 시대가 되면 영어가 더욱 중요해진다고 하니, 이런 학생의 걱정은 더욱 깊어진다.

그러나 너무 걱정할 건 없다. 영어가 로스쿨 입학의 결정적인 요인이 되거나 훌륭한 법률가가 되는데 결정적인 조건이 되는 것은 아니기 때문이다. 앞서 강조한 바와 같이 영어를 잘할수록 더 많은 기회를 갖게 되는 것은 분명하지만, 영어 잘하는 것과 법률가로서 잘하는 것은 동의어가 아니다. 영어를 경시하였던 사법시험 체제로 1만 명이 넘는 법조인을 양성하여왔는데, 어느 날 갑자기 그 모든 것이 잘못이었다고 말할 수는 없다. 사법시험 체제 아래서도 훌륭한 법조인이 많이 배출되었다. 소위 잘 나가는 법조인 중에 영어에 자신 없는 사람들이 상당히 많다. 이러한 사실은 법과대학 교수들이 잘 안다. 그러니 법과대학 교수들이 로스쿨 교수가 된 우리나라에서, 영어 실력으로 로스쿨 신입생을 모두 뽑을 가능성은 전무하다. 아마도 많은 로스쿨이 신입생의 구성에서 포트폴리오를 짤 것이다. 그 포트폴리오에는 영어를 잘 못해도 다른 분야의 성적이 뛰어난 학생 그룹이 반드시 들어갈 것이다. 학교마다 그 비중은 다를 수 있다.

그렇지만 이 한 마디는 꼭 하고 싶다. 영어 공부는 지금부터라도 하는 게 안 하는 것보다 훨씬 낫다.

4. 세계금융위기와 로스쿨 공부

달도 차면 기운다더니, 하늘 높은 줄 모르고 콧대를 세우던 미국 월스트리트가 흔들린다.

서브프라임 모기지(비우량 주택담보대출)에서 시작된 위기는 언제 어떤 형태로 마무리될 줄 아무도 모른다. 위기의 원인은 부실채권인데, 부실채권의 규모를 모르니 수습이 어떻게 될 것인지 예측하는 것 자체가 무리다. 앨런 그린스펀 전 미국 연방준비제도이사회(FRB) 의장은 2008년이번 금융위기를 '100년에 한번 있을 사건(once-in-a-century)' 이라고 말했다. 20세기 최대의 경제사건이 1929년 대공황이니, 이번 경제위기는 대공황에 버금가는 파괴력을 가졌을 것이라고 추론해 본다.

대공황은 미국의 역사를 바꾼 사건이다. 대공황은 잘 알려진 바와 같이 이를 타개하기 위한 루즈벨트(Franklin D. Roosevelt) 대통령의 뉴딜(New Deal) 정책으로 이어졌다. 뉴딜 정책으로 시장에 의한 균형을 중시하던 고전학파 경제학자들은 뒤로 물러 나고, 경제에 대한 정부 간섭이 정당하다고 보는 케인즈 학파가 득세하게 되었다. 대공황은 법학에도 영향을 미쳤다. 연방대법원이 뉴딜 정책의 근거법을 위헌으로 선언하자, 루즈벨트 대통령은 노변담화(fireside chat)를 통하여 대법원 개혁안을 주창하였다. 이에 깜짝 놀란 연방대법원은 후퇴하여 연방 정부의 손을 들어주는 판결을 잇따라 내렸다. 이로써 계약의 자유를 주장하던 Lochner 판결의 시대가 종언을 고하고, 경제 문제에 대한 정부 간섭이 정당화되는 시대가 도래하였다. 주의 자율성을 존중하여 연방정부와 주

정부의 권한을 2단 케익처럼 나누어 놓은 이원적 연방주의는 퇴조하고, 주정부와 연방정부가 마블 케익처럼 섞여서 일하는 협력적 연방주의(cooperative federalism)가 시작되었다.

이번 월스트리트의 위기가 대공황만큼 정치 경제 사회 문화적으로 파급효과가 클 것인지 현재로서는 알 수 없다. 한 가지 분명한 것은 세계적 파급력이다. 글로벌 경제의 덕으로 성장하여온 우리나라는 미국의 한파에 직접 노출되지 않을 수 없다. 당분간 우리나라가 한랭전선 상에 놓일 것은 명약관화하다. 경제가 어려워질 수 밖에 없다.

특히 걱정스러운 것은 법학전문대학원이다. 이제 막 시작하는 법학전문대학원에 먹구름이 몰려온다. 미국 월스트리트의 붕괴는 금융기관의 침체에 그치는 것이 아니라, 로펌의 침체로 이어질 것이 분명하기 때문이다. 경제 침체는 틀림없이 기업 변호사에 대한 수요 감소로 이어진다. 우리가 법학전문대학원을 도입하기로 결정하면서 모델로 삼았던 미국의 기업 변호사, 로펌 변호사의 모델이 흔들리고 있는 것이다. 기업 쪽의 수요가 없으면, 내년에 법학전문대학원에 입학하는 2,000명이 갈 곳이 없다. 서울 서초동은 이미 포화상태이고, 송무에 대한 수요가 늘어나는 것은 한계가 있다. 참 어려운 상황이다.

이를 타개하는 방법은 역시 정공법밖에 없다. 경제위기의 해결은 법률가의 몫은 아니다. 법률가로서는 경제위기가 해결되고 난 뒤의 세상을 정확하게 읽고 이를 준비하는 것이 필요할 때다. 지금 벌어지고 있는 월스트리트의 붕괴는 지나친 자유방임주의에 대한 경고임에는 틀림없지만, 한번 글로벌화된 세계경제가 폐쇄경제로 후퇴하기는 힘들다. 특히 우리나라는 대외교역에 의존하지 않고는 경제를 유지하기 힘든 산업 구조를 가졌기 때문에 글로벌화된 세계경제가 반드시 필요하다.

　그렇다고 보면, 법조인을 꿈꾸고 이를 준비하는 학생들에게 주어진 환경조건은 월스트리트 위기 이전이나 이후나 똑 같다. 글로벌화된 세계경제 속에서 경쟁력을 인정받는 법조인이 되어야만 어려운 환경에서 살아남을 수 있다. 다행스럽게도 우리나라 로펌 중에는 세계로 눈을 돌려 해외에 사무소를 개설한 로펌이 꽤 있다. 우리나라보다 경제규모가 월등하게 큰 일본의 로펌보다 우리나라 로펌이 오히려 더 적극적이다. 법학전문대학원 역시 마찬가지다. 일본의 로스쿨들은 국내용 변호사 양성에 그치고 있지만, 내년 개원을 목표로 준비 중인 우리나라 법학전문대학원 중에는 글로벌 법률가 양성을 목표로 하는 곳이 많다. 미국발 한파가 한 풀 꺾일 즈음이 되면 글로벌 인재에 대한 수요는 늘어날 수밖에 없다. 지금은 그 때의 수요를 예상하고 준비할 때다.

Ⅱ. 수입법학의 극복과 법조계의 신뢰 회복

한국 법학이 듣는 오명 중 하나가 수입법학이라는 말이다. 우리나라에 어떻게 적용할 수 있을지에 대해서는 전혀 고민하지 않고, 소위 선진국이라는 나라에서 논의되는 법 이론을 무분별하게 수입하는 현상을 비꼬는 말이 수입법학이다. 수입법학은 법학계와 법조계가 따로 놀게 만드는 원인이기도 하였다. 법조계에서는 법학자들이 현실과 동떨어진 이야기를 하고 있다고 비판하고, 법학계에서는 법조계가 실무에 함몰되어 선진 이론에 무지하다고 비판하던 것이 그리 오래 전 일이 아니다.

요즘은 많이 나아졌다. 법학자들도 외국에서 제기되는 희한한 이론을 '보석 찾기' 하듯이 찾아서 소개하는 일은 거의 없어졌고, 법조 실무가들도 외국에 유학을 많이 가면서 외국 이론을 직접 소개하기도 한다. 국내에서 다양한 종류의 판례가 쌓이면서 외국의 새로운 이론 또는 외국의 새로운 판례에 의존하여 논문을 작성하거나 판결문을 작성하는 일은 크게 줄어들었다.

하지만, 법학자들이 수입법학의 유혹에서 완전히 벗어나기는 힘든 것 같다. 지금도 외국 유학을 경험하고 돌아와 법학계에 이름을 알리는 가장 효율적인 수단은 새로운 외국 법학이론의 소개다. 학자들 중에는 외국의 법 이론을 국내에 소개한 글을 자기의 대표 논문이라고 자랑하는 경우도 있다.

요즘 나타나고 있는 수입법학은 과거와 다른 모습으로 우리 사회에 더욱 깊이 뿌리 내리고 있어 안타깝다. 더욱 걱정스러운 것은 새로운 수

입법학을 수입법학이라고 인식하지 못하는 법조계의 분위기에 있다. 최근 수입법학은 법학계가 주도하고 있다고 말하기도 어려운 실정이다. 학계는 물론이고 실무계도, 관계도 현안을 해결하기 위하여 앞 다투어 참조하는 것이 외국의 입법례이고, 외국의 판례다. 그러한 입법이, 그러한 판례가 어떠한 사회적 맥락에서 나타났는지에 대한 검토는 부족하고, 결과만 들여오는 일이 비일비재하다. 정보통신과 같이 새로운 형태의 법적 분쟁이 발생하는 영역에서 이러한 현상이 더욱 두드러진다. 과거 수입법학이 추상적인 이론수입이었다면, 요즘 수입법학은 개별적 사안의 해결에 필요한 실무중심이라는 것이 차이다. 하지만 과거나 지금이나 그러한 이론 또는 판례가 어떠한 사회적 맥락에서 나온 것인지, 외국의 사회적 맥락이 우리에게도 그대로 적용될 수 있는 것인지 깊이 생각하지 않고 수입한다는 점에서는 하등의 차이가 없다.

2007년 필자가 연구이사로 있는 한국언론법학회는 일본 도쿄에서 국제세미나를 열었다. 한국, 중국, 일본의 인터넷 포털의 법제와 문화를 동시에 비교하는 자리였다. 법제 쪽은 법학자 내지 변호사가 담당하고, 문화 쪽은 사회학 내지 언론정보학 전공자가 담당하여 학제적 연구를 시도하는 동시에 국가별로 비교하는 국제적 연구를 추구하는 세미나였다. 자화자찬인 것 같아 겸연쩍지만, 다른 세미나에서 전혀 기대할 수 없는 다양한 관점이 제기되었다.인터넷 포털이라는 단어가 의미하는 바가 나라마다 다르고, 인터넷 포털을 규제하는 법령 또는 판례법이 나라마다 다를 수 있다는 점이 확인되었다.

법률가가 흔히 저지르기 쉬운 실수 중 하나는 새로운 문제가 여러 나라에서 발생하면 그 현상에 대한 해결책도 동일할 것이라는 믿음이다. 인터넷 포털이 그 대표적인 예라고 생각한다. 인터넷 포털을 통하여 명예훼손적 글, 음란물, 불법복제물 등이 확산되는 현상은 여러 나라에서 공통적으로 발견된다. 이를 해결하기 위하여 인터넷 포털에 엄중하게 책임을 물으면 사적 검열이 발생하여 정보의 자유로운 유통을 저해하기 때문에 그렇게 할 수 없다는 것이 미국적 해결방식이다. 법률도 만들고, 판례도 이를 수용하고 있다. 미국의 이론, 법제, 판례는 우리나라에 그대로 수입되어 있다. 하지만 이러한 해결방식이 타당하다는 평가를 받으려면, 인터넷 포털을 사용하는 문화 역시 동일하여야 한다. 음란물에 대한 인식, 저작권에 대한 인식, 다른 사람의 명예를 훼손하는 글에 대한 인식, 더 나아가 그러한 인식이 모여서 형성되는 문화가 동일할 때 법리가 동일할 수 있다고 생각한다.

　욘사마가 좋다고 욘사마의 사진집이 출간되기를 기다려 서점 앞에서 줄을 서는 일본 문화 속에서 벌어지는 저작권 침해와 이효리가 좋다고 그의 노래를 공짜로 다운받아 내 mp3에 저장하여 듣는 한국 문화 속에서 벌어지는 저작권 침해를 동일선상에 놓고 평가할 수 없다. 수입품은 수입품으로 대접하고, 그것을 참고하여 우리 실정에 맞는 법논리를 개발할 때 비로소 판결 하나 하나가 국민의 신뢰를 받게 되리라고 생각한다.

Ⅲ. 법학전문대학원 시대의 도래 : 기대와 우려

1. 법학전문대학원의 도입

법학전문대학원 제도가 시행된다. 1995년 김영삼 정부 시절 세계화추진위원회가 법조개혁의 수단으로 미국식 로스쿨 제도의 도입을 처음 주장한지 12년만이며, 사법개혁위원회가 2004년 10월 4일 제21차 회의에서 법조인 선발 및 양성제도 개선방안으로 미국식 로스쿨인 법학전문대학원의 설치를 결의한지 3년만의 일이다.

10여년을 논의한 만큼 법학전문대학원의 도입은 충분히 준비된 것처럼 보이기도 하지만, 법률안이 국회를 통과한 직후 벌어지고 있는 각 법과대학의 교수채용 전쟁, 법학계와 법조계의 총 입학정원을 둘러싼 기싸움을 보면, 우리가 법학전문대학원에 대하여 과연 준비해왔다고 말할 수 있는지 의문을 품지 않을 수 없다.

그동안 로스쿨 도입의 정당성은 로스쿨 시행 후 기대되는 교육의 질과 현재 교육의 질을 비교 평가하는 방식보다는 현재 사법시험제도 및 폐쇄적 법조문화의 부작용을 부각시키는 방식으로 찾는 경우가 대부분이었다. 그러다보니 로스쿨 논의의 초점은 법학을 어떻게 교육하는 것이 바람직한 것인가에 있지 않았고, 현재 교육방식의 문제점을 지적하는 수준에 머물렀다. 10여년 준비는 그 정도에 불과하였다.

법학전문대학원 제도는 다른 법조인 양성제도와 마찬가지로 장·단점을 다 가지고 있다. 그동안 도입의 필요성이 강조되면서 장점이 과대하게 부각되고 단점이 과소하게 평가받은 경향이 있다. 이제라도 법학전문대학원 제도의 장·단점을 분명하게 인식하고 그 부작용을 최소화할 수 있는 연구와 제도 보완이 필요하다고 본다. 법학전문대학원 제도가 모델로 삼고 있는 미국식 로스쿨 제도의 가장 큰 특징은 3년이라는 짧은 교육기간에 있다. 법학전문대학원에서의 교육방법의 논의는 여기에서 출발하여야 한다. 어떻게 하면 짧은 기간에 사회가 요구하는 능력 있는 법률가를 만들어낼 것인가를 놓고 고민하여야 한다.

그런데 불행히도 이에 대한 사회적 공감대, 즉 3년 교육을 받은 법률가에 대한 사회적 기대수준이 형성되어 있는 것 같지 않다. 지금도 법률 전문가를 어떻게 3년에 양성할 수 있는지 회의적인 견해를 갖고 있는 사람들이 많다. 법학전문대학원 제도의 도입을 주창한 사람들은 이에 대하여 확실히 답변하여야 한다.

2. 법률가 양성에서 법학전문대학원의 위상

법학전문대학원은 지금의 법과대학과 사법연수원을 합쳐 놓은 것이 아니다. 법학전문대학원에서의 교육내용과 방법을 논의하면서 흔히 하는 잘못된 접근방법이 법과대학과 사법연수원의 교육내용을 통합하는 방식이다. 이러한 사고에서 보면, 법학전문대학원 3년의 교육과정은 항상 부족할 수밖에 없다. 법률가를 교육한다는 측면에서 보면, 법학전문대학원에서 3년이라는 기간은 지금의 방식, 즉 최소 2년 최장 10여년의 사법시험 준비와 사법연수원 2년을 합친 것보다 더 나을 수가 없다. 또

법학전문대학원을 바로 졸업하여 변호사시험에 합격한 사람의 법률가로서 능력이, 현재 사법연수원을 졸업한 사람의 능력보다 더 뛰어나다고 말하기 힘들다.

법학전문대학원의 기본 틀은 학부를 마친 학생을 대상으로 단기간에 집중적으로 교육시키고 바로 사회에 내보내는 것이다. 현재와 다른 틀과 사고를 전제로 한다. 법학전문대학원 제도의 도입은, 법률가는 한 번의 시험으로 선발되는 것이 아니라 오랜 기간 양성되는 것이라는 인식을 전제로 한 것이다. 이것이 미국식 로스쿨의 장점이자, 단점이다. 로스쿨 제도는 사법시험 한 번 붙은 것으로 평생 먹고 살 것을 걱정하지 않아도 되는 특권층을 양산하는 것이 아니고, 평생 실력을 쌓고 경쟁하여야 하는 구조로 들어가는 것을 의미한다. 그렇다고 보면, 로스쿨을 막 졸업한 사람에게 법률가로서 완벽한 능력을 구비할 것을 요구할 수 없다.

법학전문대학원 교육이 현재 제도보다 더 우수하다고 평가받을 수 있으려면, 법학전문대학원을 졸업한 사람이 장기적으로 우리 사회가 요구하는 능력을 키워갈 수 있도록 하여야 할 것이다. 법학전문대학원은 지금과 달리 법학에 잠재적 능력이 있는 학생을 대상으로 집중적으로 교육하기 때문에, 사회의 수요에 따라 각 교육기관이 수시로 교육내용을 변경할 수 있기 때문에, 변호사는 평생 스스로 능력을 배양하는 구조 아래 놓이기 때문에 장기적으로 더 우수한 법률가를 배출할 수 있는 가능성이 있다.

따라서 법학전문대학원에서의 교육은 우리 사회가 요구하는 법률가의 필요조건에 불과하며, 충분조건이 될 수 없다. 이 제도에서는 법률가로서 자질 있는 학생의 선발, 법학전문대학원에서의 집중 교육, 변호사 시험합격 후 계속 교육 및 경쟁구조가 모두 중요한 의미를 가지게 되며, 이 가운데 어느 한 쪽의 부실은 법률가 양성체계 전반의 부실로 이어지게 된다. 이를 인정하고 법학전문대학원의 교육과정을 설계하여야 한다.

현재 법률가 양성제도는 사법연수원 교육을 정점으로 하는 판사 양성과정이라고 할 수 있지만, 법학전문대학원에서의 법률가 양성교육은 변호사 중심이다. 이는 지금과 다른 사법문화를 형성할 것이다. 그동안 우리나라 법률가 양성제도의 병폐로 알려진 관료사법의 양성구조가 깨어지게 될 것이다. 각 법학전문대학원이 경쟁적으로 변호사 교육을 시키고, 여기를 졸업한 학생은 변호사로 활동하다가 자신의 쌓은 평판과 실력을 통하여 판사와 검사로 임관되는 구조도 형성될 것이다. 그동안 이상적이라고 이야기되던 사법의 민주화, 법조일원화 등이 실현될 수 있는 기반이 마련될 수 있다는 점에서 환영할 만하다.

그러나 법학전문대학원에서 배출되는 변호사의 능력이 균질화될 수는 없다. 균질화를 전제로 한 사고 자체가 잘못이다. 변호사의 능력이 다르다는 것을 전제하고, 능력이 서로 다른 변호사를 국민들이 선택하는 구조를 만드는 사법개혁이 법학전문대학원 제도의 도입이다. 이는 결국 변호사에 대한 사회적 인식이 바뀌게 됨을 의미한다. 우리 사회는 변호사의 능력이 크게 다를 수 있고, 변호사에 대한 보수 역시 크게 다를 수 있다는 인식을 수용할 수밖에 없다.

3. 법학전문대학원 교과과정의 구성

법학전문대학원의 교과과정에 관한 기존 연구는 현재 학부의 법학교육과 사법연수원 교육을 통합하는 방식이 주류를 이룬다.

법학전문대학원에서의 교육은 3년의 기간이라는 한계를 인식하고 그에 맞게 교육과정을 설계하여야 한다. 또 피교육자, 수요자 중심으로 교과과정을 편성하여야 한다. 즉 선택과목은 다양하게 펼쳐 놓되 필수과목의 비중은 줄이는 것이다. 교육자 입장에서 기초법학이나 인접과목, 실무기초과목이 반드시 필요한 과목이라고 생각할 수 있지만, 그렇게 따지면 어느 과목 하나 중요하지 않은 것은 없다. 3년이라는 한정된 기간에 교육할 수 있는 것과 없는 것을 분명하게 직시하여야 한다고 본다.

사법연수원 교육내용을 법학전문대학원에 그대로 옮겨 놓으려는 시도도 있다. 하지만 사법연수원 교육은 송무 중심이다. 극단적으로 법원에 한 번 가보지 않고 평생 로펌에서 기업 자문만 하며 활동하는 변호사도 나와야 한다. 또 실제로 법학전문대학원의 모델인 미국 로스쿨에서, 특히 일류 로스쿨에서 배출하는 법률가의 대부분이 기업 변호사다. 국제경쟁력을 제고하기 위하여 법학전문대학원 제도를 시작하면서 과거의 송무 중심사고에서 벗어나지 못하면 새로운 제도는 실패할 것이다.

해결책은 다양한 과목을 개설하되 필수과목은 최소화하고, 학생들에게 진로에 따른 과목 선택을 유도하는데서 찾아야 한다. 판사, 검사, 송무 변호사를 꿈꾸는 학생에게는 현재 사법시험 과목과 사법연수원 교육을 통합한 교육과정이 정답이 되겠지만, 로펌에서 기업변호사를 꿈꾸는 학생에게는 송무와 관련된 비중을 줄이고 기업 및 경제활동의 이해와 관련되는 교육과정을 제시하여 주어야 할 것이고, 공직이나 비영리단체(NGO) 등에서 활동하고자 하는 학생에게는 공익과 사익의 조정에 관련되는 교과과정을 펼쳐 주어야 할 것이다. 또 학교마다 추구하는 특성화 교육이 있다면, 그에 합당한 교과과정이 있어야 한다.

선택하는 과목이 제 각각이면 법학전문대학원의 졸업생이 함양하게 되는 법률적 능력 역시 제 각각일 수밖에 없다. 이를 무시하고 균질화된 법률가를 양성하겠다는 생각은 과욕이다. 또 법학전문대학원 졸업생은 지금 사법연수원을 졸업하는 법률가보다 이론적으로나 실무적으로 더 우수하여야 한다는 고정관념을 버려야 이 복잡한 문제를 해결할 수 있다. 더 우수한 법률가도 나오고, 그렇지 못한 법률가도 나올 수 있다. 평균적으로 볼 때, 졸업 당시 의뢰인을 만나는 능력은 떨어질 수 있어도 장기적으로 법률가로서 능력은 더 높아진다면 법학전문대학원 제도의 도입은 성공이다.

이러한 기대를 충족시키려면, 교과과정을 어떻게 펼쳐 놓고 학생들로 하여금 어떠한 과목을 반드시 듣도록 필수화하는 것이 중요한 것이 아니고, 모든 교과목 수업에서 법률가로서 갖추어야 하는 능력을 갖추도록 교육하는 것이 중요하다고 본다. 즉 법학전문대학원에서의 법학교육은 지금까지 학부에서 해오던 이론교육 외에 실무교육이 병행되어야 할 것이다. 여기서 실무란 심판청구서나 소장의 작성과 같은 형식성을 요하는 문서의 작성을 의미하는 것이 아니다. 법률가로서 당면한 문제를 해결하는 데 필요한 사실 인정능력, 법적 분석·추론력, 창조적·비판적 검토능력, 구두 또는 문서를 통한 의사소통능력 등을 제고하는 것이 법학전문대학원에서 요구되는 실무교육이다. 이를 위하여 교육방법의 개선이 필요하다.

4. 법학전문대학원 교육방법의 개선

법학전문대학원이 도입되면 교육방법도 변화할 수밖에 없다. 법률가 양성제도가 바뀐다고 법학교수법이 달라져야 하는 것은 아니라는 견해도 있다. 하지만 교육생의 지식수준이 다르고, 교육생의 기대수준이 다르고, 교육기간이 짧아지면, 교육방법은 달라질 수밖에 없다고 보아야 할 것이다. 특히 중요한 것이 교육기간이다. 그동안 학부에서 전통적으로 실시되던 법학교육은 학생들이 법학을 체계적으로 공부할 수 있도록 교과과정을 편성하고, 법전법의 개념과 원칙을 체계적으로 강의하는 방식으로 이루어졌다. 하지만 교수가 완벽하게 체계를 갖추어 강의하는 것과 학생들이 그 체계를 완벽하게 이해하는 것은 전혀 다른 것이다. 학생들이 체계적인 강의를 들었다고 하더라도, 체계적으로 이해하는 것이 아니며, 설사 강의실에서는 체계적으로 이해하였다고 하더라도 그 이해가 계속 유지되지 않기 때문이다. 따라서 여러 차례 반복해서 공부하여야 한다. 이것이 그동안 법학 공부가 재미없게 느껴졌던 원인 중 하나다.

법학전문대학원에서의 교육은 시간적 제약성 때문에 지금까지 하던 강의식 교육방식을 그대로 사용하기 어려워진다. 전체 학습시간이 3년에 불과하며, 그나마 필수과목의 비중이 적고 선택과목이 다양하기 때문에 모든 학생이 특정과목을 체계적으로 이수할 것이라고 기대하기 어렵다. 비싼 수업료를 내고 기회비용을 부담하며 법학전문대학원에 진학한 학생은 졸업 후 투자비용을 조기에 회수할 수 있는 영역에서 바로 사용할 수 있는 교과목을 선택할 가능성이 크기 때문에 공법과목의 수업은 특히 체계적으로 이루어지기 어렵다.

법학전문대학원에서의 교육방법은 체계적이고 완벽한 학습을 지향하기 보다는 부분적이고 예시적인 학습을 통하여 교육성과를 높이는 방향으로 개선되는 것이 바람직하다고 본다. 즉 해당 법영역의 전체 내용 중에서 가장 중요한 핵심영역을 골라내어 이를 심층적으로 학습함으로써 학생들의 문제해결능력을 배양하는 방법을 모색하여야 할 것이다. 미국 로스쿨의 교육방식이 그러하고, 독일도 종전의 '총체적이고 완벽한 학습' 대신에 '예시적 학습원칙'을 도입하였다. 체계에 대한 총체적 이해가 중요하지 않다는 것이 아니다. 다만 교수가 주인이 되어 총체적으로 강의하는 방법보다는 학생이 주인이 되어 예시적인 사안을 통하여 총체적으로 이해하도록 유도하여야 한다는 것이다.

이에 대하여 우리나라는 법전법 국가로 개별법마다 총칙 규정을 두는 경우가 많기 때문에 예시적 학습방법은 적절치 못하다는 견해가 있을 수 있다. 하지만 법전법 국가라는 점과 이를 체계적으로 교육시키기 위하여 오랫동안 연구되어 온 교과서가 있다는 점은 예시적 학습이 부적절하다는 근거가 될 수 없다. 오히려 예시적 학습을 하기에 더 나은 환경을 제공한다고 보아야 할 것이다. 법학전문대학원은 학습능력이 뛰어난 대학원생을 대상으로 교육하기 때문에 지금까지 할 수 없었던 교육방법이 가능하다. 즉 학생들이 구체적인 사안에서 공법적 쟁점을 찾아내고 그 쟁점을 해결하기 위하여 스스로 연구·조사하는 과정에서 법전법과 이론 중심의 교과서는 유용하게 사용될 것이다. 학생들은 예시적 학습을 통하여 이론을 능동적으로 깨우치고 학교수업은 이를 확인하거나 학습 동기를 부여하는 시간이 된다. 그렇다고 예시적 학습방법을 바람직하다는 말이 교실에서 이론교육을 전혀 할 필요가 없다거나, 강의식 교육방법을 폐지하여야 한다는 것을 의미하는 것은 아니다. 강의식 교육도 효율적일 수 있으며, 다만 교수가 모든 것을 다 가르치려고 하기보다는 중요한 쟁점을 예시적으로 골라 심층적으로 분석하는 방식을 택하는 것이 더 낫다는 것이다. 강의식에 학생과의 질의응답 및 토론 등을 추가하여 수업의 활력을 넣을 방법도 생각할 수 있다.

법학전문대학원에서는 강의식, 판례분석식(Case method), 소크라테스식(Socratic Method), 세미나식, 클리닉(Clinic) 방식 등 다양한 교육방법이 경쟁적으로 실시되는 것이 바람직하다. 소크라테스식 강의의 경우 교수가 대화의 방법을 충분히 숙지하고 있을 때 비로소 효과를 기대할 수 있으며, 어설픈 도입은 오히려 역효과가 크다고 알려 졌다.

지금까지 우리가 하지 않았던 교육방법 중 하나가 클리닉 교육이다. 흔히 클리닉 교육은 이론과 실무를 연계하는 과정으로 교육의 성과를 높일 수 있다고 알려졌다. 법학전문대학원은 교육기관임에는 틀림없으나, 이곳을 졸업한 후 바로 법률가로서 의뢰인을 만나 그의 문제를 해결하여야 한다는 점에서 지금까지 법학교육과 달라져야 한다. 학생들은 법률가로서 갖추어야 할 실무능력을 반드시 갖춘 후 졸업하여야 한다.

이를 해결할 수 있는 방법이 클리닉 교육이다. 클리닉 교육은 학생들이 교수의 지도 아래 실제 진행 중인 사건을 처리하면서 의뢰인이 가지고 있는 문제를 이해하고, 법적 쟁점을 파악하고, 필요한 법정보(Legal information)를 조사하고, 사실과 법에 바탕을 두고 당해 문제를 해결하는 방안을 창조적으로 모색하고, 이를 구두 또는 문서로 의사소통할 수 있는 능력을 배양시키는 방법이다. 전 과정을 거쳐 학생은 실무능력을 함양할 뿐 아니라 이론을 더욱 충실하게 공부하게 하는 동기를 가지게 되어 효율적인 교육방법으로 알려졌다. 이에 대한 연구가 필요하다고 본다.

IV. 공법 교육의 위기와 그 해결방안

1. 들어가는 말

그동안 로스쿨 도입의 정당성은 로스쿨 시행 후 기대되는 교육의 질과 현재 교육의 질을 비교 평가하는 방식보다는 현재 사법시험제도 및 폐쇄적 법조문화의 부작용을 부각시키는 방식으로 찾는 경우가 대부분이었다. 미국식 로스쿨이 우리나라에 적합한지와 도입 후 예상되는 부작용을 어떻게 최소화할 것인지에 대한 논의는 아무리 충분하여도 부족함이 없지만, 그러한 의문의 제기를 반개혁적이고 보수적인 기득권층의 저항이라고 폄하하는 일도 있었다. 1995년 세계화추진위원회 시절 로스쿨 도입에 그렇게 적극적이던 학자들 중 일부가 노무현 정부에서 벌어진 로스쿨 도입 논의에 침묵하거나, 이견을 보이는 이유가 무엇일까 고민하여야 했지만, 그러하지 못하였다.

로스쿨 도입이 결정되던 2007년 7월을 회상하면, 개혁 조급증 때문에 법학전문대학원의 설치와 인가에 관한 법률만 만들어 놓았을 뿐 이곳을 졸업한 학생에게 어떠한 자격이 부여되는지 조차 제시하지 않았다.[1] 해방 후 대한민국 사법권력의 담당자를 양성하여온 사법시험 제도를 어떻게 명예롭게 은퇴시킬 것인지, 아직도 이 시험에 합격하기를 기대하고 인고의 삶을 살고 있는 수만 명을 어떻게 배려할 것인지에 관한 그림도 제때 제시하지 않았다.[2] 법조인의 양성 및 선발제도의 변경은 사법권이라는 국가권력을 누가 행사할 것인지를 결정하는 중요한 국가의 일인데도 불구하고, 국민의 대표라는 국회는 제대로 된 심의 한 번 하지 아니한 채 정부안을 거의 그대로 수용하는 무책임한 일을 태연하게 저질렀다. 이성과 지성의 상징이어야 할 법과대학 교수가 이익단체와 전혀 다를 바 없는 모습으로 국회 앞에서 단식농성을 하며 법 통과를 주장하기도 하였다.

국회는 정부가 충분히 심의하였다고 보아 법률을 제정하고, 정부는 사법제도개혁추진위원회가 충분히 심의하였다고 보아 법률안을 국회에 넘기고, 사법제도개혁추진위원회는 사법개혁위원회가 충분히 심의하였다고 보아 법률안 초안을 정부에 넘기는 책임전가의 연쇄 현상이 나타났다. 하지만 사법개혁위원회는 대법원장 자문기구에 불과하였고, 그 의결내용은 언제든지 더 논의하여 바뀔 수 있음을 전제로 한 것이었다고 보아야 하기 때문에 사법개혁위원회를 핑계 삼아 책임을 전가할 수는 없는 것이었다.[3]

법학전문대학원 제도는 다른 법조인 양성제도와 마찬가지로 장·단점을 다 가지고 있다. 그동안 도입의 필요성이 강조되면서 장점이 과대하게 부각되고 단점이 과소하게 평가받은 경향이 있다. 지금부터라도 법학전문대학원 제도의 장·단점을 분명하게 인식하고 그 부작용을 최소화할 수 있는 연구와 제도 보완이 필요하다고 본다. 법학전문대학원 제도가 모델로 삼고 있는 미국식 로스쿨 제도의 가장 큰 특징은 3년이라는 짧은 교육기간에 있다. 학부를 마친 학생을 대상으로 단기간에 집중적으로 교육시키고 바로 사회에 내보낸다. 법학전문대학원 제도의 도입은, 법률가는 한 번의 시험으로 선발되는 것이 아니라 오랜 기간 양성되는 것이라는 인식을 전제로 한 것이다.[4] 이것이 미국식 로스쿨의 장점이자, 단점이다. 로스쿨 제도는 사법시험 한 번 붙은 것으로 평생 먹고 살 것을 걱정하지 않아도 되는 특권층을 양산하는 것이 아니고, 평생 실력을 쌓고 경쟁하여야 하는 구조로 들어가는 것을 의미한다.

따라서 법학전문대학원에서의 교육은 우리 사회가 요구하는 법률가의 필요조건에 불과하며, 충분조건이 될 수 없다. 이 제도에서는 법률가로서 자질 있는 학생의 선발, 법학전문대학원에서의 집중 교육, 변호사시험합격 후 계속 교육이 모두 중요한 의미를 가지게 되며, 이 가운데 어느 한 쪽의 부실은 법률가 양성체계 전반의 부실로 이어지게 된다. 특히 중요한 것이 로스쿨 이후 법률가 교육이다. 현재 사법시험제도 구조 아래서는 사법시험합격자는 사법연수원에서 2년간 실무교육을 받은 뒤 변호사가 되지만, 앞으로 로스쿨 졸업자는 법원행정처가 주관하는 제도적 교육을 받지 않고 변호사로 활동하게 된다. 그 대신 선배 변호사 밑에서 일하면서 배우는 교육이 중요하게 될 것이다. 미국식 로스쿨 제도는 판사가 아닌 변호사를, 선발이 아닌 양성하는 제도라고 할 수 있다.[5]

우리나라의 현재 법률가 양성제도는 사법연수원 교육을 정점으로 하는 판사 양성과정이라고 할 수 있는데 반하여, 앞으로 법학전문대학원에서의 법률가 양성교육은 변호사 중심이 되리라는 것은 여러 가지 측면에서 중요한 의미를 갖는다. 우선 우리나라 법률가 양성제도의 병폐로 알려진 관료사법의 양성구조가 로스쿨 제도 아래서 깨어지게 될 것이다. 각 법학전문대학원이 경쟁적으로 변호사 교육을 시키고, 여기를 졸업한 학생은 변호사로 활동하다가 공직에서 활동하고자 할 때 경쟁을 통하여 판사와 검사 등으로 임관되는 구조가 로스쿨 제도의 골격이다. 그동안 이상적이라고 이야기되던 사법의 민주화, 법조일원화 등이 실현될 수 있는 기반이 마련되는 점은 환영할 만한 일이다.

법학교육을 통하여 양성하고자 하는 법률가의 상이 변호사, 특히 그 중에서도 기업법무 변호사를 양성하는 쪽으로 바뀌면,[6] 법학교육의 내용도 달라진다. 법학전문대학원의 교육과정 및 교육방법의 개발에도 영향을 미치게 된다. 미국 로스쿨이 당면한 문제 중 하나가, 로스쿨 저학년 시절 공익(Public interest)을 위하여 일할 것처럼 떠들던 학생들이 거의 모두 졸업 후 기업의 이익(Corporate interest)을 위하여 일하는 변호사로 변신한다는 사실은 미국식 로스쿨을 이제 막 도입하려는 우리에게 시사하는 바가 크다.[7] 법학전문대학원 제도의 도입을 목전에 둔 이 시점에 공법 교육의 위기를 이야기하는 근본 원인이 여기에 있다. 법학교육의 목적이 공무원인 판사와 검사, 그리고 이들을 상대하는 변호사를 양성하는데 있을 때는 국가권력과 개인 간의 법적 문제, 공익과 사익의 조화가 중요한 화두이지만, 법학교육의 목적이 기업이 안고 있는 법적 문제의 해결에 주력하는 변호사를 양성하는 쪽으로 바뀐다면 국가와 기업 간의 문제는 기업이 사익을 추구하는 과정에서 나타나는 여러 문제 중 하나로 전락한다.

이 글은 법학전문대학원 제도 아래서 당면하게 될 공법 교육의 위기를 미국의 사례를 중심으로 전망하고, 그 해결방안으로 교과과정의 개편과 교육방법의 개선을 제시한다.

2. 공법 교육의 위기

로스쿨 제도 아래서 공법 교육은 지금보다 위축되며, 이것은 공법학의 위기로 이어질 것으로 전망된다. 그 근거는 미국 로스쿨의 표준적인 커리큘럼, 특히 1학년 커리큘럼에 있다. 미국 로스쿨의 공법 교육 현황을 살펴보고, 이를 우리나라의 현재 법률가 양성제도 아래서 실시되는 공법 교육과 비교하면 향후 법학전문대학원 제도 아래서 공법 교육의 위축은 자명하다.

1) 미국 로스쿨의 공법 교육 커리큘럼

미국 로스쿨에서 1학년 수업은 3년의 과정 중 가장 중요하다고 알려졌다. 교육 내용도 신병훈련소 교육처럼 강도 높지만, 1학년 성적이 향후 법률가로서 운명을 좌우하기 때문에 학생들 사이의 경쟁이 치열하다. 미국의 로펌은 1학년 성적을 기준으로 여름방학 때 인턴(Intern)으로 일할 학생을 선발하며, 인턴 학생이 졸업하면 변호사로 채용된다. 1학년 성적이 좋은 학생은 마음 편하게 2, 3학년 수업을 자기 좋아하는 과목 중심으로 듣게 된다. 심지어 미국 로스쿨은 3년 과정이 아니라, 1년 과정이라는 평가가 나올 정도다.

법학에 대하여 한 번도 체계적으로 공부한 경험이 없는 학생을 대상으로 1년 동안 강의한 후 각자 원하는 과목을 선택하도록 허용한다는 것은, 그만큼 1학년 교과목이 향후 법률가로서 성장할 수 있는 밑거름으로써 중요하다는 것을 의미한다. 미국의 거의 모든 로스쿨은 1학년

〈표 1〉 미국 로스쿨의 전형적인 1학년 교과과정

1975년	시간/학기	2002년	시간/학기
계약법	6학점/ 두 학기	계약법	6학점/ 두 학기
민사소송법	6학점/ 두 학기	민사소송법	6학점/ 두 학기
재산법	6학점/ 두 학기	재산법	4학점/ 한 학기
불법행위법	6학점/ 두 학기	불법행위법	4학점/ 한 학기
형법	3학점/ 한 학기	형법	3학점/ 한 학기
헌법	3학점/ 한 학기	헌법/형소법/기타	3학점/ 한 학기
법문서 조사 및 작성	2학점/ 두 학기	법문서 조사 및 작성	4학점/ 두 학기
총계	**32학점**	총계	**30학점**

교과과정은 필수과목 중심으로 운영하고 있으며, 로스쿨마다 요구하는 1학년 필수과목도 거의 동일하다. 미국 변호사협회(ABA)의 법학교육 및 변호사선발 부서(Section of Legal Education and Admissions to the Bar)가 미 변호사협회 인증을 받은 미국 로스쿨 187개를 대상(응답한 로스쿨은 152개)으로 커리큘럼을 조사하여 발표한 커리큘럼 보고서에 따르면, 2002년 미국 로스쿨의 전형적인 1학년 필수과목은 계약법(6학점, 두 학기), 민사소송법(6학점, 두 학기), 재산법(4학점, 두 학기), 불법행위법(4학점, 한 학기), 형법(3학점, 한 학기), 헌법 또는 형사소송법, 기타(3학점, 한 학기), 법문서 조사 및 작성(4학점, 두 학기)으로 이루어져 있다.[8] 〈표 1〉은 2002년의 1학년 커리큘럼을 1975년의 것과 비교한 것이다.

　〈표 1〉에서 보듯이, 미국 로스쿨들은 최근 1학년 교과과정에서 필수 학점을 32학점에서 30학점으로 줄이고, 그 대신 학생들로 하여금 과목을 선택할 수 있는 기회를 제공하는 경향을 보인다. 법문서 조사 및 작성의 비중이 높아진 것은 학교교육과 실무와의 연계를 주장한 맥크레이

〈표 2〉 상급학년 필수과목 분포 (152개 미국 로스쿨)

교과목	학점	학교 수
법조윤리(Professional Responsibility) (142개교)	1학점 2학점 3학점 4학점 이상	8 60 72 2
헌법(Constitutional Law) (80개교)	2학점 3학점 4학점 5학점 6학점 7학점 이상	2 31 21 7 18 1
증거법(Evidence) (71개교)	2학점 3학점 4학점 5학점 이상	1 28 40 2
기업법(Business Associations)	4학점(21개교)	33
형사소송법(Criminal Procedure)	3학점(18개교)	26
소득세법(Federal Income Tax)	3학점(17개교)	26
신탁·상속법(Trusts and Estates)	3학점(11개교)	21
상법(Commercial Law)	3학점(10개교)	17
소송 실무(Trial Practice)	3학점(4개교)	12
재산법(Property)	3, 4, 6학점(각 2개교)	8
민사소송법(Civil Procedure)	3학점(6개교)	7

트 보고서(MacCrate Report)의 영향이라고 하겠다.[9] 분명하게 드러나는 점은 1학년 법학교육에서 헌법이 차지하는 비중은 20년 전에 비하여 약화된 것이다.

헌법은 2학년 이상 상급학년 교과과정에서 필수과목을 지정할 경우 우선적으로 고려되는 과목이다. 커리큘럼 보고서에 따르면, 응답학교의 52.6%인 80개 로스쿨에서 2학년 필수과목으로 헌법을 지정하고 있다. 상급학년 교과과정에서 필수과목으로 지정되는 교과목 및 학점의 분포는 〈표 2〉와 같다. 〈표 1〉과 〈표 2〉를 종합하여 보면, 미국 법학계에서 헌법은 법률가로서 성장하는데 반드시 필요한 과목이라고 인식하고 있지만, 그러한 인식이 요즘 들어 흔들리고 있음을 알 수 있다.

한편, 상급학년 교과목 편성에서 필수과목 지정과 변호사시험과목과의 상관관계는 통계적으로 의미 없는 것으로 조사되었다.[10] 이러한 결과는 전국적인 명성을 가진 로스쿨이나 지역 로스쿨이나, 공립 로스쿨이나 사립 로스쿨이나 관계없이 동일하게 나타났다. 다만, 신설 로스쿨의 경우 어느 정도 상관관계가 있는 것으로 조사되었다. 대부분 로스쿨에서는 교수진의 구성, 법학교육방법에 대한 신념, 특성화, 교수사회의 정치적 역학관계에 의하여 상급학년 필수과목이 지정되고 있다.

미국 일류 대학의 1학년 교과과정을 살펴보아도 헌법의 비중이 약화되는 현상을 확인할 수 있다. 아직까지 예일 로스쿨, 스탠포드 로스쿨, 컬럼비아 로스쿨 등 많은 일류 로스쿨이 헌법을 1학년 필수과목으로 지정하고 있다. 하지만 하버드 대학의 경우를 보면 기초과목으로서 헌법의 위상은 흔들린다. 하버드 로스쿨의 1학년 필수과목에 헌법이 없다. 헌법은 2학년 과목으로 2007~2008년 학기부터 Constitutional Law : Separation of Powers, Federalism, and the Fourteenth Amendment(4학점)과 Constitutional Law : The First Amendment(3~4학점)로 나뉘어 개설된다.[11] 학교 당국은 학생들에게 두 과목 중 하나 또는 두 과목 모두를 이수하도록 권장하고 있으며, 두 과목 중 어느 하나를 먼저 들어야 하는 순서를 정해 놓지 않았다. 실용학문 중심의 교육으로 유명한 NYU 로스쿨은 헌법을 1학년 선택과목 또는 2학년 필수과목으로 배치해 놓고 있다.[12]

2) 한국의 공법 교육 현황

그동안 법률가 양성제도의 핵심은 사법시험이며, 사법시험은 필기시험인 제1차 및 제2차 시험과 면접시험인 제3차 시험으로 구분되어 시행된다. 그동안 제3차 시험에서 탈락한 수험생이 극히 적었음을 감안하면, 사법시험의 합격은 필기시험에서 좌우된다고 할 수 있다. 제1차 시험은 헌법, 민법, 형법 등 필수 3개 과목과 법률 선택 1개 과목, 영어로 이루어지기 때문에 헌법의 비중이 상당히 큰 편이다. 또 제2차 시험은 헌법, 행정법, 상법, 민법, 민사소송법, 형법, 형사소송법 등 7개 과목으로 실시되므로 공법의 비중이 사법보다 크게 적다고 할 수 없다.[13]

법과대학에서도 공법 교육의 비중은 절대적인 비중을 차지하고 있다. 거의 모든 대학이 헌법과 행정법을 전 범위 또는 각 과목의 일부 내용을 전공필수과목으로 지정하고 있다. 주요 대학의 커리큘럼을 살펴보면 다음과 같다.

1) 서울대[14]

학년	1학기	2학기
2	헌법1(전공필수)	헌법2
3	행정법1(전공필수) 입법학, 법과정치, 정책학	행정법2
4	헌법연습, 행정구제법, 환경법	행정법연습, 토지공법, 지방자치법, 환경법연습

2) 고려대[15]

학년	1학기	2학기
1		헌법총론(전공기초과목)
2	기본권론(전공필수)	국가조직론(전공필수) 헌법소송법, 미국헌법
3	행정법총론(전공필수) 헌법사례연습, 지방자치법, 토지공법	행정법각론(전공필수) 국가론, 행정구제법, 경찰법
4	환경법, 비교헌법론	미국사법제도, 헌법특수문제연구, 행정법특수문제연구

3) 연세대[16]

학년	1학기	2학기
2	헌법(1)(전공탐색)	헌법(2)
3	행정법총론(전공필수) 인권법, 헌법특강	행정법각론
4	행정구제법, 헌법연습(1)	행정법연습, 헌법연습(2)

3. 다가오는 공법 교육 위기의 원인

법학전문대학원 체제가 시작되면 공법 교육은 현재 사법시험 체제보다 약화될 수밖에 없다. 현재 한국에서 실시되고 있는 공법 교육과 미국 로스쿨의 공법 교육을 단순 비교만 하여도 알 수 있다. 법과대학에서 공법과목 여러 개를 필수과목으로 지정하여 놓고, 사법시험 1, 2차 시험과목으로 공법을 지정하여 놓았기 때문에 법률가가 되고자 하는 학생은 공법을 소홀히 할 수 없다. 그러나 미국 로스쿨에서는 1학년 필수과목으로 지정된 공법과목이 헌법 하나에 불과할 뿐 아니라, 그나마 그 비중이 날로 줄어들고 있다. 변호사시험과목에 헌법이 포함되어 있기는 하지만, 변호사시험 합격률이 우리나라 사법시험보다 월등하게 높기 때문에 시험과목 지정을 통한 교육 강제 효과를 기대할 수도 없다.

로스쿨에서 공법이 경시되는 근본적인 원인은 여기서 교육을 통하여 배출하려는 인재의 상이 현행 우리나라 법률가 양성제도의 그것과 다르기 때문이다. 교육기관이 편성한 교과과정은 그 교육기관이 배출하려는 인재의 상, 또는 교육 목표의 종속변수일 수밖에 없다. 공법 교육의 목표 역시 법학전문대학원의 교육 목표에 의하여 좌우된다.

법학전문대학원 설치·운영에 관한 법률 제2조는 법학전문대학원의 교육이념이 "국민의 다양한 기대와 요청에 부응하는 양질의 법률서비스를 제공하기 위하여 풍부한 교양, 인간 및 사회에 대한 깊은 이해와 자유·평등·정의를 지향하는 가치관을 바탕으로 건전한 직업윤리관과 복잡다양한 법적 분쟁을 전문적·효율적으로 해결할 수 있는 지식 및 능력을 갖춘 법조인의 양성에 있다"고 규정하고 있다. 즉 법학전문대학원은 우리 사회가 요구하는 지식과 능력을 가진 '법조인'을 양성하는 기관이다. 법학전문대학원이 '교육기관'임에는 틀림없으나, 그렇다고 하여 학문의 연구를 지향하는 교육기관이 아니며, 건전한 시민을 양성하는 교육기관도 아니다. 과거 법과대학에서 법학을 교육하는 것과 법학전문대학원에서 법학을 교육하는 것의 차이가 여기서 나온다.

법학전문대학원은 법률서비스를 제공하는 전문인을 양성하는 기관이다.[17] 전문인이 제공하는 법률서비스의 종류는 우리 사회의 수요에 의하여 결정된다. 소송과 관련된 법률서비스에 대한 수요가 많다면, 그러한 법률서비스를 제공할 수 있는 법학교육이 이루어져야 한다. 즉 판사와 검사, 그리고 송무 변호사를 양성하는 법학교육이 실시되어야 할 것이다. 과거 법원 중심의 사법구조에서는 변호사를 준사법기관으로 취급하기도 하였다. 따라서 법학교육의 교과과정은 법원 중심의 법률서비스를 제공하는데 맞추어져 작성되었다. 대부분 학교에서 민사소송, 형사소송, 행정소송, 헌법소송과 관련된 실체법과 절차법에 관한 교과목을 총론과 각론, 일반법과 특별법의 체계를 가지고 배열하였다. 공법은 이러한 교육에서 큰 비중을 차지한다. 국가와 국민 사이에 발생하는 법률문제의 해결과 그 해결기준으로 공익에 대한 이해가 중요하기 때문이다.

그러나 사회가 다원화되고, 민간 부문의 비중이 급속도로 커지면서 사회가 요구하는 법률가의 상이 달라지고 있다. 사회가 요구하는 법률서비스도 송무보다 자문의 비중이 더 커지고 있다. 법정에 한 번도 가보지 않고 변호사 생활을 하는 기업 변호사가 나타나고, 그 수요는 날로 늘어나고 있는 중이다. 분쟁해결의 방법도 소송이 아닌 것, 즉 대안적분쟁해결수단(ADR)이 부상하고 있다. 우리나라 변호사의 국제경쟁력이 낮기 때문에 법률서비스시장을 개방하여야 한다거나, 로스쿨 제도를 도입하여야 한다고 이야기하는 전제도 현재 법률가 양성제도가 기업 변호사의 양성에 실패하였다는 데 있다.

사회가 과거와 다른 법률가의 출현을 요구하고 있으면, 법률가 양성기관은 그 요구를 충족시켜줘야 한다. 법학전문대학원 제도의 도입 여부를 놓고 법조계와 법학계가 치열한 논쟁을 벌였지만, 이 논쟁의 종지부를 찍은 것은 결국 새로운 법률가의 상을 요구하는 국민이었다. 법학자들은 로스쿨을 도입하여야 하는 이유를 대학에서의 법학교육과 법률가 선발과의 괴리에서 발생하는 법률가 양성체계의 불합리성에서 찾지만, 일반 국민들은 사회의 요구에 부응하지 못하는 법률가의 경쟁력 저하 내지 고수임 구조에서 찾는 경향이 있다.

그동안 지적되던 우리나라 법조계의 문제도 종국적으로 송무 중심의 법률가 양성구조에서 기인한다. 사법제도의 관료화 현상이 그렇고, 전관예우의 논란이 그렇다. 법률가의 수를 통제하여야 한다는 생각도 결국 송무 중심의 한정된 법률서비스 시장에서 몇 명이 파이를 나눌 것인가를 걱정하면서 나타난 것이다. 그러나 법률서비스 시장을 확대하여 다른 분야에서 활동하는 법조인을 양성한다면, 즉 자문 변호사를 양성한다면 법조인의 수에 대하여 지나치게 민감할 이유가 없어진다. 법학전문대학원의 도입은 현행 법조계의 문제점을 해결할 가능성이 있다는 점에서 시대적 소명인 것은 분명하다.[18]

하지만 법학전문대학원을 도입하면서 과거 송무 중심 법률가를 양성하던, 또는 건전한 시민의 양성을 목표로 하던[19] 그동안 교과과정을 그대로 유지하여야 한다는 것은 설득력이 없다. 미국 로스쿨의 특징은 법률가 양성의 목표가 변호사를 배출하는데 초점을 맞추기 때문에 법률실무에 부가가치가 높은 법영역을 신속하게 교과과정에 편입하는 체계를 갖추고 있으며, 이러한 체계를 통하여 선택과목들이 끊임없이 신설되고 개발된다는 데 있다.[20] 우리도 법학전문대학원 제도를 시행하는 이상 우리 사회가 요구하는 법률가 상에 맞추어 교과과정도 개편되어야 하고, 또한 그렇게 될 것임에 틀림없다. 안타깝게도 이러한 변화는 공법학계에 불행한 일이 될 수 있다. 새로운 법률가의 상에 맞추는, 즉 기업 변호사 중심의 법학교육에서 공법 교육의 비중은 현재보다 낮아지기 쉽다.

이에 대하여 법학전문대학원 이수자가 행정부서에서 근무하는 경우도 상정할 수 있기 때문에 지나치게 기업 변호사 중심의 예상이 잘못이라는 지적이 있을 수 있다. 하지만, 우리나라의 경우 행정부 공무원의 임용경로가 별도로 존재하기 때문에 법학전문대학원 제도가 도입된다고 하여 행정부 근무 공무원이 크게 늘어날 것으로 기대하는 것은 무리라고 본다.

3. 위기극복의 방법 1 : 공법학 커리큘럼의 구성

공법 교육의 위기는 전체 커리큘럼의 변화에서 온 만큼 위기의 해결 방법 역시 커리큘럼의 변화에서 찾아야 한다. 그동안 여러 학자들에 의하여 연구되어온 커리큘럼을 먼저 검토하고, 새로운 방안을 제시한다.

1) 기존 연구의 검토

법학전문대학원에서 헌법학 또는 공법학을 어떻게 교육할 것인가에 관하여 기존 연구가 많이 있다. 그 중 교육자원부 용역과제로 법학교수회에서 연구한 내용을 요약하면 아래와 같다.

(1) 헌법[21]

헌법교육은 헌법이 국가의 최고규범으로써 실정법해석을 위한 근거와 기준이 된다는 점에서 법률가로서 당연히 받아야 할 교육이다. 이와 함께 헌법교육은 국민기본권보장의 의미와 국가권력의 존재의 의미 등 국가전반에 걸친 내용을 숙지시킴으로써 법률가로서 뿐만 아니라 민주시민으로서의 자질을 함양하는데 필요하다.

헌법을 공부하는 것은 실정헌법을 이해하기 위한 작업이라고 할 수 있다. 헌법은 국민의 정치적 결단을 통하여 합의된 문서라는 점에서 법과 정치가 교차하는 이중적 성격을 가지고 있다. 헌법은 또한 시대적·사회적 산물이다. 헌법교육은 이 시대가 요구하고 우리 사회가 원하는 살아있는 헌법규범이 되도록 헌법을 이해하게 하는데 그 목표를 두어야 할 것이다.

헌법교육은 헌법의 최고규범성을 이해하고 국가의 모든 법적 문제가 헌법의 영역에서 해결되어야 한다는 사고를 형성하는데 초점을 맞추어야 한다. 그리고 헌법은 국민의 기본권보장을 위한 규범이라는 점이 강조되어야 한다. 헌법에 대한 총체적 이해는 헌법현실과 헌법규범간의 간격을 좁히는 데 결정적이며, 이를 위해서 헌법교육에서는 시대정신을 반영하는 헌법의 정신을 가르치고 그 정신을 구현하는데 필요한 헌법적 논증방법을 익히게 해야 한다.

헌법교육을 대학원의 취지에 맞게 효율적으로 진행하기 위해서는 몇 가지 고려할 수 있다. 우선 살아있는 헌법교육을 위하여 교육자는 다양한 방식의 강의로 피교육자에게 입체적으로 헌법교육을 시켜야 한다. 이를 위하여 교수방법과 강의방식의 다양화가 필요하다. 또한 피교육자를 위해서는 헌법의 특성을 고려한 체계적인 교과과정과 교과목이 요구된다.

법학전문대학원에서 헌법교육은 기존의 헌법교육에 덧붙여 실무배양 능력을 양성해야 한다는 점에서 어떻게 무엇을 가르칠 것인지에 대한 기본적인 내용상의 지침이 필요하다. 교과과정은 법학전문대학원의 수업연한과 밀접한 관련을 갖는다. 3년이란 기간은 한 분야의 교육에 있어서 그리 긴 시간이 아니기 때문에 기초적인 것과 응용적인 것을 한꺼번에 전달할 수 있는 교과과정이 편성되어야 한다. 또한 대학원의 취지에 따라 다양하면서도 실제 응용이 가능한 능력을 배양할 수 있게 교육이 되어야 한다는 점에서 분야별로 필수과목과 다양한 선택과목이 조화를 이루면서 편성되어야 한다.

헌법분야의 교과과정을 예시하면, 헌법총론, 기본적 인권론, 통치구조론, 헌법소송론 등은 기초과목으로 언론정보법, 인권법, 정치관계법, 통치구조론, 경제헌법론, 사법제도론, 입법론 등은 심화과목으로, 헌법연습과 헌법재판연습은 실무과목으로 한다.

(2) 행정법[22]

행정법학의 교육목표는 법학전문대학원 학생들에게 행정법학의 법리와 내용을 체계적으로 습득하도록 하는 것이다. 교육목표의 설정에 있어 특히 고려할 점은 교육을 받고 나온 '졸업생' 들이 갖추어야 할 소양 및 진로이다. 사법부에 진출하거나 변호사를 업으로 하는 졸업생들에게는 행정소송사건을 처리할 수 있는 이론적 및 실무적 능력을 길러 주어야 한다. 국내외적으로 변호사 자격자를 정부기관에서 개방형 직위의 공무원으로 특채하는 비중이 점점 높아지고 있으므로 이 수요를 충족할 인재의 양성을 아울러 고려하여야 한다.

행정법학의 교육목표를 보다 구체적으로 설정함에 있어서는 행정법의 학문적 특성이 십분 고려되어야 한다. 즉 각종 실정법령 전체를 관통할 수 있는 행정법 이론의 체계적 교육의 중요성, 중요한 법률의 내용을 이해하고 이를 실무에 적용할 수 있는 능력의 배양, 각종 소송실무를 처리할 수 있는 능력의 배양, 행정공무원으로서의 행정법 운용과 관련한 지식의 체계적 부여, 입법수요에 체계적으로 대응할 수 있는 행정입법 능력의 배양, 특별한 분야에서 일하고자 하는 졸업생에게 그 분야 행정법을 체계적으로 이해할 수 있는 능력의 배양, 헌법과 유기적 연관관계에 대한 체계적 교육의 필요성, 국제법 및 외국법의 검색 및 비교·분석과 관련한 입체적인 교육의 필요성, 인접학문의 연구결과 및 발전방향을 적극 수용하는 열린 교육의 필요성 등이 고려되어야 한다.

행정법 교육과정의 설계에 있어서는 교수요원 상호간의 협의와 공동교육과정의 개설이 필요하다. 교과서의 재구성 차원을 넘어서는 새로운 교재의 개발이 필요하다. 전통적으로 이루어져온 이론교육과 판례를 중심으로 한 판례분석방법의 교육방식은 법학전문대학원에 있어서도 지속적으로 채용될 필요가 있다. 행정현장과 행정심판 및 행정소송의 현장 등 각종 현장에 대한 견학 및 실습교육을 통하여 현장감 넘치는 실무지식을 배양할 수 있는 기회가 부여될 필요가 있다. 특히 팀별로 과제를 부과하고 협동하여 조사·연구·발표를 요구하는 '조별과제발표'를 적극적으로 활용할 필요가 있다.

교육과정의 설치에 있어 특성화에 대한 적극적인 고려가 있어야 한다. 행정법의 경우 행정법이론과 행정구제법 및 행정조직법은 필수적인 이수가 필요한 과목이다. 공법분야 기초필수과목으로 할당된 학점은 8학점으로, 형법총론과 행정법총론에 각각 2학점을 할당하고, 헌법팀과 행정법팀이 공동으로 '공법상의 권리구제론' 과 '국가기구론' 을 설계하여 강의할 필요가 있다.

(3) 기존 연구에 대한 평가

기존 연구는 헌법과 행정법의 특성을 과목별로 상세히 분석하고, 그에 부합하는 교육과정 및 교육방법을 제시하고 있다는 점에서 우수하다. 하지만 법학전문대학원의 한시적인 교육시간 및 법학전문대학원에서 배출하는 인재의 상에 대한 고려가 상대적으로 미흡하다고 본다. 헌법 연구보고서의 경우 일반론인 헌법의 특성 또는 헌법교육의 특성이 강조되면서 법학전문대학원 교육의 특성이 부각되지 못하였다. 행정법 연구보고서의 경우 법학전문대학원의 특성이 고려되었으나, 행정부처에서 근무할 잠재적인 수요를 과도하게 평가하였다고 본다. 세부 분야가 다양한 행정법의 경우 개설하여야 할 교과목이 많아 개별 법학전문대학원은 특정 분야를 선택하여 교과목을 개설할 수밖에 없을 것이다. 행정법 과목이 많이 개설된다고 하더라도 공무원의 시각이 아닌 기업 변호사의 시각에서, 공익의 추구가 아닌 사적 이익 보호의 시각에서 교육해주기를 바라는 기대가 점차 커질 것이다. 세법과 같은 경우가 대표적인 사례다. 송무를 중심으로 하는 전통적인 법률가 양성체계에서는 국가의 과세가 정당한지 아닌지를 따지게 되므로 행정법 영역이라고 하겠지만, 자문에 종사하는 법률가 양성을 염두에 둘 경우 세금의 문제는 기업의 법률행위, 예컨대 인수합병(M&A)에 영향을 미치는 중요 요소라는 시각에서 접근하게 될 것이다. 그러한 의미에서 행정법 연구보고서가 행정법 교육과정을 다루면서 사법체계와의 유기적 연관관계를 중시하고 종합적인 강의를 강조한 것은 탁월한 견해라고 본다.

2) 공법학 위기의 극복방안으로서 커리큘럼

(1) 공법 교육의 의무화

법학전문대학원 체제 아래서 공법 교육이 위기라는 것은 수요자의 관점에서 바라본 것이다.[23] 법학전문대학원 졸업자에 대한 사회의 수요와 이를 인식한 학생들이 공법과목의 선택을 회피할 가능성에 대한 분석이다. 그러나 공급자의 시각에서는 다른 결론이 나올 수 있다. 특히 공법 교육을 담당하는 교육자는 이와 다른 설명이 얼마든지 가능하다. 헌법은 국가의 최고규범으로서 실정법 해석의 근거와 기준이라는 점에서 헌법교육은 법학교육의 근간이라고 할 수 있으며, 날로 복잡다양화하는 행정국가에서 수 천 건에 이르는 법령[24]이 국민의 생활에 미치는 영향이 막대하기 때문에 각종 실정법령을 관통할 수 있는 행정법 교육의 체계적 이수가 반드시 필요하다고 할 수 있다.

그러나 공법 교육이 아무리 중요하다고 하여도 이를 법령으로 의무화하는 것은 무리다. 독일의 경우 교과과정을 법률로 정하고 있지만, 우리의 모델인 미국 로스쿨에서는 그렇지 않다. 각 로스쿨이 자율적으로 교과과정을 구성하고 있다. 다만, 미국변호사협회(ABA)가 인증을 받는데 필요한 교과과정을 제시하고 있을 뿐이다. 미국의 경우 캘리포니아 주 등 극히 일부를 제외하면, ABA 인증을 받은 로스쿨을 졸업하여야 변호사시험 응시자격이 부여되기 때문에 ABA 인증이 중요한 역할을 한다. 우리나라는 법학전문대학원 설치·운영에 관한 법률 제20조 제2항에서 "법학전문대학원이 개설하여야 하는 교과목 등에 관하여 필요한 사항은 대통령령으로 정"하도록 규정하고, 현재 입법예고 중인 동법 시행령 제12조는 제1항에서 "법조인으로서 가져야 할 가치, 법률지식 및 전문기술 등을 지도하는 교과목을 개설하"도록 하고, 제2항에서 개설되어야 할 교과목으로 법조윤리, 법률정보의 조사, 법문서의 작성, 모의재판, 실습과정 등 5개를 열거하고 있을 뿐이다.[25] 따라서 이론과목에 대해서는 법령이 필수과목으로 지정한 것이 없다.

이에 반하여 교육인적자원부 의뢰로 한국법학교수회가 연구한 '법학전문대학원 교육과정 및 교수법 개발 연구'의 총론부분을 작성한 연구팀이 제시한 교과과정은 이론과목에 대해서도 필수과목과 이수학점을 제시하고 있다.[26] 총론 연구팀은 법률가에게 필요한 기본적인 지식과 사고 능력을 기르는 과목으로 기본법학과목을 설정하고, 그 내용을 헌법 및 행정법에 관한 분야의 과목을 포함하는 공법계 과목, 민법·상법·민사소송법에 관한 분야의 과목을 포함하는 민사법계 과목, 형법 및 형사소송법에 관한 분야의 과목을 포함하는 형사법계 과목으로 구성하는 것이 바람직하다고 제시하였다. 학점 배분은 기본법학 과목 30학점 가운데 공법계 과목 8학점, 민사법계 과목 16학점, 형사법계 과목 6

학점 등이다.

이러한 학점 배분은 〈표 1〉에서 확인한 바와 같이 미국 로스쿨 1학년보다 공법계 비중이 월등하게 큰 것이다. 미국 로스쿨은 1학년 이론과목 28학점 가운데 공법계는 헌법 3학점에 불과하거나, 그보다 작다. 1학년 수업에서 절대적으로 비중이 큰 부분은 계약법 민사소송법 재산법 불법행위법으로 구성된 민사계로, 20학점이다.

총론 연구팀이 제시된 내용은 법령은 아니다. 하지만 법학전문대학원이 처음 도입되는 시점에 교육인적자원부가 의뢰하여 법학교수회가 연구한 후 제시하였다는 점에서 실질적 구속력을 가질 것으로 생각된다. 교육인적자원부도 이 연구 결과를 "모든 법학전문대학원이 따라야 할 '획일적인 지침'이 아니라, 참조할 수 있는 '하나의 선택지'라고" 평가하면서도 "이번 연구는 원칙적으로 모든 법학전문대학원에 공통되는 교육과정 및 교수법에 대한 일반적인 틀을 제시하는 것"이라고 강조하고 있어 실질적 구속력을 높이고 있다.

공법학계로서는 그나마 다행스러운 일이다. 하지만 연구팀의 제시안과 미국 로스쿨의 교과과정 중 어느 쪽이 법학전문대학원 졸업자의 경쟁력을 향상시킬지, 또 연구팀의 제시안을 얼마나 많은 대학들이 수용할지 현재로서는 알기 어렵다. 교과목 편성을 법령으로 묶어 놓지 않는 한, 각 법학전문대학원의 교과과정의 편성은 배출하는 변호사의 상에 대한 사회의 수요에 의하여 결정될 수밖에 없으므로 공법 교육의 비중은 장기적으로 낮아질 것으로 본다.

(2) 변호사시험 비중의 강화

앞으로 마련될 변호사시험이 어떠한 형태가 될 것인지에 따라 법학전
문대학원의 교과과정에서 공법과목이 차지하는 비중이 달라질 것이다.
현행 사법시험과 비슷한 형태로 실시된다면 공법비중은 여전히 클 수밖
에 없다. 하지만 지금까지 논의된 바에 따르면, 변호사시험은 시험과목,
시험유형, 합격률 등에서 현재 사법시험과 크게 달라질 것이다. 법학전
문대학원 도입의 모태가 된 사법개혁위원회의 결의 내용에 따르면, 변
호사시험은 "법률가로서의 기본소양 및 자질을 평가하는 시험으로 법
학전문대학원의 교육과정을 충실하게 이수한 경우 비교적 어렵지 않게
합격할 수 있는 시험"[27]이 될 것으로 보인다.

변호사시험이 미국과 유사하게 높은 합격률, 객관식 중심, 기본법 중
심으로 시행된다면 변호사시험이 법학전문대학원의 교과과정에 미치는
영향은 크지 않을 것으로 전망된다. 미국의 경우 주마다 변호사시험이
조금씩 다르기는 하지만, 계약법 불법행위법 재산법 헌법 형법 증거법
등 6과목에서 객관식 200문제가 출제되어 6시간 동안 치루는
MBE(Multistate Bar Examination) 성적이 합격을 좌우하는 가장 중요한
요소다.[28] 따라서 1학년 필수과목을 충실히 공부한 사람은 변호사시험
에 어렵지 않게 합격할 수 있으며, 2학년 3학년은 자신이 원하는 교과목
을 선택하여 심층적으로 공부한다.

미국의 경험에 비추어 보면 새로운 변호사시험 제도 아래서는 현재처
럼 변호사시험과목에 어떤 과목이 포함되느냐에 따라 학생들의 교과목

선택이 좌지우지되는 일은 발생하지 않을 것이다.

(3) 선도 대학(Leading Law School)의 중요성

지금까지 논의는 평균적인 상황을 전제한 것이다. 미국 로스쿨의 평균 1학년 커리큘럼과 우리나라 사법시험 과목 및 법과대학 커리큘럼을 비교하여 볼 때 법학전문대학원 체제 아래서 공법 교육은 현행 제도에서보다 약화될 것이라는 전망이다. 하지만 소위 일류라고 자부하는 법학전문대학원들이 공법 교육을 강화할 경우 전체 법학전문대학원에 상당히 긍정적인 영향을 줄 수 있다. 또 국공립대학에 설치되는 법학전문대학원은 사립대학에 설치되는 법학전문대학원과 달리 의도적으로 예비 법률가가 사익보다는 공익을 추구하도록, 졸업 후 이들이 기업 및 일반 변호사보다는 공직에서 일하는 법률가로 성장하도록 주력할 필요가 있다. 사회의 수요에 따라 민감하게 반응하는 일반 변호사를 양성하는 것은 사립 법학전문대학원에 맡겨 놓아도 충분한 일이다.

우리나라 최고 법학전문대학원의 모델은 미국의 하버드 로스쿨이 아닌, 예일 로스쿨이 되는 것이 국가적으로나 공법학의 발전을 위하여 바람직하다. 예일 로스쿨은 하버드 로스쿨과 여러 면에서 대조적이다. 예일의 경우 신입생 수가 200명 내외의 작은 커뮤니티를 지향하여 매해 550명 정도 선발하는 하버드와 다른 교육목표를 지향한다. 같은 학교를 3년 다녔으면서도 얼굴조차 서로 모르고 졸업하는 법률가를 양성하면서 최고를 자부할 수는 없다. 필수과목을 지정하여 강제로 수업을 듣게 하는 1학년의 경우 하버드는 80명 정도로 분반하고 있지만, 예일은 15

명 정도를 기준으로 분반하고 있다.

예일 로스쿨의 가장 큰 특징은 공법 교육의 강화에 있다. 하버드가 헌법을 2학년 선택과목으로 운영하는데 반하여 예일은 헌법을 1학년 1학기 필수과목으로 편성하고 있다.[29] 더욱 큰 차이는 하버드가 종합대학식이라면 예일은 공익을 위하여 일할 인재를 양성하는데 주력하는 학교라는 데 있다.[30] 재학생의 60%가 임상교육(Clinic)이나 자발적인 학생활동을 통하여 공익 활동에 종사하고, 졸업 후 공익활동을 할 경우 학교가 재정지원을 한다. 그 결과 졸업 5년 후 공직에 종사하는 비율이 25%에 달한다.

예일 로스쿨의 교과과정에서도 공법 교육이 중시되는 것을 확인할 수 있다. 학교 당국은 학생들이 현재 관심을 가지는 과목으로 행정법과 공공정책, 헌법, 기업법, 인권법, 정보기술법, 국제법, 공익법, 법학교육을 열거하고 있다.[31]

우리나라도 공법 교육를 강화하는 선도 대학이 나와야 한다. 특히 지금처럼 새로운 제도 도입을 앞두고 학교마다 우왕좌왕하고 있는 시점에 선도 대학이 작성하는 교과과정은 다른 대학에 영향을 크게 미칠 것으로 보인다. 이러한 때 선도 대학이 국제경쟁력 있는 변호사의 양성이라는 명분을 내걸고 교과과정을 편성한다면 그렇지 않아도 기업 변호사의 양산이 우려되는 법학전문대학원의 부정적 측면이 더욱 강화될 것이다. 일류를 지향하는 대학일수록 공익 활동과 공직 근무 법률가의 양성에 주력하는 것이 바람직하다고 생각한다.

3) 새로운 교과과정의 모색

법학전문대학원 체제에서 교과과정은 기존 법학과 교과과정을 중심으로 작성하되 다음과 같은 점을 고려하여 작성하여야 한다. 첫째 필수과목의 비중과 내용이고, 둘째 헌법과 행정법의 이수 순서이고, 셋째 이론과 실무교육의 연계 강화이다.

법학전문대학원 도입 초기에는 총론 연구팀이 제시한 기초필수과목 30학점에, 공법계 8학점이 무난할 것으로 생각한다. 정착된 후에는 앞서 지적한 대로 사회의 수요에 맞추어 자연적으로 조정과정을 거칠 것이라고 본다. 공법계 필수과목 이수학점을 8학점으로 지정할 경우 헌법을 최소 4학점, 행정법을 최소 2학점으로 구성하는데 대해서는 큰 이론이 없을 것 같다. 이 경우 헌법은 헌법 I과 헌법 II로 구분하여, 헌법 I에서는 헌법원리 및 국가조직론을, 헌법 II에서는 기본권론을 각각 2학점으로 구성할 수 있다.[32] 또 헌법 I과 헌법 II를 한 학기에 동시에 4학점으로 진행할 수도 있다. 행정법은 수천 개의 행정법 관련 법령을 체계적으로 강의하는 행정법총론에 해당하는 과목이 반드시 편성되어야 할 것이다.[33]

문제는 나머지 2학점을 어떻게 구성할 것인가이다. 헌법에 배정할 경우 이론과 실무의 연계교육을 강화하는 법학전문대학원의 도입 취지에 비추어 헌법재판실무를 포함하는 것을 생각해 볼 수 있다. 이 경우 쟁점 사안을 학생들에게 설명하고, 변호사 입장에서 헌법소원 심판청구서를 작성하게 하거나, 심판청구서를 바탕으로 조사·연구하여 연구관 입장에서 보고서를 작성하게 하거나, 위의 자료 등을 바탕으로 재판관 입장에서 결정문을 작성한 후 발표하고 다른 학생들과 토론하는 과정을 통하여 헌법이론과 실무를 연계하는 교과목의 개설도 생각할 수 있다.

실제 진행 중인 사건에 참여할 경우 클리닉(Clinic) 교육이 되는데, 미국 예일 로스쿨의 경우 1학년 1학기를 마치면 누구나 클리닉 수업에 참여할 수 있도록 하여 실무하면서 이론공부의 필요성을 실감할 수 있게 하고 있다. 우리의 경우 클리닉 교육 경험이 일천하며, 이론 교육의 전통이 강하므로 1학년 필수과목에 클리닉을 추가하는 것은 무리라고 본다. 2, 3학년 선택과목으로 헌법 클리닉을 개설하는 것은 바람직하다. 스탠포드 로스쿨의 대법원소송클리닉(Supreme Court Litigation Clinic)처럼 학생들이 소송에 직접 참여하여 중요한 헌법 쟁점에 관하여 대법원 판례를 만들어 내는 사례가 나타나야 할 것이다.[34] 미국의 경우 대법원 판례 형성에 로스쿨 클리닉의 역할이 날로 증가하고 있는 중이다.[35] 클리닉 교육과 교실 수업을 병행하여 이론교육과 실무교육을 동시에 진행하기도 한다.[36]

2학점을 행정법에 배정할 경우 행정법 I, II를 구분하여 개설할 수 있다. 이 때 행정법 II에 어떠한 내용을 포함할 것인지에 대하여는 여러 의견이 있을 수 있으나 행정구제법을 포함하는 것이 적절할 것 같다. 행정법 연구보고서는 헌법분야와의 합동강의를 통하여 공법상의 권리구제론 전체를 포괄적으로 다루는 과목의 설치가 바람직하다고 보고 있으며,[37] 종합적인 문제 해결능력을 배양한다는 점에서 충분히 검토할 가치가 있는 견해다.

공법교과과목의 이수체계는 보통 헌법을 먼저 이수한 후 행정법을 하는 방향으로 짜여진다. 헌법이 국가의 기본법이고, 행정법은 헌법의 구체화법이라고 보면 "헌법 먼저, 행정법 나중에"라는 구도는 체계적이다. 체계정합성보다 실용성을 중시하는 미국 로스쿨의 대부분 교과과정도 헌법 먼저, 행정법 나중에 구조로 이루어졌다.

그런데, 최근 미국 몇 개 로스쿨에서 나타나는 현상을 주목할 필요가 있다. 미국 하버드 로스쿨은 올해(2007~2008년 학기)부터 1학년 과목을 대대적으로 개편하였다.[38]

1870년대 판례분석방법을 처음 도입하여 1학년 교과과정을 편성한 이래 130년만의 개혁이라고 한다.[39] 하버드 대학은 1학년 교과과정에서 계약법 불법행위법 재산법과 같은 전통적인 사법비중을 줄이고, 그 대신 '국제 및 비교법'(International and Comparative law), '입법 및 규제'(Legislation and Regulation), '문제와 이론'(Problems and Theories) 등 세 과목을 추가하였다.

하버드 로스쿨은 글로벌 시대를 맞아 법률가에게 필요한 국제 및 비교법의 교육은 저학년 때 시작되어야 한다고 보아, 1학년 학생으로 하여금 국제공법(Public International Law), 국제경제법(International Economic Law), 비교법(Comparative Law) 중 하나를 반드시 선택하도록 하였다. 또한 학생들의 문제 해결능력을 배양하기 위하여 1학기가 끝난 직후 겨울학기에 '문제 및 이론' 과목을 개설하기로 하였다. 이 과목에서는 사실관계와 법률관계가 복잡한 사안을 학생들에게 제시하여 이를 해결하도록 함으로써 창의력과 분석력을 함양하는데 중점을 둔다.

공법 교육과 관련하여 주목을 끄는 것이 '입법과 규제' 과목이다. 이 과목은 미국의 법질서를 형성하는 입법, 규제 및 행정의 세계를 학생들에게 소개하며, 동시에 학생들에게 정부의 조직과 행정절차, 그리고 그 법적 영향력을 학생들에게 이해시키기 위하여 개설된다. 강의 내용은 권력분립, 입법절차, 법령해석, 권한위임, 행정청의 행정행위, 규제수단 및 전략 등이다. 이 과목은 기본과목으로 학생들로 하여금 상급 학년에서 입법론, 행정법, 헌법, 각종 규제법 등을 이수할 수 있는 기초를 형성하는 과정이다. 결국 우리나라의 경우 헌법의 국가조직론의 일부와 행정법 총론에 해당하는 과목을 신설한 셈이어서 우리에게 시사하는 바가 크다. NYU 로스쿨은 이미 유사한 과목을 운영 중이다. '행정 및 규제국가'(Administrative and Regulatory State)는 1학기 필수과목인데 반하여 헌법은 2학년 필수과목 또는 1학년 선택필수과목이다.

하버드 로스쿨과 NYU 로스쿨이 행정법에 해당하는 과목을 먼저 개설하는 이유는 미국 특유의 실용적 사고의 소산이라고 생각한다. 즉 보통법 국가인 미국에서도 과거와 달리 규제입법이 많아지고, 또 그러한 규제가 국민의 생활, 특히 기업의 의사결정에 미치는 영향이 날로 커져감에 따라 이를 먼저 교육하여야 할 필요성이 대두된 것이다.

사회의 수요 변화에 따라 교과과정을 개편하는 최근 추세까지 감안하면, 공법의 필수 및 선택과목과 그 이수시기 등 교육과정을 대략 다음과 같이 편성할 수 있다.

- 1학년 1학기 필수과목 – 헌법 (4학점 / 헌법총론과 국가조직론, 기본권론)
- 1학년 2학기 필수과목 – 공법상의 권리구제론(2학점), 행정법총론(2학점)
- 2, 3학년 선택과목[40]
  - 헌법계 : 헌법이론, 헌법재판론, 헌법사, 국가론, 인권법, 언론법, 경제헌법, 정치관계법, 권력분립론, 입법론, 정부제도론, 사법제도론, 정보화와 인권, 비교헌법론, 헌법재판 클리닉
  - 행정법계 : 행정작용법, 행정절차법론, 행정쟁송법, 국가보상법, 국가기구론, 지방자치법, 공무원법, 질서행정법, 토지ㆍ건설행정법, 경제행정법, 재정행정법총론, 조세법, 교육행정법, 과학기술행정법, 정보통신행정법, 미디어행정법, 문화ㆍ체육행정법, 가족ㆍ여성ㆍ청소년행정법, 사회복지행정법, 보건의료행정법, 각 규제행정법 클리닉

선택과목의 경우 사회의 수요에 따라 신축적으로 개편할 수 있는 체제를 갖추어야 할 것이다. 특히 개별 행정법 분야의 경우 사법체계와의 유기적인 연관관계 하에 종합적인 강의를 하여야 한다는 견해는 법학전문대학원 도입 취지 및 사회적 수요를 감안하면 적절한 것이다.[41] 이렇게 될 때 법학전문대학원 제도 도입 후 발생할 수 있는 공법학의 위기는 어느 정도 극복될 수 있다고 본다. 사회의 수요를 반영하고, 학생들의 욕구를 충족시켜 주기 위해서는 국가와 국민 사이의 법률관계 뿐 아니

라 그로 인하여 발생하는 경제적 측면, 규제 대상인 기업의 경영적 측면
등도 교육내용에 포함될 필요가 있다.

4. 위기극복의 방법 2 : 공법학 교육방법의 개선

법학전문대학원이 도입되면 교육방법도 변화할 수밖에 없다. 법률가
양성제도가 바뀐다고 법학교수법이 달라져야 하는 것은 아니라는 견해
도 있지만, 교육생의 지식수준이 다르고 교육생의 기대수준이 다르고
교육기간이 짧아지면 교육방법은 달라질 수밖에 없다고 보아야 할 것이
다. 특히 중요한 것은 교육기간이다. 그동안 학부에서 전통적으로 실시
되던 법학교육은 학생들이 법학을 체계적으로 공부할 수 있도록 교과과
정을 편성하고, 법전법의 개념과 원칙을 체계적으로 강의하는 방식으로
이루어졌다. 하지만 교수가 완벽하게 체계를 갖추어 강의하는 것과 학
생들이 그 체계를 완벽하게 이해하는 것은 전혀 다른 것이다.[42] 학생들
이 체계적인 강의를 들었다고 하더라도, 체계적으로 이해하는 것이 아
니며, 설사 강의실에서는 체계적으로 이해하였다고 하더라도 그 이해가
계속 유지되지 않기 때문이다. 따라서 여러 차례 반복해서 공부하여야
한다. 이것이 그동안 법학 공부가 재미없게 느껴지는 원인 중 하나다.

법학전문대학원에서의 교육은 시간적 제약성 때문에 지금까지 하던
강의식 교육방식을 그대로 사용하기 어려워진다. 전체 학습시간이 3년
에 불과하며, 그나마 필수과목의 비중이 적고 선택과목이 다양하기 때
문에 모든 학생이 특정과목을 체계적으로 이수할 것으로 기대하기 어렵

다. 비싼 수업료를 내고 기회비용을 부담하며 법학전문대학원에 진학한 학생은 졸업 후 투자비용을 조기에 회수할 수 있는 영역에서 바로 사용할 수 있는 교과목을 선택할 가능성이 크기 때문에 공법과목의 수업은 특히 체계적으로 이루어지기 어렵다.

법학전문대학원에서의 교육방법은 체계적이고 완벽한 학습을 지향하기 보다는 부분적이고 예시적인 학습을 통하여 교육성과를 높이는 방향으로 개선되는 것이 바람직하다고 본다.[43] 즉 해당 법영역의 전체 내용 중에서 가장 중요한 핵심영역을 골라내어 이를 심층적으로 학습함으로써 학생들의 문제해결능력을 배양하는 방법을 모색하여야 할 것이다.[44] 미국 로스쿨의 교육방식이 그러하고, 독일도 종전의 '총체적이고 완벽한 학습' 대신에 '예시적 학습원칙'을 도입하였다.[45] 헌법이나 행정법의 경우 체계에 대한 총체적 이해가 중요하지 않다는 것이 아니다. 중요하다. 다만 교수가 주인이 되어 총체적으로 강의하는 방법보다는 학생이 주인이 되어 예시적인 사안을 통하여 총체적 이해하도록 유도하여야 한다는 것이다.

이에 대하여 우리나라는 법전법 국가로 개별법마다 총칙 규정을 두는 경우가 많기 때문에 예시적 학습방법은 적절치 못하다는 견해가 있을 수 있다. 하지만 법전법 국가라는 점과 이를 체계적으로 교육시키기 위하여 오랫동안 연구되어 온 교과서가 있다는 점은 예시적 학습이 부적절하다는 근거가 될 수 없다. 오히려 예시적 학습을 하기에 더 나은 환경을 제공한다고 보아야 할 것이다. 법학전문대학원은 학습능력이 뛰어난 대학원생을 대상으로 교육하기 때문에 지금까지 할 수 없었던 교육방법이 가능하다. 즉 학생들이 구체적인 사안에서 공법적 쟁점을 찾아내고 그 쟁점을 해결하기 위하여 스스로 연구·조사하는 과정에서 법전법과 이론 중심의 교과서는 유용하게 사용될 것이다. 학생들은 예시적 학습을 통하여 이론을 능동적으로 깨우치고 학교수업은 이를 확인하거나 학습 동기를 부여하는 시간이 된다. 그렇다고 예시적 학습방법을 바람직하다는 말이 교실에서 이론교육을 전혀 할 필요가 없다거나, 강의식 교육방법을 폐지하여야 한다는 것을 의미하는 것은 아니다. 강의식 교육도 효율적일 수 있으며, 다만 교수가 모든 것을 다 가르치려고 하기보다는 중요한 쟁점을 예시적으로 골라 심층적으로 분석하는 방식을 택하는 것이 더 낫다는 것이다. 강의식에 학생과의 질의응답 및 토론 등을 추가하여 수업의 활력을 넣을 방법도 생각할 수 있다.

법학전문대학원에서는 강의식, 판례분석식(Case Method), 소크라테스식(Socratic Method), 세미나식, 클리닉 방식 등 다양한 교육방법이 경쟁적으로 실시되는 것이 바람직하다. 법학전문대학원 도입 초기부터 어떠한 방식이 우월하다고 강요할 수는 없다.

1) 판례분석방식 및 소크라테스식 교육방법

판례분석방식은 미국 로스쿨에서 발전한 대표적인 예시적 학습방법이다. 미국의 로스쿨과 그곳에서의 교육방법의 변화를 먼저 살펴보면 다음과 같다. 로스쿨이 변호사 양성제도로 확실하게 자리 잡게 된 때는 1900년대다. 그 전까지는 변호사 밑에서 보조원(clerk)으로 일하면서 법률사무를 배워 변호사가 되는 방법이 보편적이었다. 1850년에는 15개의 로스쿨이 운영되고 있었는데, 1900년이 되면 102개로 늘어났다.[46] 미국의 주요 로스쿨이 개원한 것이 1850년과 1900년 사이다. 그 기간 동안 로스쿨 교육방법에도 큰 변화가 나타났다. 1850년대 미국 로스쿨의 표준 교육과정은 1년이었다. 지금처럼 3년의 교과과정은 1876년 하버드 로스쿨의 랑델(Christopher Columbus Langdell)학장에 의하여 처음 도입하였다. 1870년 학장에 취임한 랑델은 취임하자 마자 법학교육을 개혁하였다. 교수방법도 개선하여 판례분석방법을 처음 도입하였다. 당시 보편적으로 활용되던 방식은 교과서를 놓고 강의하는 방식이었다. 랑델 학장은 교과서를 없애고 케이스북(casebook)을 가져왔다. 1871년 그의 계약법 케이스북이 처음 출판되었다. 케이스북은 법의 원리가 무엇이고, 그것이 어떻게 발전하여왔는지 보여줄 수 있는 실제 판례를 엄선하여 모아놓은 것이다. 케이스북을 사용하면서 교수는 교과서를 놓고 무엇이 법인지를 설명하는 강의식 방식을 지양하고, 학생들이 판례 속에 숨어 있는 개념과 원리를 이해하도록 인도하는 방식으로 강의를 진행하게 되었다. 판례분석방법과 소크라테스식 강의는 서로 병행하여 발전하였다.

랑델 교수는 법은 과학이라고 믿었다. 따라서 법도 과학적으로, 즉 1차 자료(primary sources)에서 귀납적으로 공부하여야 한다고 주장하였다. 법의 1차 자료는 법원 판례이기 때문에 그는 법원 판례를 통한 공부가 이루어져야 한다고 생각하였다. 랑델의 판례분석방법은 도입 초기 학생들과 동료 교수로부터 큰 반발을 샀다.[47] 그러나 랑델의 방법은 법학이 학문으로서 권위를 인정받을 수 있도록 하였고, 이 교육방법을 채택하는 로스쿨들이 늘어나면서 20세기 초반 이후 미국 로스쿨을 대표적인 교육방법이 되었다.

판례분석방식은 공법의 일반원리, 개념, 핵심적인 조항의 해석에 관한 쟁점을 분명하게 드러내는 판례를 엄선하여 놓은 좋은 케이스북이 있어야 제대로 시행할 수 있다. 지금까지 우리나라에서 출간된 대부분의 판례집은 판례의 단순 모음집에 불과하여 더욱 개선될 필요가 있다. 미국에서도 랑델이 처음 케이스북을 도입하였을 때는 모음집에 불과하였다. 하지만, 요즘 케이스북은 중요 판례를 중심으로 그 후 판례 및 법원리의 변화, 학자들의 평석 요약, 입법 동향 등까지 종합적으로 제시하고 있다. 우리도 판례분석방식에 적합한 교재가 개발되어야 할 것이다.

판례분석방식의 교육법은 교수가 학생에게 해당 판례에 관계되는 사항, 즉 사실관계, 원고의 주장, 피고의 답변, 법적 쟁점, 법원의 판단, 판례의 문제점 등을 계속 질문하여 학생의 사고를 자극하는 소크라테스식 교육방법을 주로 병행한다. 소크라테스식 대화는 공법 교육의 핵심인 비판적 사고력을 키우는데 크게 도움이 된다. 교수는 원리, 개념, 법해석의 방법을 가르쳐주는 역할이 아니라 학생들로 하여금 스스로 깨우치도록 유도하는 역할을 담당한다. 따라서 강의식과 달리 교수와 학생 모두 사전에 충분히 준비하고 수업에 임할 때 성과가 있다.

판례분석방식과 소크라테스식 교육방법은 법학전문대학원 아래서 시도하여야 할 교육방법임에는 틀림없지만 이 교육방법만을 채택할 경우 오히려 더 큰 문제를 야기할 수 있다. 미국에서도 판례분석방식과 소크라테스식 교육방법은 다른 교육방법보다 효율적이고 능률적이라는 것이 분명할 때 사용하여야 할 것이라는 지적이 나오고 있다.[48] 교수가 소크라테스식 강의를 제대로 하려면 대화의 기술이 필요하고, 이러한 기술이 갖추어지지 않은 채 성급하게 시도할 경우 다른 교육방식보다 오히려 효율성이 떨어질 수 있다는 것이다.

소크라테스식 대화를 하려면, 교수는 다음 네 단계를 능숙하게 할 수 있어야 한다.[49] 첫째, 학생에게 사안의 내용을 설명하라고 질문한다. 이 때의 질문은 사실관계의 기술, 규칙의 발견, 규칙의 적용의 순으로 이루어진다. 둘째, 가상적인 사안을 찾아내어 앞에서 배운 규칙이 이러한 경우 어떻게 적용될 것인지 묻는다. 이 때 질문은 대답이 명확한 것으로 한다. 셋째, 더 복잡한 가상적인 사안에 적용할 것을 요구한다. 이번에는 대답이 어려운 경우다. 넷째, 변호사 및 법관이 한 일의 내용과 절차에서 교훈을 찾아낸다.

2) 세미나식 교육방법

고학년 선택과목으로 개설된 과목의 일부를 세미나식으로 진행하는 것 역시 예시적 학습으로서 바람직하다. 학생들은 원리적이고 근본적인 공법적 쟁점에 대하여 심층적으로 연구하여 발표하고 다른 학생과 토론함으로써 이론에 대한 심층적인 이해뿐 아니라 법률가로서 갖추어야 할 쟁점파악능력, 연구·조사능력, 논리적 사고력, 문장력, 의사소통능력 등 다양한 능력을 제고할 수 있다. 세미나 과목은 상급 법률문장론 또는 연구논문 작성과 같은 과목과 연계하여 실시하는 방안도 검토할 수 있다.

3) 클리닉(Clinic) 교육방법

클리닉 교육은 이론과 실무를 연계하는 과정으로 공법 교육의 성과를 높일 수 있다. 강의실에서 이루어지는 교육은 그것을 강의식으로 하던, 소크라테스식으로 하던, 세미나식으로 하던 학생들의 실무능력을 배양하는 데는 한계가 있다. 법학전문대학원은 교육기관임에는 틀림없으나, 이 곳을 졸업한 후 바로 법률가로서 의뢰인을 만나 그의 문제를 해결하여야 한다는 점에서 지금까지 법학교육과 달라져야 한다. 학생들은 법률가로서 갖추어야 할 실무능력을 반드시 갖춘 후 졸업하여야 한다.[50] 이를 해결할 수 있는 방법이 바로 클리닉 교육이다.

공법의 클리닉 교육은 헌법재판 클리닉, 공익 클리닉, 각 규제행정법 클리닉 등으로 다양하게 구성할 수 있다. 클리닉 교육은 학생들이 교수의 지도 아래 실제 진행 중인 사건을 처리하면서 의뢰인이 가지고 있는 문제를 이해하고, 법적 쟁점을 파악하고, 필요한 법정보(Legal Information)를 조사하고, 사실과 법에 바탕을 두고 당해 문제를 해결하는 방안을 창조적으로 모색하고, 이를 구두 또는 문서로 의사소통할 수 있는 능력을 배양시키는 방법이다. 전 과정을 거쳐 학생은 실무능력을 함양할 뿐 아니라 이론을 더욱 충실하게 공부하게 하는 동기를 가지게 되어 효율적인 교육방법으로 알려졌다.

다만 미국과 달리 우리나라의 경우 변호사자격이 없는 법학교수가 많기 때문에 클리닉 교육이 부실화될 우려가 있다. 현재 법학전문대학원을 준비하는 대학들이 변호사 자격이 있는 실무가를 많이 채용하고 있지만, 민사·상사·형사 사건의 전문가들이 대부분이다. 헌법재판의 경우 이론과 실무의 경계가 무의미하다고 본다. 좋은 심판청구서를 작성한다는 것은 문서작성 그 자체의 형식성에 있는 것이 아니고 헌법적 쟁점을 우리나라 헌법의 기본원리에 입각하여 얼마나 논리적이고 설득력 있게 풀어내느냐에 달려 있기 때문에 이론 담당교수가 클리닉을 담당할 수 있도록 제도의 보완이 필요하다.

5. 맺는 말

법학전문대학원의 성공적 정착은 한국 법학계가 반드시 이룩하여야 할 과제다. 공법학계 역시 이 역사적 과업에 적극 동참하여야 한다. 그러나 쉬운 일은 아니다. 오랫동안 관행적으로 해오던 교육내용과 교육방법을 다 잊고 원점에서 재검토할 필요가 있다. 교육기간이 축소되고, 교육대상자의 지식수준이 높아지고, 졸업 후 법률가로 활동하는 영역이 달라지면 교육과정이 달라져야 하고, 교육방법이 달라져야 하기 때문이다. 공법 교육은 지금보다 오히려 위축될 수 있다. 이는 공법학의 위기로 나타날지 모른다.

그러나 이러한 비관적 전망은 철저하게 미국식 사고의 소산이다. 법학전문대학원 제도가 미국의 로스쿨처럼 운영된다고 가정하고 있다. 법학전문대학원 졸업자는 대부분 별 어려움 없이 변호사시험을 합격하고, 변호사가 되고 나면 주로 로펌, 회사 등에서 근무하면서 기업의 법률자문을 하게 될 것이라는 가정 아래 법학전문대학원 학생들은 졸업 후 바로 사용할 수 있는 지식을 습득하려고 할 것이고, 그렇게 되면 공법과목을 자발적으로 선택하는 일이 줄어들 것이라는 생각이다.

이러한 전망은 틀릴 수 있다. 몇 가지 전제가 바뀌면 종국적 결론이 달라진다. 변호사시험의 합격률이 낮을 수 있고, 공법과목을 필수과목으로 강제 지정할 수 있고, 기업 자문보다 공직에서 활동하는 졸업자가 많아 공법과목을 선택하는 학생이 많을 수 있다. 하지만 이 새로운 가정은 법학전문대학원의 도입 취지와 상반된다. 만약 이렇게 된다면 법학전문대학원 도입은 실패로 끝나고, 국가적 불행이 될 것이다.

결국 공법학의 위기는 낙관적인 전망보다는 비관적인 전망 아래 이를 극복하는 방법을 찾는 것이 현실적이며, 또 바람직하기도 하다. 선도 법학전문대학원(Leading Law School)은 공직에서 일할 법률가, 공익을 위하여 일할 법률가를 양성하겠다는 확고한 신념을 보여야 한다. 모든 법학전문대학원은 학생들이 공법과목을 선택하도록 유인하여야 한다. 법학전문대학원 학생은 학습동기가 분명하기 때문에 학점을 쉽게 취득할 수 있는 과목이 아니라, 법률가에게 필요한 능력이 배양되는 과목을 선택하려고 할 것이다. 따라서 공법 교육은 지금까지 학부에서 해오던 이론교육 외에 실무교육이 병행되어야 할 것이다. 여기서 실무란 심판청구서나 소장의 작성과 같은 형식성을 요하는 문서의 작성을 의미하는 것이 아니다. 법률가로서 당면한 문제를 해결하는 데 필요한 사실 인정 능력, 법적 분석·추론력, 창조적·비판적 검토능력, 구두 또는 문서를 통한 의사소통능력 등을 제고하는 것이 법학전문대학원에서 요구되는 실무교육이다. 이를 위하여 클리닉 수업을 늘리고, 이론 수업에서도 판례분석방식이나 세미나방식 등 다양한 교수방법론을 개발하여 활용할 필요가 있다.

법학전문대학원 제도의 성공적 정착은 전적으로 공법학자의 노력에 달려 있다. 만약 이 노력이 실패로 돌아간다면, 법학전문대학원 체제 아래서 학생들은 공법과목에서 더욱 멀어지게 될 것이고, 기업의 이익 보호에 경도된 반쪽짜리 법률가만 양산할지 모른다.

제 5 장
사법부에 대한 소고

I. 사법소극주의의 재검토

1. 사법적극주의의 확산

사법적극주의(Judicial Activism)의 시대다. 최근 들어 헌법재판소는 수도 이전[1], 현직 대통령에 대한 파면[2], 국가보안법의 폐지[3], 양심적 병역거부[4] 등 대한민국의 정체성이나 발전방향과 관련된 주요 사건을 처리하면서 자기 목소리를 분명하게 내고 있다. 대법원도 그동안 추구해왔던 권리구제형 법원에서 탈피하여 정책판단형 법원으로 변신하는 중이다.[5] 사법부[6]가 적극적인 모습을 보이는 것에 대해서 국민들도 싫지 않은 모습이다. 오히려 사법부의 결정을 무시하거나, 그에 반하는 행태를 보이는 다른 국가기관에 대하여 비난이 쏟아지기도 한다.[7] 학계의 반응은 최근 변하고 있기는 하지만,[8] 법학계에서는 우호적인 견해가 대세라고 볼 수 있다.[9] 출범한지 채 20년이 되지 않은 헌법재판소는 "우리나라 헌정체계 중에서 유일하게 수출할 수 있는 브랜드"라는 극찬[10]을 듣고 있고, 대법원이 정책판단형 법원으로 변신하는데도 반대의 목소리는 크지 않다. 헌법재판소나 대법원의 개별 판례에 대하여 비판적인 견해는 많지만, 사법부의 적극적 태도 자체에 대한 비판은 본격적으로 제기되지 않는다.

그러나 국민의 대표기관인 국회가 제정한 법률의 헌법적합성을 심사하는 헌법재판소와 심급구조상 최고법원에 있는 대법원이 사법권의 고유의 한계인 소극성을 부정하고, 국가의 중요한 의사결정과정에 적극적으로 개입하는 현상은 민주주의의 원리, 권력분립의 원리에 비추어 보면 크게 우려할 일이다. 과거 권위주의 정부가 입법권과 집행권을 동시에 장악하면서 권력을 남용하던 때에는 독립성이 보장된 사법부가 적극 나서는 것이 민주주의의 원리와 권력분리의 원리에 부합하는 것이었으나, 분권화된 오늘날의 권력구조 아래에서는 사법적극주의(Judicial Activism)는 자칫 사법우월주의(Judicial Supremacy) 또는 제왕적 사법부(Imperial Judiciary)로 전락되어 민주주의의 정신을 훼손하기 쉽다. 공동체의 바람직한 발전방향에 대한 의견의 수렴은 정치의 장에서 국민의 뜻이 반영되어 이루어져야 하며, 그렇게 하기 위해서는 사법부는 그러한 문제의 해결에 적극적으로 나서기 보다는 자제하는 것이 민주주의 이념에 더 부합한다는 의미에서 사법소극주의(Judicial Restraint)가 오히려 요구되는 때이다.

이 글은 권위주의라는 헌법현실에 억눌려 '소극적인 사법부'는 '겁쟁이 사법부'라고 잘못 인식되어온 사법소극주의에 대한 복권을 시도하고 있다.[11] 이를 위하여 먼저 사법소극주의와 사법적극주의의 개념을 분석한다. 헌법 제정이후 지금까지 200년 이상 민주주의 정부에서 바람직한 사법부의 역할을 놓고 격론을 벌여온 미국에서의 논쟁은 사법적극주의의 개념을 정리하는 데 크게 도움이 되리라고 보아 이를 검토한다. 그러나 사법소극주의에 대한 올바른 평가는 민주주의 원리와 권력분립 원리 속에서 이루어져야 한다. 이는 우리나라 헌법규범과 헌법현실 속에서 사법부의 역할을 검토하여야 함을 의미한다. 그 다음에는 권력분립의 원리에 입각한 사법소극주의의 평가를 다루고, 그 한계를 검토한다. 마지막으로 위의 분석내용을 최근 판례에 시범적으로 적용함으로써 글을 마무리하고자 한다.

2. 사법적극주의의 개념 – 미국에서의 논의를 중심으로

1) 사법적극주의 개관

미국에서 사법적극주의가 출현한 것은 20세기 이후다. 의회가 제정한 법률을 대법원이 위헌으로 결정하는 일이 잦아지면서 사법적극주의가 주목받기 시작한 것이다. 사법적극주의는 세 단계를 거쳐 오늘날 미국 법조계를 확실하게 장악하고 있다. 첫 번째는 흔히 Lochner 시대로 불린다. 1905년 Lochner v. New York 사건[12]이후 New Deal 정책 초기까지다. Taft 대법원장과 Hughes 대법원장 시절, 미 대법원은 당시 의회가 제정한 사회복지·경제정책 관련법안을 대거 위헌으로 결정하면서, 대법관 자신의 주관적인 가치관을 법으로 정립하였다는 비판을 받게 된다.[13] 두 번째는 1950년대부터 1960년대 말까지 흔히 Warren 대법원장 시절(Warren Court)로 불리는 시기다. 헌법에 열거되지 않은 실체적인 권리를 발견하여 좌파와 우파로부터 상반된 평가를 받고 있다.[14] 세 번째는 1992년 New York v. United States 판결[15]을 즈음하여 2005년 9월 사망으로 퇴임한 Rehnquist 대법원장의 시기다. 특히 Rehnquist Court에 대한 학계의 비판은 2000년 대통령선거를 둘러싼 Bush v. Gore 사건[16]에서 대법관마다 자기를 지명한 대통령이 소속된 당파적 이익을 위하여 평소 소신마저 버리자 날로 거세지고 있다.[17] 그 비판의 핵심에 사법적극주의가 서 있다.[18]

사법적극주의자는 과거 민권운동가(Cvil Rights Activist)를 의미하는 우호적인 용어로 사용되었지만, 현재 미국 학계에서 사법적극주의라는 말은 지나치게 적극적인 사법부, 더 나아가 사법권을 남용하는 사법부를 비판하는 조소적 용어로 사용되는 것이 일반적이다.[19] 미국에서 흔히 좌파라고 불리는 자유주의자(Liberals) 또는 진보주의자(Progressives)는 사법부가 헌법을 엄격하게 해석하여 의회가 제정한 법률을 위헌으로 결정하는 반민주주의적 성향을 지적할 때, 우파로 불리는 보수주의자(Conservatives)는 사법부가 종래의 판례를 무시하고 개인의 자유를 지나치게 확대하는 것을 지적할 때 사법적극주의를 사용하는 경향이 있다. 1960년대 Warren 대법원장[20]이 이끌던 사법부에 대한 우파의 비난이나, 1990년대 후반 이후 Rehnquist 대법원장[21]의 사법부에 대한 좌파 비난도 결국 사법적극주의에 기인한다.

그러나 사법적극주의의 개념이 확실하게 정의된 상태에서 논쟁이 진행된 것은 아니다. 사법적극주의 자체가 학문적인 용어로 사용된 것도 아니었으며, 많은 경우 상대방에 대한 비난의 용도로 사용되었다. 그 결과 사법적극주의는 한 판사의 표현대로 "사람들이 좋아하지 않는 결정"을 의미하는 단어가 되어버렸다.[22]

2) 사법적극주의의 발견

미국에서 사법적극주의라는 용어가 처음으로 국민의 관심을 끌게 된 것은 Arthur Schlesinger Jr.가 대중잡지인 Fortune 1947년 1월호에 대법관 9인에 대한 성향을 분석한 논문을 게재하면서부터다.[23] 당시 대법관 9인은 어느 누구도 New Deal의 위헌성에 대하여 공개적으로 언급한 적은 없지만, 의회입법에 대한 해석과 민주주의 사회에서 바람직한 사법부의 역할에 대하여 서로 생각을 달리 하고 있었다. Schlesinger Jr.는 Black, Douglas, Murphy, Rutlege 등 4인의 대법관을 사법적극주의자(Judicial Activists)로, Frankfurter, Jackson, Burton 등 대법관 3인을 사법자제의 승리자(Champions of Self Restraint)로, 나머지 Reed 대법관과 Vinson 대법원장을 중간 그룹으로 분류하였다.

Schlesinger의 분석에 따르면,[24] 사법적극주의자와 사법자제론자는 여러 면에서 다른 성향을 보였다. Black-Douglas 그룹은 대법원이 사회 복지의 향상을 위하여 적극적인 역할을 할 수 있다고 본 반면 Frankfurter-Jackson 그룹은 사법자제의 정책을 지지했다. 전자는 대법관 자신이 가지고 있는 공공선(Social Good)에 대한 인식을 실현하는데 사법권을 행사할 수 있다고 생각하며, 그 결과 대법원을 바람직한 사회적 결과(Desired Social Result)를 도출하는 도구로 인식한다. 반면에 후자의 시각에서 대법원은 다른 국가기관이 국민의 요구를 달성할 수 있도록 허용하는 도구에 불과하다. 즉, Black-Douglas 그룹은 자신들이 이미 가지고 있는 바람직한 사회상에 맞추어 개별 사건을 해결하는데 관심을 주로 쏟는데 반하여 Frankfurter-Jackson 그룹은 사법부가 이미 확립된 헌법질서 속에서 제한된 역할을 수행하는 것이 중요하다고 보았던 것이다.

Black-Douglas 그룹은 또한 법과 정치는 분리할 수 없는 문제라고 보았으며, 판결은 결과지향적(Result-Oriented)이라고 인식했다. 이러한 인식에는 판결에는 정답이 없으며, 정책적 고려가 더 우선되어야 한다는 전제가 깔려 있다. 이들은 적용할 수 있는 법의 원리, 법의 기술, 선례가 풍부하기 때문에 어떠한 결론을 내리던 상관없이 대부분의 사건은 논리적으로 구성할 수 있으며, 따라서 정책적 판단이 불가피하고 생각했다. 이들은 "법관이 해석해야 하는 (헌법의) 문구는 자신이 가지고 있는 거의 모든 것을 퍼 부을 수 있는 텅 빈 배"와 같다는 Learned Hand 판사의 법언[25]을 신봉하고 있었다. 이들은 "대법원은 정치의 문제(Politics)를 회피할 수 없다. 따라서 사회 목적을 달성하기 위하여 대법원이 정치력을 이용하도록 하자"고 주장하기에 이르렀다. 이들에게 사법부의 자기자제는 신기루(Mirage)일 뿐 아니라, 사회적 강자의 현상유지를 위한 책임회피(Abdication of Responsibility)로 인식되었다.

반면 Frankfurter-Jackson 그룹은 개개의 판사가 인식하는 정의에 대하여 비판적이었다. 이들은 법이란 확정적 의미를 가지고 있기 때문에 이를 변용하는 것은 허용되지 않는다고 보았다. 이들은 권력분립과 민주적 절차에 대한 믿음을 근거로 입법 의지(Legislative will)를 존중했으며, 사법부 우위(Judicial Supremacy)를 거부했다. 만약 입법부가 잘못을 했다면, 그 잘못을 시정하는 것도 입법부이어야 한다는 생각을 가지고 있었다. Black-Douglas 그룹과 달리 모든 법이 정치는 아니며, 법이 "텅 빈 배"와 같다는 인식에도 반대했다. 이들은 헌법 · 성문법 · 보통법에는 의미가 있으며, 정답이 있다고 생각했다. 또한 이들은, Black-Douglas 그룹이 생각하듯이 합리적인 사람이 서로 다른 정의감을 가질 수 있다면 법원이 어느 한 견해를 다른 사람에게 강요하는 것은 공정하지 못하고, 정당화될 수 없다고 보았다. 만약 강요한다면, 이는 사법독재국가의 길(Toward a State of Judicial Despotism)로 가는 길이 될 것이라고 생각했다.

이에 대한 사법적극주의자의 반론은, 의회는 법률의 해악을 대부분의 경우 회복할 수 없을 정도의 해악이 발생하기 전까지 스스로 시정하지 않으며, 인간의 기본적 권리의 보호를 점차 보수화되어가는 유권자에게 맡길 수 없다는 것이다.

Schlesinger의 논문은 사법적극주의를 유의미하게 분석한 최초의 법학논문이라는 데 의미가 있다. Schlesinger가 제기한 두 인식의 충돌, 즉 선출되지 않은 법관 대 민주적으로 제정된 법률, 결과지향적 판결 대 원리에 입각한 의사결정, 선례의 엄격한 해석 대 창의적 활용, 민주적 우월성 대 인간의 권리, 법 대 정치 등은 그 후 60년 동안 진행된 사법적극주의 논쟁에서 반복된다.[26] 하지만 Schlesinger는 사법적극주의를 개념을 명확하게 정의내리지 않은 채 논의를 전개하지 않아 아쉬움을 남겼다.

그 후 Edward McWhinney 교수가 1950년대 두 편의 논문을 내면서 사법적극주의는 학계의 주목을 받기 시작한다. McWhinney 교수는 1955년 논문[27]에서 대법원에서 벌어지고 있는 사법부의 역할을 둘러싼 철학의 충돌을 설명하였으며, 1958년 논문[28]에서 사법적극주의에 대한 이론적 검토를 더욱 발전시켰다.

3) 사법적극주의의 개념

사법적극주의는 미국에서 오랫동안 논의되었지만, 보편적으로 받아들여지는 사법적극주의의 정의는 없다. 학자마다 나름대로 사법적극주의의 정의를 내리기도 한다.[29] 하지만, 서로 성격을 달리하는 Warren Court와 Rehnquist Court 모두 사법적극주의에 포섭되고 있으며, 좌파와 우파가 각각 자신의 이념과 다른 대법원 판결에 대하여 사법적극주의라는 이름으로 비난하고 있는 형국이어서 누구나 동의하는 사법적극주의의 정의를 확립하기란 쉽지 않은 상황이다. 그동안 미국에서 거론되었던 사법적극주의의 개념을 살펴본다.

(1) 사법적극주의의 개념적 징표

학자마다 사법적극주의의 개념적 징표로 내세우는 것은 조금씩 차이가 있다. Ernest A. Young 교수는 사법적극주의의 특징으로 ①연방의 정치기관이나 주 정부의 결정에 대한 재검토(second-guessing the federal political branches or state governments), ②법문 혹은 연혁의 무시(departing from text and/or history), ③선례의 무시(departing from judicial precedent), ④광범위하고 최대한도의 주문(issuing broad or "maximalist" holdings rather than narrow or "minimalist" ones), ⑤ 광범위한 구제권력의 행사(exercising broad remedial powers), ⑥판사의 정치적 선호에 입각한 당파성에 따른 결정(deciding cases according to the partisan political preferences of the judges)을 들고 있다.[30]

Marshall 교수도 사법적극주의를 정의내리기 보다는 그 징표로 다음의 7가지를 들고 있다. ①민주적으로 구성된 기관의 결정을 존중하지 않는 反다수주의적 행동(counter-majoritarian activism), ②헌법 제정자의 의도를 존중하지 않는 非오리지널리스트적 행동(non-originalist activism), ③선례를 따르지 않는 행동(precedential activism), ④사법권의 한계를 무시하는 행동(jurisdictional activism), ⑤헌법해석에 있어서 새로운 이론의 개발(judicial creativity), ⑥사법적 구제수단을 활용하여 다른 정부기관에 지속적인 부담을 부과하거나 그 기관을 사법부의 감시 하에 두도록 하는 행동(remedial activism), ⑦당파적 목적을 달성하기 위하여 사법권을 활용하는 행동(partisan activism) 등을 들고 있다.[31] 위의 내용을 중심으로 사법적극주의의 개념적 징표를 살펴본다.

① 위헌이 명백하지 않은 상황에서 다른 국가기관의 의사결정을 무효로 하는 결정

사법부가 다른 국가기관의 결정을 헌법에 위반된다는 이유로 무효로 선언하는 것을 사법적극주의로 보는 견해가 있다. Posner 판사는 사법적극주의를 "연방정부의 정치적 기관이나 주정부의 결정을 법원이 존

중하지 않는 것"으로 정의한다.[32] 주로 의회가 제정한 법률의 위헌성을 심사하는 것이 문제된다. 우리나라의 헌법과 달리 미국의 헌법은 위헌 법률심사권한을 명시적으로 사법부에 부여하고 있지 않기 때문에[33] 대법원이 위헌법률심사권을 갖는 것 자체를 부정적으로 보는 주장은 헌법 제정이후 지금까지 계속된다.

최근 주목할 만한 현상은 Larry Kramer[34], Mark Tushnet[35], Richard Parker[36], Jeremy Waldron[37], Sanford Levinson[38]과 같은 진보적 학자들이 인민 민주주의(popular democracy)에 입각하여 사법부가 헌법의 최종 해석자가 되어서는 아니 된다는 주장을 강력히 제기하는 것이다. 의회가 제정한 법률은 국민의 일반의사를 반영한 것인데, 국민에 의하여 선출되지 않은 소수의 법관이 이를 무효로 하는 것이 정당하지 않다는 것이 이들 주장의 핵심 내용이다. 특히 Tushnet 교수는 사법부로부터 위헌심사권을 빼앗아야 한다는 급진적인 주장을 하기도 한다. 이들 좌파 성향의 교수들이 사법적극주의와 사법소극주의를 구별하는 가장 중요한 기준은 위헌법률심사에 있다.

이러한 견해가 미국 학계의 지배적 의견이라고 보기는 어렵다. 위헌 법률심사는 국민의 기본권, 특히 소수자의 인권을 보호하기 위하여 반드시 필요한 제도이며, 이를 폐지하는 것은 민주주의의 기본 요소 중 하나인 법의 지배(rule of law)를 포기하는 것과 마찬가지라고 보는 것이 일반적이다.[39] 하지만, 1990년대 중반 이후 Rehnquist 대법원장이 이끄는 대법원이 민주당 정부가 주도하여 만든 법률의 상당수를 위헌으로 결정하자[40] 진보적인 학자들 중 상당수가 대법원의 지나친 위헌심사권

행사를 비판하는데 동조하고 있다. 시카고 대학의 Cass Sunstein 교수는 지금을 '보수적인 사법적극주의의 시대"(era of conservative judicial activism)라고 평가하고, "연방법원이 의회의 우선권을 경시하고, 민주적 절차에 과도하게 개입하려는 의지를 보인다."고 비판한다.[41]

그러나 단순히 위헌결정을 많이 한다는 이유만으로 사법적극주의라고 비난하는 것은 정당한 비판이라고 하기 힘들다. 헌법에 명백하게 위반되는 법률을 위헌으로 결정하는 경우와 논란이 있는 법률을 위헌결정하는 사안을 구별해야 할 필요가 있다. 그래서 Lino Graglia 교수는 사법적극주의를 "헌법이 명백하게 금지하고 있지 않은 사안인데도 사법부가 다른 국가기관의 내린 정책적 결정을 허용하지 않는 행태"라고 정의한다.[42]

최근 미국에서의 사법적극주의 논쟁은 연방주의(Federalism)와 밀접한 관련을 맺고 있는 것이 큰 특징이다. 사법심사(Judicial Review)를 둘러싼 의회와 사법부간의 수평적 권력분립뿐 아니라, 연방정부와 주정부간의 수직적 권력분립의 문제가 사법적극주의의 주요 쟁점으로 떠오른다. 미국에서 보수주의자는 주 정부의 자치를 중시하고, 진보주의자일수록 연방정부의 역할을 중시하는 경향이 있다. 최근 나타난 현상은 민주당 정부에서 만든 연방법률이 보수성향의 대법관에 의하여 권력분립에 반한다는 이유로 무효가 되는 것이다.

1995년 United States v. Lopez 사건[43]은 그 대표적인 예이다. 학교 인근지역(school zone)에서 총기를 소지한 사람을 처벌하는 연방법률(Gun-Free School Zones Act of 1990)에 대하여 미 대법원은 5대4의

결정으로 위헌이라고 선언했다. 헌법에서 허용하고 있는 연방정부의 권한을 넘어 법률을 제정했다는 것이다.[44] 2000년에도 미 대법원은 여성에 대한 폭력을 방지하기 위한 연방법률(Violence Against Women Act of 1994)에 대하여 연방의회의 권한을 벗어난 법률이라는 이유로 역시 5대4 위헌결정을 내렸다. 전통적으로 사법적극주의에 대한 비판은 보수적 학자의 단골 메뉴였는데, 최근 진보적 성향의 학자도 대법원의 위헌결정에 사법적극주의라는 이유로 비판하게 된 것이 흥미롭다.

사법적극주의를 위헌법률심사 여부에 두는 것은 권력분립의 원리에 바탕을 두고 있다는 점에서 설득력을 갖는다. 하지만, 헌법에 명백하게 위반되는지 여부에 대한 판단은 결국 주관적이고 개별적일 수밖에 없어 사법적극주의에 포섭되는 내용이 불확실한 것은 문제로 지적된다.

② 선례의 무시

법관이 선례를 무시할 경우 이를 사법적극주의로 부르기도 한다. 미국과 같은 보통법(common law)국가에서는 선례구속성(stare decisis)이 인정되기 때문에 선례에 의하여 정립된 법의 원리를 후속 사건에서 무시하거나 경시하는 것은 이례적인 일이다. 여기서 선례는 상급법원의 선례(vertical precedent)와 동급법원의 선례(horizontal precedent)로 나눌 수 있다.

하급심이 상급법원의 선례를 무시할 경우 이를 사법적극주의라고 부르는 것은 큰 문제가 없으나, 동급법원에서 선례를 무시한 경우에도 사법적극주의에 포함시켜야 할지에 대해서는 의문이 있다. 대법원이 과거 판례와 다른 내용의 판례를 내릴 경우에도 이를 사법적극주의에 포함시킬 것이냐의 문제이다. 미국 대법관 중에는 반대의견을 내면서 다수의견이 선례를 무시하고 있다는 비난과 함께 다수의견을 사법적극주의로 규정하는 경우가 자주 있다.[45)

그러나 선례구속의 원칙은 언제나 지켜야 하는 절대적인 원칙이 아니며, 오히려 사안에 관계없이 선례에 구속되는 것 자체가 헌법에 위반된다는 견해도 있기 때문에 이를 기준으로 사법적극주의를 정의내리는 것도 문제가 많다. Gary Lawson은 "선례가 잘못된 헌법해석에 기초하고 있을 경우 대법원으로 하여금 이를 준수하도록 강요하는 것은 위헌"이라고 주장한다.[46) Akhil Reed Amar도 같은 시각에서 "Rehnquist Court가 정립한 선례구속의 원칙은 헌법 자체보다 사법부가 만든 원칙(judicial doctrine)을 더 중시하는 부적절한 경향을 나타내기 때문에 과거의 결정을 지나치게 존중하는 것은 국법(law of the land)을 잘못 해석할 수 있다"고 비판한다.[47) Lawson이나 Amar의 견해에 의하면, 잘못된 선례를 무시하는 것은 사법적극주의라기 보다는 올바른 헌법해석이 된다.

③ 사법입법(Judicial Legislation)

판사가 법정에서 법을 제정할 때(legislate from the bench) 이를 사법적극주의라고 부르기도 한다. Stevens 대법관은 Florida v. Wells 사건에서 소수의견을 내면서 "실제 사건과 분쟁(cases and controversies)을 결정하는 과정에서 그 필연적인 부산물로 법을 만드는 것은 사법부가 해야 할 정당한 몫이다. 하지만, 이번 사건과 같은 영역에서 필요하지도 않은데 주제넘게 법을 만들려고 하는 것은 뻔뻔스러운 사법적극주의 (unabashed judicial activism)"라고 기술했다.[48] Douglas 대법관이 Teleprompter Corp. v. CBS 사건[49]에서 소수의견으로 제시한 견해는 사법입법을 사법적극주의로 비판한 전형적인 사례이다. 그는 "다수의 견의 결론이 바람직한 공공정책일 수도 있고, 그렇지 않을 수도 있다. 하지만 그것은 미쳐 날뛰는 사법적극주의(rampant judicial activism)도 삼가야 할 입법적 결정"이라고 비판했다.[50]

이러한 견해에 의하면, 권력분립의 원리에 비추어 볼 때 사법부는 입법부에 맡겨진 역할을 담당하여서는 아니 된다. 비록 사안이 정치적으로 민감하고 복잡한 이해관계가 얽혀 있어서 입법부가 스스로 해결하지 못한 채 사법부의 결정을 환영하는 경우도 있겠지만, 사법부 역할의 한계를 인식하여야 한다고 Powell 대법관은 역설했다.[51] 그 이유에 대해서 Powell 대법관은 "사법부는 국민이 수용할 수 있는 광범위한 해결책을 제시하는 데 있어서 가장 능력이 부족한 기관"이기 때문이라고 설명했다.[52]

Warren 대법원장이 이끌던 대법원(Warren Court)에 대하여 사법적극주의라는 비난이 있었던 이유도 주로 사법입법에 근거한다. 워렌 법원이 헌법에 명시되어 있지 않은 권리를 헌법상의 권리로 인정하자, 이에 비판적인 학자들은 사법입법을 지적한다. 당시 1인1표제에 관한 Baker v. Carr[53] 및 Reynolds v. Sims 판례[54], 체포 시 고지 받을 권리에 관한 Miranda v. Arizona 판례[55], 언론사에 현실적 악의가 있는 경우에만 징벌적 배상을 허용한 New York Times v. Sullivan 판례[56], 자기결정권으로서 프라이버시권을 인정한 Griswold v. Connecticut 판결[57] 등은 모두 법관이 헌법적 권리를 창설하였다는 비판에서 자유로울 수 없다. 이 판결들은 국민의 기본권을 두텁게 보호한 판결로 우리나라에서도 자주 인용되고 있다. 하지만 당시 Black 대법관은 변호사의 조력을 받을 권리와 관련된 사안에서 소수의견을 내면서 "우리는 헌법에 적혀 있는 대로 하지 않고, 헌법의 제정자들이 헌법에 규정했으면 좋았을 것이라고 생각하는데 따라서 헌법의 의미를 해석하고 있다는 생각이 든다. 나에게 있어 이는 최악의 사법적극주의일 것이다"라고 개탄했다.[58]

한편, Cass Sunstein 교수는 판사가 자기가 내린 결정의 의미를 최소화하느냐, 최대화하느냐에 따라 사법극소주의(Judicial Minimalism)와 사법극대주의(Judicial Maximalism)로 구분하기도 한다.[59] 사법극소주의 판사는 당해 분쟁만 해결하고 다른 문제는 다음번에 해결하려는 경향을 보이는데 반하여, 사법극대주의 판사는 개별 사건을 계기로 다른 사건까지 해결할 수 있는 보편적인 기준(broadly applicable principles)을 정립하려고 한다. 낙태판결인 Roe v. Wade 사건[60]은 후자의 대표적인 예로 지적된다. 사법입법을 행하는 사법적극주의자는 결국 사법극대주의자이기도 하다. 이러한 사법극대주의자의 문제는 이들이 선례를 무시할 뿐 아니라 훗날 관련 사안을 담당하게 될 후세 법관의 재량권을 제한하고, 더 나아가 정치권이 담당할 일을 빼앗는데 있다.[61]

사법적극주의는 권력분립의 원리에 비추어 볼 때 적정한 사법부의 역할이 무엇이냐에 대한 판단을 전제한다는 점에서 사법입법을 기준으로 사법적극주의를 정의내리는 것이 가장 합리적이라고 할 것이다.

④ 기존 해석방법과 다른 해석방법의 활용

법관이 종래 인정되어 오던 방법과 다른 해석방법을 사용할 때도 사법적극주의라는 평가를 받는다. 그러나 적절한 해석방법이 무엇인지에 대하여 학자마다 생각이 다르기 때문에 기존의 해석방법과 달리했다는 이유만으로 사법적극주의 해석이라고 규정하기 힘들다. 따라서 헌법이나 법률의 해석방법이 다르다는 이유로 사법적극주의라고 비판하는 경우는 유형화하기 힘든 문제가 있다.

Thomas 대법관과 같은 헌법 제정자의 의도를 중시하는 오리지널리스트(originalist)는 문제되는 헌법해석이 제정 당시에도 받아들여졌을 것인가를 중심으로 이에 어긋나는 해석을 사법적극주의로 규정한다. 하지만, Scalia 대법관은 제정 당시뿐 아니라, 그 후 현재에 이르기까지 지속적으로 대다수의 미국인이 합헌이라고 받아들이고 있던 행동을 위헌이라고 결정하면 이를 사법적극주의라고 생각한다.[62] 그러나 이보다 훨씬 다양한 해석방법을 이용하여 헌법적 분쟁을 해결하려는 법관들도 많다. Amar 교수는 전통적인 헌법해석의 방법을 구성하는 요소로 "문구(text), 연혁(history), 구조(structure), 사려(prudence), 원칙(doctrine)" 등을 들고 있다.[63] 이 기준에 따르면, 위의 요소를 신중히 고려하지 않고 헌법을 해석할 경우 사법적극주의라는 평가를 들을 수 있게 된다. 그러나 법학계와 법조계에서 보편적으로 받아들여지는 헌법의 해석방법이 없는 상황에서 이를 기준으로 사법적극주의를 정의내리는 것은 무리라고 하겠다.

법률의 해석에 있어서도 한 가지 방법만 있는 것이 아닌데, 이를 기준으로 사법적극주의를 정의하는 것은 보편적으로 받아들여지기 어렵다. 법률해석에 있어서 입법자의 의도를 고려해야 한다는 입장에 서 있는 법관은 문리해석에 충실한 법관을 오히려 사법적극주의자로 부르기도 한다. Stevens 대법관은 Wards Cove Packing v. Atonio 사건에서 소수의견을 내면서, 해당 법률조항의 의미와 목적을 무시하는 다수의견을 사법적극주의로 규정한 적이 있다.[64]

사법적극주의를 이처럼 종래 인정되어 오던 방법과 다른 해석방법이라고 정의내리는 것은, 사실 자기와 다른 결론을 내린 법관을 비판하기 위한 목적으로 사법적극주의라는 용어를 사용한 데 불과하다고 하겠다.

⑤ 결과 지향적 판결(Result-Oriented Judging)

사법적극주의는 법관이 어떠한 결과를 의도하고 판결내리는 것으로 정의되기도 한다. 사법적극주의라고 비판받는 경우는 주로 법관이 결과를 의도했을 뿐 아니라, 실정법을 무시하였을 때이다. 따라서 결과 지향적 판결을 기준으로 사법적극주의를 정의내리면, 사법적극주의는 판결의 이면에 법관의 숨겨진 동기(ulterior motive)가 있으며, 결론이 기본적인 정확성도 결여하고 있는 경우라고 하겠다.[65]

미국에서 법관의 숨겨진 의도는 자신을 지명한 정당의 당파적 이해관계와 밀접한 관계를 맺는 경우가 많다. Marshall 교수는 법관이 당파적 의제(partisan agenda)의 달성하기 위하여 사법권을 행사하는 경우를

'당파적 적극주의'(partisan activism)라고 부르고, 이를 사법적극주의의 가장 큰 폐해로 꼽는다.[66] 여기서 당파적이라고 함은 법관이 자신이 가지는 정치철학에 입각하여 이데올로기적인 결정을 내리는 경우가 아니라, Bush v. Gore 사건에서처럼 특정 정당에 유리하도록 결정하는 것을 의미한다.

그러나 결과 지향적 판결을 기준으로 사법적극주의를 정의내리는 것은 판사의 숨겨진 동기라는 주관적 요소를 발견해야 하기 때문에 이를 기준으로 사법적극주의 판결을 찾는 데는 한계가 있다. 특히 당파적 동기는 입증하기가 어렵다.

⑥ 소결

사법적극주의는 흔히 사용되고, 그 단어 그 자체가 가지는 설명력으로 어느 정도 이해도 가능하다. 하지만 어떠한 판결을 사법적극주의에 포함시킬 것이냐를 엄밀히 구별하기란 쉽지 않다. 사법적극주의가 무엇을 의미하는지 정의하기도 어렵다. 사법적극주의는 하나의 개념으로 정의되기보다는 일련의 특징을 가지고 있는 포괄적 개념으로 사용되고 있다. 어떤 학자는 사법적극주의를 "분명히 경멸적이기는 하지만, 일반적으로 텅 빈 개념"이라고 평가하기도 한다.[67] 또 어떤 판사가 사법적극주의자인가 사법소극주의자인가를 결정하는 것은 법이론의 문제가 아니라, 정치이론의 문제라는 평가도 있다.[68]

이러한 한계에도 불구하고 사법적극주의를 정의하면, "사법부가 법에 기속되지 않고 자유롭게 법을 창조하는 행동 혹은 더 나아가 그러한 행동이 정당하다고 인식하는 철학"이라고 하겠다. 이러한 행동은 많은 경우 결과지향적 결정, 입법부 및 행정부 결정의 무효화, 선례의 무시 혹은 새로운 해석방법의 채택 등의 현상을 동반한다.

3. 권력분립의 원칙과 사법소극주의

1) 기존 논의의 비판적 검토

국내에서도 사법적극주의라는 말은 자주 사용되고 있다. 그러나 미국과 분명한 차이를 보인다. 미국에서 사법적극주의는 사법부의 과도한 행위에 대한 비판적 용어로 자주 사용되는데 반하여 국내에서는 사법부의 이상적 규범으로 사용되는 경향이 있다. 그동안 논의를 살펴 보면 다음과 같다.

최대권 교수는 정부의 행위가 사법적으로 위헌결정을 받는 경우를 사법적극주의, 합헌결정을 받는 경우를 사법소극주의로 정의하여 우리나라와 일본의 비교법적 및 비교사회·문화적 연구를 시도했다.[69] 이러한 정의는 미국에서 사법적극주의 논의가 주로 위헌법률심사권의 행사 여부를 두고 벌어지고 있는 점에 비추어 보면 비교법적 고찰기준으로는 타당한 면이 있다. 하지만, 우리나라 헌법은 미국과 달리 위헌법률심사권을 사법부에 명시적으로 부여하고 있다는 점에서 위헌결정의 기준으로 사법적극주의를 정의내리는 것은 사법적극주의를 지나치게 확대하여 파악한다는 문제가 있다. 또한 사법적극주의의 논의가 위헌결정권을 가진 헌법재판소에 집중되고, 법원의 태도를 경시하게 된다는 것도 문제이다.

권영성 교수는 "사법부도 역사발전과 진보적인 사회정책형성에 기여해야 하고, 그러기 위해서는 사법적 선례에 지나치게 기속될 것이 아니라, 헌법규범을 시대적 변화에 적응할 수 있도록 탄력적으로 해석함으로써, 입법부나 집행부의 행위를 적극적으로 판단하는 것이 바람직하다고 인식하는 사법철학 내지 헌법재판적 철학"을 사법적극주의라고 설명하고 있다.[70] 권 교수는 사법적 선례를 기준으로 사법적극주의를 해석하고 있으나, 미국과 같은 보통법(common law) 국가에서 발전한 선례기속의 원칙을 대륙법(civil law) 국가인 우리나라에 그대로 적용하기 힘들다는 점에서 우리나라에 적합한 사법적극주의의 정의는 아니라고 하겠다.

권력분립의 원리에 입각하여 사법부와 입법부·집행부간의 관계에 주목하여 사법적극주의를 정의내리는 경우도 있다. 임지봉 교수는 "권력분립의 원리가 기초하고 있는 '견제와 균형'의 이상을 실현하기 위해 행정부나 입법부의 의사나 결정에 곧잘 반대를 제기하여 두 부의 권력의 남용을 적극적으로 견제하는 사법부의 태도나 철학"이라고 정의하고 있다.[71] 이에 의하면, 사법부가 입법부나 행정부의 결정에 따르기를 거부하는 경향이 있느냐 없느냐가 사법적극주의와 사법소극주의를 가르는 기준이 된다. 이 기준은 사법적극주의를 권력분립의 시각에서 파악하고 있다는 점에서 사법적극주의·사법소극주의 논의의 본질을 이해하는데 도움이 되지만, 사법적극주의에 대한 주관적 감정이 지나치게 개입된 것이 한계라고 하겠다. 즉, 사법적극주의는 좋은 것, 사법소극주의는 나쁜 것이라는 인식을 전제로 사법적극주의를 견제와 균형의 수단으로만 파악하고 있는 것이다. 이는 사법소극주의에 대한 정의에서 더욱 분명해진다. 임 교수는 사법소극주의를 "판결을 통해 다른 두 부의 의사나 결정에 개입하고 반대하기 보다는 자주 '사법부 자제'의 미명하에 심리 자체를 회피하거나 두 부의 의사나 결정을 존중하고 이에 동조하는 판결을 내리는 사법부의 태도나 철학"으로 정의내림으로써[72] 사법부가 입법부의 의사를 존중하는 것은 잘못이라는 인식을 주저하지 않고 표출하고 있다. 그러나 사법부가 입법부의 의사를 존중하는 것은 민주주의 원리 혹은 국민주권주의의 시각에서 고려하여야 하며, 견제와 균형의 논리로만 파악할 수 없다.

법원의 법창조적 기능을 중심으로 사법적극주의를 정의하는 경우도 있다. 이회창 전 대법관은 "법원이 적극적으로 정의 실현의 자세로 법을 해석·적용함으로써" "법원이 단순한 조문의 해석·적용에 그칠 것이 아니라 나아가 법 해석을 통하여 법창조적 기능까지 발휘하는 것"을 사법적극주의로 보았다.[73] 이는 사법부에 의한 법 정립작용을 사법적극주의로 인식하는 것으로 가치중립적인 정의라고 하겠다. 임 교수가 내린 정의와 결론에 있어서는 같을 수 있어도, 사법부가 입법부와 행정부의 의사를 존중하느냐는 주관적 기준이 아니라 입법부와 행정부의 권한 행사의 결과물인 법에 기속되느냐 아니냐를 기준으로 분석하고 있기 때문에 객관적이다. 또한 사법적극주의와 사법소극주의의 논쟁은 종국적으로 권력분립의 시각에서 본 사법부의 바람직한 역할이 무엇인지에 관한 논쟁이기 때문에 이러한 시각에서 살펴보아도 사법입법 혹은 법정립 작용을 기준으로 사법적극주의를 정의하는 것이 타당하다고 하겠다.

2) 사법적극주의 재검토 - 권력분립의 원리와 조화

사법적극주의를 가치중립적으로 정의내리는 일은 쉽지 않다. 민주주의와 권력분립의 원리에 비추어 바람직한 사법부의 역할이 무엇인지에 대한 생각이 다르면, 사법적극주의와 사법소극주의의 개념도 달라질 수밖에 없다. 미국 학계에서 사법적극주의란 말은 법원의 태도를 비판하는 용도로 자주 사용되는데 반하여, 우리 학계의 일각에서 사법적극주의는 좋은 것이고 권장하여야 하는 것처럼 이해하고 있는 것도 우리 헌정사의 특수성에 기인한다. 우리나라의 경우 탈권위주의 정부의 역사가 20년밖에 되지 않는다. 1948년 헌법제정이후 우리나라 권력구조는 제2공화국을 제외하고 줄곧 대통령중심제였으며, 그것도 대통령에게 권력이 집중되는 헌법규범과 헌법현실 속에서 의회는 국민의 대표기관으로 제 기능을 다하지 못한 것이 사실이다. 의회는 국민의 의사를 대변하고 국민을 위한 입법을 하기 보다는, 집권자의 이익을 대변하기 바빴고 정부가 만든 법률을 통과하기에 급급했다. 이러한 권력구조 아래서 상대적으로 신분이 보장된 법관으로 구성된 사법부가 의회의 잘못을 시정하고, 때로는 의회를 대신하여 줄 것을 기대하는 것은 당연한 것이었다. 더구나 사법부는 신규 진입인원을 최소로 유지하는 인력충원구조를 유지함으로써 엘리트 법조인의 상을 지향하였기 때문에 법관의 사회·정치적 영향력은 적지 않았고, 퇴직 후에도 고수입을 보장받고 있어 사법부야말로 집권자의 권력남용을 견제할 수 있는 유일한 기관이었다. 사법적극주의가 바람직한 것으로 인식된 것은 이러한 역사적 경험을 바탕으로 한다.

대통령에게 권한이 집중된 권력구조가 시정되고, 입법부 집행부 사법부간의 견제와 균형이 제대로 작동할 수 있도록 구조가 형성된 것은 1987년 개정된 지금의 헌법부터다. 헌법규범과 헌법현실 사이의 시간적 격차(time lag)를 감안하면 권력분립의 원리가 실제로 작동하게 된 것은 최근 현상이라고 보아야 할 것이다. 더구나 집권당이 의회에서 과반수를 차지하지 못하는 여소야대의 현상은 1987년 헌법 아래서 일상적인 일이 되었다.[74] 국가의 모든 중요한 의사결정은 국민의 자유와 권리에 영향을 주고, 국민의 자유와 권리를 제한하는 것은 오직 의회가 제정하는 법률로써만 가능하도록 한 것이 우리 헌법의 뜻이라고 보면, 대통령의 소속 정당인 여당이 의회의 과반수를 차지하고 있지 못하다는 것은 입법부와 집행부 사이에 견제와 균형이 충분히 실현되고 있다는 것을 의미한다. 분점정부(divided government) 아래서는 입법부와 집행부의 지나친 견제와 균형이 오히려 국정운영의 방해가 된다는 지적이 나올 정도가 되었다.[75]

분점정부가 일상적인 상황이 된 권력구조 아래서 사법부는 그렇지 않은 상황에서보다 더 큰 권력을 행사하기 쉽다.[76] 여당은 국정의 원할한 운영을 위하여 야당, 특히 군소 야당과 타협하지 않을 수 없고, 그 결과 국회를 통과한 법률은 합헌성과 합리성을 결여하기 쉬워 법적 분쟁이 더욱 자주 발생하기 마련이다. 정치 경제 사회적으로 민감한 법률이나 정책은 거의 모두 시행과 동시에 사법부의 판단을 받겠다고 헌법소원심판이나 가처분신청이 제기되는 것이 오늘날의 현실이다. 심지어 대통령이 다른 헌법기관에 의하여 자신의 기본권이 침해되었다며 헌법소원을 청구하는 헌정사상 초유의 사태도 벌어졌다.[77] 사법부가 다른 모든 국가기관의 결정을 다시 검토하는 이러한 상황이 우리 헌법이 예정하고 있었던 권력분립의 모습인지 신중한 검토가 필요한 때다. 과거 권위주의 정부 때의 사고에 젖어 입법부와 집행부가 내린 결정에 대하여 사법부가 적극적으로 판단하는 것이 바람직하다는 식의 접근방식은 곤란하다.

그렇다고 사법적극주의에 의한 판결은 잘못된 것이고, 사법소극주의에 의한 것은 올바른 결정이라는 것은 아니다. 사법적극주의에 씌워진 환상은 제거하고, 사법소극주의에 대하여도 올바른 평가가 내려져야 한다는 것이다. 사법소극주의는 다음과 같은 점에서 권력분립의 원리에 더 합치되는 태도이자 철학이다. 첫째, 판사는 법 해석의 전문가이지, 공동체의 가치를 인식하는 데 전문가라고 할 수 없다. 공동체의 가치를 인식하고, 우선순위를 매기는 문제는 국민과 상호 소통하는 것을 전문으로 하는 정치권이 담당하여야 할 몫이다. 둘째, 바로 이러한 이유에서 사법부가 법을 창조하는 일을 담당하는 것은 민주주의 원리에 반하게 된다. 법의 정립작용은 국민으로부터 직접 권한을 위임받고, 국민에게 직접 책임을 지는 헌법기관이 담당하여야 할 몫이다. 셋째, 사법적극주의는 사법부를 정치화시킬 수 있다. 또 같은 이유에서 사법적극주의는 국민의 대의기관의 정치력을 약화시킬 수 있다. 국민과 상호 소통하면서 국민의 의사를 확인하고 국가의 발전방향에 수립하여 그 결과를 법

으로 정립하는 기능을 사법부가 담당하면 할수록, 본래 그 역할을 담당
하여야 할 의회의 기능은 약화되고, 국민은 자기의 이익을 관철시키기
위하여 사법부에 의존하는 현상이 더욱 두드러진다. 넷째, 사법적극주
의는 反다수주의의 문제(counter-majoritarian difficulty)에 빠진다. 반
다수주의의 문제는 선출되지 않은 권력인 사법부가 행하는 위헌심사가
국민의 대표기관인 의회의 다수의사에 반하는 문제를 지적하는 것이다.
Alexander M. Bickel 교수가 1962년 처음 사용한 후 미국 헌법학계에서
40년 이상 논쟁을 벌이고 있는 화두이다.[78] 반다수주의의 문제가 불가
피하다는 견해부터 반다수주의에 반하기 때문에 사법부의 위헌심사의
권한을 박탈하여야 한다는 견해까지 다양한 의견이 나온다.[79]

4. 마치는 글 : 사법부 자제를 꿈꾸며

최근 모든 정치적 분쟁이 사법부에 몰려드는 것은 사법부가 자초한
측면도 있다. 자제하여야 할 사안을 의욕적으로 처리하다보니 그 사안
에서 정의를 실현할 수 있을지 몰라도, 학습효과로 인하여 사법부의 판
단을 받겠는 사건이 기하급수적으로 늘어나면서 국가 전체로 보면 정의
구현이 더욱 어려워지는 사태가 발생하는 것이다. 현재 대한민국은 사
법부의 판단이 나오기 전까지는 누구도 승복할 수 없는 기형적인 국가
의사결정구조를 가지게 되었다. 더욱 불행한 것은 사법부의 판단에도
승복하지 않는 새로운 국면이 형성되는데 있다. 사법부를 제외한 다른
기관의 독자적인 의사결정능력, 분쟁해결능력, 헌법해석능력을 부인하

고 헌법재판소를 정점으로 하는 사법부우월주의(Judicial Supremacy)를 지향해왔는데, 이제는 사법부 결정마저 부인하는 사태가 발생하니 국가의 의사결정구조는 대혼란에 빠지게 되었다.

2004년 내려진 두 건의 헌법재판소 판례, 즉 대통령 노무현 탄핵심판 사건과 수도이전 사건은 한국의 보수주의자와 진보주의자 모두에게 열광과 실망을 차례로 번갈아 안겨주었다. 보수주의자는 헌법재판소가 노무현 대통령의 위헌성, 위법성을 확인하고도 그 사유가 중대하지 않다는 이유로 탄핵심판을 기각하자 사법부에 실망하였고, 헌법재판소가 서울이 대한민국의 수도인 점을 불문의 관습헌법으로 보아 헌법개정사항인 수도의 이전을 단순법률의 형태로 실현시킨 것을 위헌이라고 선언했을 때 열광하였다. 한국의 진보주의자는 거꾸로 헌법재판소가 중대한 헌법위반이 없다는 이유로 노무현 대통령에 대한 탄핵심판을 기각하자 헌법재판소의 결정에 열렬히 찬사를 보냈고, 국회가 다수의결로 통과시킨 신행정수도의건설을위한특별조치법을 선출되지 않은 헌법재판관이 관습헌법을 거론하며 위헌으로 선언하자 사법부 우월주의를 탄식하였다.

하지만 두 사건은 사법적극주의의 대표적인 사례로 본질에 있어서는 동일한 사건이다. 권력분립의 원리에서 보면, 수도이전 판결이 비판받는 그 이유와 노무현 대통령 탄핵심판 판결이 비판받는 이유는 같아야 한다. 수도이전 판결의 문제는 "대한민국의 수도는 서울이다"라는 조항이 헌법에 없는데도 불구하고 헌법재판소가 이러한 조항을 신설한 데 있다. 또한 선출되지 않은 재판관이 국민의 대표기관인 의회가 다수의사로 결정한 내용을 존중하지 아니한 것 역시 문제다. 같은 비판은 노무현 대통령 탄핵심판 사건에도 동일한 정도로 행해져야 한다.

헌법 제65조제1항은 대통령 등이 '그 직무집행에 있어서 헌법이나 법률을 위배한 때' 국회가 탄핵의 소추를 의결할 수 있다고 규정하고 있을 뿐이며, 위헌과 위법의 중대성 여부에 대해서는 언급이 없다. 이는 위헌과 위법의 중대성 여부에 대한 판단을 국회에게 맡겨 놓았음을 의미한다. 국회가 탄핵소추를 의결할 때 국회가 이미 중대성을 판단하였다고 보는 것이 옳다. 헌법재판소법 제53조 제1항의 '탄핵심판청구가 이유 있는 때' 탄핵결정을 하도록 하는 것도 같은 이유라고 보아야 한다. 그렇지 않고 헌법재판소처럼 스스로 "공직자의 파면을 정당화할 정도로 '중대한' 법위반의 경우"라고 하는 것은 입법기관의 역할을 사법기관이 대신하는 것으로 권력분립의 원리에 반한다.

헌법재판소는 중대성을 판단하여야 이유로 "파면 결정은, 국민이 선거를 통하여 대통령에게 부여한 '민주적 정당성'을 임기 중 다시 박탈하는 효과를 가지며, 직무수행의 단절로 인한 국가적 손실과 국정 공백은 물론이고, 국론의 분열현상 즉, 대통령을 지지하는 국민과 그렇지 않은 국민간의 분열과 반목으로 인한 정치적 혼란을 가져올 수 있다"는 것을 들고 있는데, 이러한 판단이야 말로 평생 법해석에 전념해온 전문가로 구성된 선출되지 않은 권력기관이 담당하는 것보다는 의회가 담당하는 것이 민주주의의 원리나, 권력분립의 원리나, 국정운영의 효율성 측면에서 더 낫다. 의회는 국민이 직접 구성하고, 국민에게 정치적 책임을 지며, 국가의사결정을 주된 업무로 하기 때문이다. 헌법재판소는 대통령의 행위가 직무집행에 있어서 헌법과 법률을 위배한 점이 있는지 여부만 판단하여야 하며, 그에 해당하면 국회의 의사를 수용하고 더 이상의 판단은 자제하는 것이 타당하다고 본다.

똑같은 설명은 수도이전 사건에도 그대로 적용된다. 수도가 서울이라는 명문의 규정이 없는데도 불구하고 불문의 관습헌법이라는 논리로 헌법규범을 창설한 것은 사법입법으로 권력분립의 원리에 반한다. 신행정수도건설을위한특별조치법을 여야가 합의로 제정했으면 해당 법률의 위헌성 판단은 하지 않는 것이 권력분립의 원리나 민주주의 원리에 부합한다. 수도를 이전하는 문제는 고도의 정치적 문제이기 때문에 이에 관한 대통령이나 국회의 결정은 사법심사를 자제하는 것이 올바른 것이다. 헌법재판소는 수도이전의 문제가 정치적 성격을 가지고 있는 것은 인정하면서도 사법심사의 대상으로 하기에 부적절한 문제라고까지는 할 수 없다고 설명하고 있다. 이러한 태도는 잘못일 뿐 아니라 과거 이라크 파병 위헌확인 사건[80]에서 보여준 것과 상반된 것이다.

헌법재판소는 정부가 국군 중 일반사병을 이라크에 파견하기로 한 결정에 대하여 제기된 헌법소원 사건에서 "외국에의 국군의 파견결정은 파견군인의 생명과 신체의 안전뿐만 아니라 국제사회에서의 우리나라의 지위와 역할, 동맹국과의 관계, 국가안보문제 등 궁극적으로 국민 내지 국익에 영향을 미치는 복잡하고도 중요한 문제로서 국내 및 국제정치관계 등 제반 상황을 고려하여 향후 우리나라의 바람직한 위치, 앞으로 나아가야 할 방향 등 미래를 예측하고 목표를 설정하는 등 고도의 정치적 결단이 요구되는 사안"이라고 본 후 "그와 같은 결정은 그 문제에 대해 정치적 책임을 질 수 있는 국민의 대의기관이 관계분야의 전문가

들과 광범위하고 심도 있는 논의를 거쳐 신중히 결정하는 것이 바람직
하며 우리 헌법도 그 권한을 국민으로부터 직접 선출되고 국민에게 직
접 책임을 지는 대통령에게 부여하고 그 권한행사에 신중을 기하도록
하기 위해 국회로 하여금 파병에 대한 동의여부를 결정할 수 있도록 하
고 있는바, 현행 헌법이 채택하고 있는 대의민주제 통치구조하에서 대
의기관인 대통령과 국회의 그와 같은 고도의 정치적 결단은 가급적 존
중되어야 한다."는 이유로 각하결정을 내렸다.

즉 헌법재판소는 고도의 정치적 결단을 요하는 문제에 대해서는 헌법
과 법률이 정한 절차를 지켰는지 여부, 절차적 정당성만 판단하고, 그
결정내용의 정당성 여부는 자제하고 있다. 이러한 태도는 권력분립 원
리와 민주주의 원리에 부합하는 것이다. 헌법재판소 스스로 인정하고
있듯이 이러한 판단은 '대의기관인 대통령과 국회의 몫' 일 뿐 아니라
"재판소의 판단이 대통령과 국회의 그것보다 더 옳다거나 정확하다고
단정짓기 어려움은 물론 재판결과에 대하여 국민들의 신뢰를 확보하기
도 어렵"기 때문이다.

이라크 파병에 관한 헌법재판소의 태도는 정당한 것이었으며, 같은
기준에 의하여 대통령 탄핵심판 사건과 수도이전 사건도 다루어졌어야
했다. 대통령을 파면하는 일, 수도를 이전하는 일은 이라크에 파병하는
일보다 더 고도의 정치적 결단이 요구되는 문제이며, 사법부가 판단하는
것보다 대의기관인 국회나 대통령이 판단하는 것이 타당하다고 본다.

사법부가 사법부 자제라는 명분으로 헌법과 법률에 의하여 주어진 업
무를 회피하는 것은 올바른 태도가 아니다. 다른 국가기관이 내린 정책

적 판단을 그대로 수용하는 것도 잘못이다. 하지만 사법부가 헌법과 법률에 없는 내용까지 만들어 사안을 해결하려는 태도는 더욱 잘못된 것이다. 다른 국가기관이 오랜 고민 끝에 내린 고도의 정책적 판단을 사법부가 이유 없다고 가벼이 배척하고 자신의 소신을 관철하는 것 역시 크게 잘못된 것이다. 어디까지 법해석이고, 어디까지 법정립인지 불확실한 경우가 많고, 다른 국가기관의 사실 인정 및 정책 판단을 어디까지 수용하여야 하는지 구체적인 사안에서 판단하기 어려운 경우도 많다. 모든 사안에서 사법부의 역할을 명확하게 제시해줄 수 있는 기준은 존재하기 힘들다. 그러나 중요한 것은 현재 헌법규범과 헌법현실은 분점정부(divided government)라는 점이며, 권력기관간, 특히 대의기관인 국회와 대통령간의 견제와 균형은 충분히 이루어지고 있다는 점이다. 과거 권위주의 정부의 유산에 집착하여 사법부가 적극적으로 권력기관을 견제하여야 한다는 인식은 잘못이다. 오히려 사법부는 다른 국가기관의 의사결정이 절차적 정당성을 상실하지 않는 한 존중하는 것이 바람직하다. 그렇지 않을 경우, 즉 분점정부의 권력구조 아래서 사법부가 적극적인 태도를 보인다면 민주적 정당성과 업무의 전문성이 부족한 사법부가 우리나라의 모든 의제 설정을 독점하게 된다. 사법적극주의의 시대에 사법소극주의의 도래를 기대한다.

Ⅱ. 사법부의 독립성과 책임성

1. 들어가는 말 : 사법부에 대한 새로운 요구

사법부는 다른 국가권력으로부터 독립하여 운영되어야 한다. 민주주의 국가에서 국민의 자유와 권리를 철저하게 보장하기 위해서는 권력분립의 원리에 따라 입법부과 집행부로부터 독립된 법원이 법과 양심에 따라 판단하는 사법부의 독립이 필요하다. 사법부의 독립이란 법관이 외부로부터 불합리한 영향 또는 통제를 받지 않고 재판함을 의미한다. 사법부의 독립은 흔히 법원의 독립과 법관의 독립으로 나뉜다. 법원의 독립은 법원이 조직 · 운영 · 기능 면에서 국회와 정부로부터 독립되어야 한다는 것을 의미하고, 법관의 독립은 법관이 재판을 함에 있어서 법원 내 · 외로부터 간섭을 받지 않아야 한다는 재판상의 독립과 이를 보장하기 위한 법관 신분상의 독립을 의미한다. 우리 헌법은 제101조제1항에서 "사법권은 법관으로 구성된 법원에 속한다"라고 하여 법원의 독립을, 제103조에 "법관은 헌법과 법률에 의하여 그 양심에 따라 독립하여 심판한다"라고 하여 법관의 직무상 독립을 선언하고 있다. 법관의 신분상 독립은 법관의 신분보장을 규정한 헌법 제106조 및 법관의 임기제 · 연임제 · 정년제를 규정한 헌법 제105조에 의하여 보장되고 있다.[81]

우리 헌정사는 권위주의 대통령이 국민의 자유와 권리를 임의로 제한하고, 이를 위하여 사법부에 영향력을 행사하여 온 헌법 규범과 헌법 현실의 역사였기 때문에 사법부의 독립은 어떠한 희생을 치루더라도 반드시 확보하여야 할 헌법적 가치로 신화화되었다. 즉 사법부의 독립은 국민의 자유와 권리의 확보와 같은 개념이고, 따라서 사법부의 독립성을 제고하는 것은 선이며 반대로 독립성을 훼손하는 것은 악이라는 인식까지 널리 퍼져 있음을 부인할 수 없다. 하지만 최근 사법부의 독립을 재해석하려는 움직임이 보인다. 특히 2004년 들어 노무현 대통령에 대한 탄핵심판사건[82], 양심적 병역거부를 허용하고 있지 아니한 병역법 제88조 제1항 제1호에 관한 헌법소원 사건[83], 국가보안법 합헌 확인 사건[84], 신행정수도의건설을위한특별조치법에 대한 헌법소원심판사건[85] 등 인간관·사회관·국가관·세계관 등에 따라 결론을 달리 하는 이념적인 판결이 이어지면서 사법부를 노골적으로 비난하는 목소리가 커지고, 이들 중에는 선출되지 않은 사법부에 대한 민주적 통제의 필요성을 제기하는 견해도 있다. 이제 우리 사회도 사법부의 독립성(independence)의 신화에서 벗어나, 사법부의 대표성(representationalism)과 시민에 대한 책임성(accountability to the populace)으로 관심의 폭이 확대되고 있는 중이다.

사법부의 민주적 구성과 시민 사회에 대한 책임은 국가의 조직과 운영의 기본원리인 민주주의 원리가 입법부, 집행부 뿐 아니라 사법부에도 적용되어야 한다는 점에서 보면 당연한 일이다. 우리나라와 같은 대표 민주주의(representative democracy) 국가에서 치자(治者)와 피치자(被治者)는 이념적으로 동일할 뿐 아니라, 실제에 있어서 대표자(representatives)는 그의 권한행사에 의하여 영향을 받는 국민에게 책임을 져야 한다. 이러한 책임성에 있어서는 사법부가 입법부, 행정부와 다를 수 없다. 다만 사법부를 흔들려는 시도가 많았던 우리 헌정사의 특수한 경험 때문에 우리나라에서는 사법부의 민주적 구성이나 책임성보다는 사법부의 독립성이 더욱 절실하게 부각되었을 뿐이다. 헌법이 사법부에 독립성을 보장하는 이유는 그렇게 할 때 우리 사회에 정의가 실현될 수 있다는 믿음 때문이지, 그 자체가 궁극적인 목적이 될 수는 없다. 이제 원론으로 돌아가 사법부도 민주적으로 구성하고, 국민에게 책임지는 구조를 진지하게 고려해야 할 시점이라고 본다.

이 글은 미국에서 사법부의 독립성과 책임성의 조화를 위하여 어떠한 제도를 시행하고 있는지 살펴봄으로써 사법부의 책임성 논의가 이제 막 시작되는 우리나라에 단초를 제공하고 있다. 특히 법관에 대한 징계제도가 법관에게 사회적 책임성을 부과하면서도 사법부의 독립성을 훼손하지 않는 제도라는 점을 부각하여 우리나라에서 유명무실한 법관징계제도가 활성화되어야 하는 논리적 근거를 제시하고 있다.

2. 미국의 사법제도와 사법부의 독립성

1) 사법부의 독립에 관한 미국 헌법 내용

미국 헌법 제3조 제1항(Article Ⅲ, Section 1)은 연방의 사법부 독립을 규정한 조항이다. 그 내용은 첫째 미국의 사법권은 대법원과 연방의회가 법률로 제정하여 설치하는 하급 법원에 있다는 것, 둘째 대법원과 하급법원의 법관은 성실히 근무하는 동안(during good behavior) 직무를 수행한다는 것(종신제), 셋째 대법원과 하급법원의 법관은 직무수행에 대하여 보상을 받으며, 이러한 보상은 재직하는 동안 줄어들지 않는다는 것(보수 불삭감) 등 세 가지다.[86] 이 밖에 수정헌법 제5조의 적법절차 조항(Due Process Clause)은 시민의 자유, 생명 및 재산이 위태로울 때 그 사건을 담당한 심판관은 당사자인 정부로부터 독립하여 재판하여야 한다는 원칙이 도출된다는 점에서 사법부의 독립성을 간접적으로 보장하는 조항이라고 하겠다.

미국 헌법은 하지만 사법부의 독립성에 영향력을 미칠 수 있는 다음과 같은 조항을 동시에 규정함으로써 사법부의 독립을 절대적으로 보장하고 있는 것은 아니다.[87] 첫째 중범죄(High Crimes and Misdemeanors)를 저지르는 모든 공무원에 대하여 탄핵 소추할 수 있는 권한을 하원에, 탄핵을 결정할 수 있는 권한을 상원에 부여하였으며,[88] 둘째 대법원이 아닌 하급심 법원을 구성할 수 있는 권한을 의회에 부여하였으며,[89] 셋째 항소사건에 대한 대법원의 재판권한은 의회가 제정하는 규정에 예속되며,[90] 넷째 대법관의 임명은 대통령이 상원의 조언과 동의를 받아 행사하며,[91] 다섯째 사법부를 포함한 모든 헌법기관에 부여된 권한을 행사하는데 필요하고 적절한(necessary and proper) 법률을 제정하는 권한을 의회가 가지고 있다.

이처럼 미국 헌법은 사법부의 독립성을 보장하고 있는 조항보다는 입법부와 집행부가 사법부에 영향을 미칠 수 있는 조항을 더 많이 가지고 있는 것이 특징이다. 사법부의 독립성을 보장해주는 두 축은 성실히 근무하는 한 법관으로 활동할 수 있는 종신제와 보수 불삭감 조항이다. 사법부 독립의 중요성을 역설했던 미국 헌법의 기초자들은 이 두 조항이

기관으로서 법원의 독립과 법관 개인의 독립을 유지하는 데 반드시 필요하다고 보았으며, 동시에 충분하다고 판단했다.[92]

다시 말해서 미국 헌법의 기초자들은 대통령과 의회가 사법부에 대하여 간섭하더라도, 앞의 두 내용만 침해당하지 않으면 사법부의 독립이 가능하다고 보았던 것이다.

제헌회의(Constitutional Convention)에는 당초 사법부가 사법행정에 관하여 독점적인 권한을 행사하는 내용의 헌법안이 제시되었지만, 미국 헌법의 기초자들은 사법부의 독립보다는 연방과 주 사이의 권력분립의 원리, 즉 견제와 균형의 원리에서 사법행정의 문제를 접근하였다. 미국 헌법에서 연방 법원은 주 법원이 이미 존재하고 있다는 전제 아래, 연방과 주의 권력분립을 염두에 두고 설계되었다. 헌법의 기초자들은 연방의 하급법원을 설립할 수 있는 권한을 연방의회에 부여하는 안을 만들었다. 즉 대법원을 제외한 연방법원의 구성은 헌법이 아닌 법률에 의하여 구성되는 것이다. 연방의회는 또한 연방법원이 사법권을 행사하는데 필요하고 적정한 내용을 입법할 수 있는 권한을 헌법 제1조에서 부여받았기 때문에 대법원을 제외한 연방법원의 사법행정과 절차를 통제할 수 있다. 이러한 구상은 당시 연방 정부와 주 정부 사이의 갈등을 해소하는 데 기여하였다. 따라서 제헌의회나 그 후 각 주의 인준과정에서 쉽게 받아들여졌다. 만약 처음 제시된 헌법안처럼 사법부의 사법행정권을 헌법이 보장할 경우 연방의 지방법원이 늘어나게 되어 각 주 지방법원의 관할을 침범할 것이라는 우려 때문에 미국 헌법의 인준은 쉽지 않았을 것이다.

2) 미국 연방법원 및 법관

(1) 미국 연방법원의 구성

미국 헌법 제3조는 대법원에 대해서만 명문으로 언급하고 있다. 하급법원은 의회가 제정하는 법률에 의하여 구성된다. 의회는 하급법원으로 1심법원(trial courts)과 상소법원(appellate courts)의 두 단계 심급을 마련했다. 1심법원의 중심은 지방법원(district courts)이다. 지방법원은 민·형사사건을 포함하여 거의 모든 연방사건을 관할로 한다. 전국에 94개 있다. 각 지방법원은 소속기관(unit)으로 파산법원(bankruptcy court)을 두고 있다. 파산법원의 판사는 지방법원의 사법 관리(judicial officers)로 해당 지역의 항소법원(courts of appeals)의 판사에 의하여 임명된다. 지방법원의 또 다른 사법관리로 치안 판사(magistrate judges)[93]가 있다. 치안 판사는 지방법원의 판사에 의하여 임명된다. 파산법원 판사의 임기는 14년, 치안 판사의 임기는 8년이다. 파산법원 판사와 치안 판사의 선발은 전적으로 사법부에 맡겨져 있으며, 대통령과 의회는 여기에 관여하지 못한다.

이 밖에 미 전역을 지역관할로, 특정한 사건만 사물관할로 하는 전문법원(special trial courts)으로 국제거래법원(Court of International Trade)과 연방청구권법원(United States Court of Federal Claims)이 있다. 국제거래법원은 관세법원(Customs Court)이 개편된 것으로, 늘어나는 국제거래를 신속하고 효율적으로 처리하기 위하여 의회가 1980년 제정한 관세법원법(Customs Courts Act of 1980)에 따라 설립되었다.

국제거래법원 판사는 9명으로 대통령이 상원의 조언과 동의를 받아 임명한다. 당초 관세법원은 헌법 제1조 의회의 권한에 근거하여 설립한 법원이었으나, 1956년 의회가 헌법 제3조에 근거하여 설립된 것으로 선언하면서 국제거래법원도 헌법 제3조에 근거한 법원이라고 인정된다. 따라서 국제거래법원의 판사는 종신제이다. 대법원장은 국제거래법원 판사에게 연방항소법원이나 지방법원에 단기간(temporarily) 근무하도록 명할 수 있다. 반면 연방청구권법원은 1982년 헌법 제1조에 근거하여 의회가 제정한 연방법원개선법(Federal Courts Improvement Act)에 따라 설립된 법원이다. 따라서 법관은 종신제가 아닌 15년의 임기제로 대통령이 상원의 승인을 받아 임명된다. 연방청구권법원은 16명의 법관으로 구성된다. 사물관할은 헌법, 연방법률, 행정명령, 국가계약 등에 근거를 둔 금전청구사건이다.

상소법원은 12개의 지역항소법원(regional circuits)을 중심으로 구성된다. 94개의 지방법원에서 내린 판결에 불복하여 당사자가 항소할 경우 해당 지역을 관할하는 지역항소법원이 담당한다. 이 밖에 특정사건만 담당하는 상소법원으로 연방항소법원(Court of Appeals for the Federal Circuit)이 있다. 연방항소법원은 연방의 1심법원 중 국제거래법원과 연방청구권법원이 결정한 사건과 특허권 사건을 사물관할로 한다. 연방항소법원은 헌법 제3조에 근거하여 1982년 설립되었다. 연방항소법원 판사는 12명으로 헌법 제3조의 적용을 받는 종신제 법관이다. 상원의 조언과 동의를 거쳐 대통령이 임명한다.

이 밖에 사법부에 속하지 않는 연방법원으로 군사법원(Military

Courts), 퇴역군인 청원법원(Court of Veterans Appeals), 조세법원(U.S. Tax Court), 연방행정심판위원회(Federal administrative agencies and boards) 등이 있다.

(2) 연방법원의 판사

연방법원의 판사는 앞에서 본 것처럼 헌법 제3조에 의하여 임명된 법관(Article Ⅲ judges)과 헌법 제1조에 의하여 의회가 제정한 법률에 의하여 임명된 법관(statutory judges)으로 나뉜다. 전자는 상원의 동의를 거쳐 대통령이 임명하며, 종신제와 임금 불삭감이라는 헌법적 보호를 받는다. 법관이 되기 위한 자격조건은 없다. 종신제 법관이 65세가 넘으면 은퇴할 수 있다. 은퇴의 나이를 지나서도 종일제(full-time) 또는 시간제(part-time)로 근무하는 법관을 원로법관(senior judges)라고 부른다. 연방 지방법원과 항소법원 사무의 15~20%를 원로법관이 담당하고 있다.[94] 종신제 법관이 실제 근무한 기간이 늘어나는 것은 헌법의 기초자들이 예상하지 못하였던 것이다. 사법부가 조직된 1789년부터 1808년까지 대법원 판사는 평균 13년, 하급심 판사는 10~15년 근무하였으나, 1989년에서 2000년까지 대법원 판사의 근속년수는 두 배로 늘었고, 하급심 판사는 다른 종신제 자리로 옮기기 전까지 18~22년 정도 근무한다고 한다.[95] 이에 따라 종신제의 헌법적 의미를 재해석하여야 한다는 주장도 나오고 있다.[96] 여러 가지 명칭의 판사 중에서 헌법 제3조 법관은 대법관, 항소법원(court of appeals)의 판사, 지방법원(district courts)의 판사, 국제거래법원(court of international trade)의 판사에 불

과하다.[97]

  법률에 의하여 임명된 법관(statutory judges)으로는 치안 판사(magistrate judges), 파산법원 판사(bankruptcy judges), 행정법판사(administrative law judges) 등이 대표적이다. 이들은 임기제로 임명되며, 임금 불삭감의 보장도 받지 못한다. 헌법 제3조가 아닌, 법률에 의하여 설립되는 법원(legislative court)의 문제는 1828년 Canter 사건[98]에서 처음 다루어졌다. 플로리다 주의 지역법원(territory court)이 헌법 제3조의 사법권을 행사할 수 있는가의 쟁점에 대하여 John Marshall 대법원장은, 지역법원은 헌법 제1조의 의회의 권한에 의하여 설립되었기 때문에 사법권을 행사할 수 없다고 결정했다. 이 사건 후 법률에 의하여 설립되는 법원, 즉 헌법 제1조 법원(Article Ⅰ courts)과 사법권을 행사하는 헌법 제3조 법원(Article Ⅲ courts)을 어떻게 구별할 것인가는 어려운 문제가 되었다.

  1982년 미 연방대법원은 Northern Pipeline Construction Co. v. Marathon Pipe Line Co.사건[99]에서 권력분립의 원리상 사법부는 종신제와 임금 불삭감 조항을 통하여 입법부와 집행부로부터 독립되어야 하지만, 다음과 같은 세 가지 상황에서는 의회가 사법권을 헌법 제3조에 의한 법원이 아닌 법원(non-Article Ⅲ courts)에 부여할 수 있다고 판시했다. 즉 첫째 워싱턴 D.C.처럼 주(州) 정부가 없는 곳, 둘째 군사법원, 셋째 의회가 집행부에게 결정권을 부여할 수 있지만 그러한 결정을 법원에 맡길 때는 의회가 법률로 설립한 법원이 사법권을 행사한다. 이와 더불어 대법원은 사법부의 본질(essential attributes of judicial power)

에 반하지 않는 한, 의회는 헌법 제1조에 근거하여 연방법원에 부속하는 법원(adjunct tribunals)을 설립할 수 있다고 천명했다. 결국 헌법 제1조 법원(Article Ⅰ courts)은 의회가 설립하는 권한을 가지지만, 헌법 제3조 법원의 통제 아래 있어야 한다. 여기에 속하는 대표적인 판사가 치안 판사와 파산법원 판사다. 또한 헌법 제1조 법원에서 내린 모든 결정은 헌법 제3조 법원에서 다시 심사할 수 있다. 헌법 제3조 법원이 최종 결정을 내릴 권한을 독점적으로 보유한다. 하지만 소송의 양 당사자가 자발적으로 헌법 제3조 법원의 재판을 받을 권리를 포기하고, 헌법 제1조 법원의 결정에 따르기로 합의했다면 그 합의는 유효하다.[100)]

3. 사법부 독립의 역사

미국 사법부가 지금처럼 독립성을 확실히 유지하고 있는 것은 헌법에 의하여 보장된 것이라기보다는 사법부의 오랜 노력의 결실이라고 보아야 한다. 미국에서 사법부 독립을 판결에 있어서의 독립(decisional independence), 즉 법관의 재판상 독립과 기관으로서의 독립(institutional independence), 즉 법원의 제도적 독립으로 나누어 살펴본다. 200년이 넘는 미국 헌정사상 법관의 재판상 독립을 확립하는데 가장 크게 기여한 대법관은 John Marshall이며, 법원의 제도적 독립에 가장 크게 기여한 대법관은 William Howard Taft라는 것이 일반적인 평가다.

1) 법관의 재판상 독립

법관이 외부, 특히 정치권으로부터 영향을 받지 않고 독립하여 공정하게 재판을 하는 원칙을 세운 계기는 1803년 Marbury 판결[101]이다. 당시 국무장관이던 Madison이 대통령의 지시에 따라 Marbury에게 연방법관 임명장을 발부하지 않자, Marbury가 1789년 법원조직법(Judiciary Act)에 의거하여 대법원에 임명장 발부를 요청하면서 발생한 사건이다. 대법원은 이 사건에서, 법관에 대한 임명장 발부를 대법원의 권한으로 규정하고 있는 법원조직법이 헌법에 위반된다고 판시하였다. 이 사건은 사법부가 입법부가 만든 법률을 심사하여 무효화한 첫 사례로 널리 알려졌다. 당시 대법원장이 Marshall이다. Marbury 판결은 법원이 사법부의 독립을 훼손하지 않으면서도 정치권(political branches)과 다수파(majoritarian)의 변덕을 통제할 수 있으며, 또 그렇게 하여야 한다는 선례를 남겼다는 점에서 중요하다는 평가를 받는다.[102]

정치권은 대중에 영합하지 않는(unpopular) 법원 판결을 혹독하게 비난하였으며, 때로는 그러한 판결을 내린 법관에 대한 탄핵을 시도하였다. 1805년 미 하원은 Samuel Chase 대법관에 대한 탄핵소추를 결정하였으나, 상원에 의하여 탄핵소추가 기각되었다. 그 후 미국에서 대법관에 대한 탄핵소추가 실제 진행된 것은 한 건도 없다. 법관의 판결에 대한 통제수단으로 탄핵이 적절하지 못하다는 것은 정치권을 포함하여 대부분의 사람들이 공감하고 있다고 한다.[103]

2) 법원의 제도적 독립

미국 헌법은 법원의 제도적 독립에 대하여 명문의 규정이 없다. 오히려 사법부의 조직에 관한 권한을 의회에 부여하고 있기 때문에 제도로서 법원의 독립은 미국 헌법과 상충되는 것처럼 보인다. 실제로 1808년 상원 위원 William Giles는 사법부의 독립이란 잘못된 표현이라고 지적하기도 하였다.[104] 19세기까지 미국에서 사법부는 제도라고 부를 수 있을 만한 실체를 가지고 있지 못했다. 따라서 제도로서 법원의 독립은 큰 쟁점이 되지 못했다.

그러나 20세기 연방법원의 규모가 확대되면서 사법행정을 전문화할 필요성이 제기되었다. 제도로서 법원의 독립성이 이념[105]이 아닌 실제의 문제로 대두된 것도 이 때부터다. 1922년 의회는 원로법관회의(Conference of Senior Circuit Judges)를 설립하였으며, 이 협의회는 1948년 사법협의회(Judicial Conference of the United States)로 이름이 바뀌었다. 의회는 1934년 대법원에 절차적 규정을 제정할 수 있는 권한을 위임하였고, 1939년 법원행정처(Administrative Office of the United States Courts)와 항소법원 단위의 사법위원회(Judicial Councils of the Circuits)[106]를 설립하였다. 이러한 일련의 입법으로 사법부는 비로소 제도로서 법원의 독립을 갖추게 되었다. 이러한 사법제도의 개혁에 가장 크게 기여한 인물은 Taft 대법원장이다. 1909년부터 1913년까지 미국의 제27대 대통령으로 재임하였던 Taft 대법원장은 1921년부터 1930년까지 대법원장으로 일하면서 사법부에 행정이라는 개념을 처음으로 도입하였다.

Taft 대법원장은 사법부의 개혁을 위하여 의회에 직접 나가 증언하고, 의원들을 설득하여 1922년 사법부의 개혁을 뒷받침하는 법률(Act of 14)을 통과시켰다. 이 법률은 (1)미국 사법부의 기능적 통일 (2)사법부의 관리 (3)관리를 위한 제도적 뒷받침 (4)사법부의 요구사항을 의회에 지속적으로 전달할 수 있는 구조 등을 규정하고 있다.[107]

(1) 사법부의 기능적 통일

이 법률의 제정으로 연방법원 판사들을 하나로 묶는 기능적 통일이 이루어졌다. 그 전까지 연방법원 판사는 자기 관할지역에만 관심을 보일 뿐이어서 모래알같이 흩어져 있었다. 새로운 체계는 사법부도 행정부와 같이 조직화되어서 기능을 수행하여야 하며, 법관은 이러한 사법부에 기속되어야 한다는 것이 Taft 대법원장의 주장이었다. 이에 대하여 독재적인 권력을 행사한다는 거센 저항도 있었으나, Taft 대법원장은 자신의 소신을 밀고 나갔다.

(2) 사법부의 관리

법관이 조직화되기 위해서는 지도자가 필요하다. Taft 대법원장은 집행부의 운영책임을 대통령이 지듯이, 사법부도 대법원장이 운영의 책임을 맡아야 한다고 생각했다. 또한 내각과 마찬가지로 대법원장도 같은 역할을 수행할 조직이 필요하다고 보아 원로법관회의(Conference of Senior Circuit Judges)의 구성을 추진하였다. Taft 대법원장은 이러한 방식으로 분권화되어 있던 사법부를 중앙집권화하였다. 그는 이러한 개혁을 성공적인 사업체가 보편적으로 사용하는 사무 원칙(business principles)을 사법부에 도입하는 것에 불과하다고 생각했다.[108] 그는 사법부의 수장으로서 사법부가 전반적으로 제대로 작동하고 있는지 살펴보아야 할 책임을 느끼고 있었다. Taft 대법원장은 이유 없이 재판을 지연하고 있는 판사에게 직접 편지를 써 보내기도 했다. 이러한 편지에서 Taft는 자신이 심리에 관하여 직접적인 권력을 행사하는 것이 아니고, 사법부의 수장으로서 자신은 사법부의 이익과 국민의 이익을 위하여 항의할 권리가 있다고 강조했다.[109] Taft는 사법부의 관리자로서 책임을 진다는 것은 단순히 사법행정의 감독권을 갖는다는 것만이 아니라 국민에 대한 책임(accountability)을 진다는 의미로 이해하였던 것이다.[110]

(3) 관리를 위한 제도적 뒷받침

Taft 대법원장은 팀워크와 모든 법관의 이익을 위한 통일적인 행동을 강조하였다. 그는 원로법관회의가 그러한 역할을 할 것으로 생각했다. 그는 원로법관회의가 모든 법관들로 하여금 다른 법관들이 자신을 지켜보고 있다는 인식을 하게 하여 유순한 방식의 법관규율체제로 작동한다고 인식했다.

(4) 사법부 요구사항의 의회 전달

Taft 대법원장은 사법부도 행정부처럼 기능적 통일체로 전환되는 만큼 행정부처럼 지속적으로 필요사항을 점검하여 의회에 전달하는 체계를 갖추어야 한다고 인식했다. 그는 이 점에 있어서도 원로법관회의가 중요한 역할을 담당할 수 있다고 보았다. 또한 대법원장은 사법정의 실현의 대변인이라고 굳게 믿고, 의회에 직접 나가 로비하는 일을 꺼려하지 않았다. 또 동료 대법관들로 하여금 의회에 가서 진술하도록 독려하기도 하였다.

3. 사법부의 책임성과 미국의 법관징계제도

1. 사법부의 책임성

사법부의 독립성은 법원이 공정하고(fairly) 비편파적으로(impartially) 운영된다고 믿는 국민의 신뢰(confidence)를 바탕으로 한다. 그러한 의미에서 재판을 불공정하고 편파적으로 진행하는 법관에 대해서 사법부가 적절한 조치를 취하는 것은 사법부의 독립성을 훼손하는 일이 아니라, 오히려 사법부의 독립성을 확보하는 방안으로 이해하여야 한다. 사법부의 책임성은 흔히 정치적 책임성, 판결의 책임성, 행동의 책임성으로 나뉜다.

1) 정치적 책임성(political accountability)

사법부의 정치적 책임성은 사법부가 다른 국가기관에 대하여 지는 책임성을 의미한다.[111] 즉 다른 국가기관이 사법부의 구성에 어느 정도 영향을 미치는지를 기준으로 정치적 책임성의 유무를 논할 수 있다. 이러한 의미에서 정치적 책임성은 제도적 책임성(institutional accountability)이라고 부르기도 한다. 법원의 조직 및 관할, 법관의 임용 및 신분보장 등이 주요 기준이 된다. 미국 헌법이 대법원이 아닌 하급법원의 구성권을 사법부가 아닌 의회에 부여하였다는 것은 사법부의 독립성 못지않게 사법부의 책임성, 특히 정치적 책임성을 중시하고 있음을 보여준다. 의회는 법원의 신설 및 폐지, 법원의 관할 변경, 법원예산의 배정을 담당하고 있다. 또한 의회는 법원이 판례를 통하여 제정한 법을 실정법의 제·개정으로 변경할 수 있는 권한도 부여받았다. 즉 미국의 연방의회는 자신의 정치적 판단에 따라 사법부의 구성 및 운영에 영향을 미칠 수 있는 권한이 있다.

2) 판결의 책임성(decisional accountability)

판결의 책임성이 주로 문제되는 것은 대통령이나 의회가 자신에게 불리한 판결을 내린 사법부에 조직·인사·예산 등의 형태로 영향을 미치는 것과 국민의 다수의견에 상충되는 판결을 내렸을 때 쏟아지는 여론의 비난이라고 하겠다. 전자의 경우 판결의 책임성(decisional accountability)은 정치적 책임성(political accountability)과 구별하기 쉽지 않은 경우도 많다.

판결의 책임성을 지나치게 강조하면, 즉 법관의 판결에 대하여 입법부 및 집행부가, 때에 따라서는 여론이 비난하게 되면 사법부의 독립성이 훼손되기 쉽다. 이 때문에 판결의 책임성은 법에 대한 책임성(accountability to the law)으로 이해하여야 한다. 법관은 대통령, 의회, 심지어 국민에 대한 책임성 보다는 법에 대한 책임성을 중시하여야 하며, 이것이 바로 판결의 책임성이라고 하겠다. 따라서 법관은 법이 국민의 다수의사와 상충할 경우 국민의 의사에 반하는 판결을 내려야 한다. 이렇게 될 때 그 사회를 법이 지배(rule of law)하는 사회라고 하겠다.

제도적으로 판결의 책임성을 확보하는 장치는 심급제다. 하급법원의 법관이 내린 판결이나 결정은 당사자가 불복할 경우 상급 법원에서 다시 심리하기 때문에 책임성은 확보된다고 보아야 할 것이다. 또한 판결문의 공개를 통하여 학계가 법관 결정의 이론적 문제점을 비평할 수 있도록 허용하는 것 역시 판결의 책임성을 제고할 수 있는 방안이다. 이러한 의미에서 판결의 독립성은 소극적인 방법으로 확보된다고 하겠다.

3) 행동의 책임성(behavioral accountability)

법관의 행동은 일반인과 달라야 한다. 사법부의 독립성은 사법부의 권위에서 나오며, 사법부의 권위는 국민의 신뢰에서 나오기 때문이다. 따라서 법관은 공정하고 비편파적인 판결을 내려야 할 뿐 아니라, 불공정성의 시비를 원천적으로 제거하기 위하여 부적절해 보이는 행위(appearances of impropriety)를 하여서는 아니 된다. 이것이 행동의 책임성이다. 법원을 이용하는 국민들은 법관의 실력(competence)을 판단할 능력이 없기 때문에 법관의 행태(character), 성실성(integrity), 정직성(honesty) 및 공정성(fairness)에 의하여 더 민감하게 반응하여, 법관이 보여주는 행태에 실망할 경우 사법부 전체의 불신으로 이어지기 쉽다.[112]

부적절한 행위를 한 법관에 대하여 책임을 지우는 방법으로 가장 보편적인 것은 징계 절차라고 하겠다. 미국에서 최초로 상설적인 법관징계기구를 마련한 주는 캘리포니아다. 캘리포니아주는 1961년 법관의 직권남용과 위법행위를 다루는 상설기구로 법관행동규율위원회(Commission of Judicial Performance)를 설립하였다. 1981년까지 미국의 50개 주와 워싱턴 D.C.는 캘리포니아주와 유사한 법관징계기구를 마련했다. 구체적인 내용은 주마다 다르지만, 법관징계기구는 대체로 법관에 대한 견책에서부터 파면에 이르기까지 다양한 제재를 직접 하거나 또는 법원장에게 권고하는 권한을 갖는다.

2. 연방 법관징계법(Judicial Conduct and Disability Act)

미국 헌법 제3조에 따라 연방법원 판사는 성실히 근무하는 한(during good behavior) 종신제와 임금 불삭감이 보장된다. 연방법원 판사가 자신의 의지와 관계없이 직무를 수행하지 못하는 경우는 탄핵되는 경우뿐이다. 하원이 소추하고, 상원이 결정할 경우 법관은 탄핵되지만, 실제로 탄핵으로 법관을 퇴출시키는 일은 거의 없다. 이로 인하여 법관의 독립은 확고하게 보장되지만, 법관이 권력을 남용하거나 불성실할 경우 이를 억제할 방법이 없는 문제가 발생한다. 미 연방의회는 이러한 문제를 해결하기 위하여 1980년 법관징계법(Judicial Conduct and Disability Act, 28 U.S.C. § 372[c])[113]을 제정하였다. 그러나 법관징계법이 사법부의 독립성을 훼손한다는 비판도 제기되었다.[114]

1) 징계절차

(가) 징계청구의 접수

법관이 신속하고 효율적인 사법행정을 저해하는(prejudicial) 행동에 관여하고 있다고 생각하거나, 법관이 정신적 · 신체적 무능력으로 업무 수행을 할 수 없다고 생각하는 사람은 누구든지 해당 연방항소법원 서기(clerk)에게 법관에 대한 징계청구서(complaint)를 낼 수 있다.[115] 법원장(chief judge)은 신속하고 효율적인 사법행정을 위하여 자신이 알고 있는 정보에 의거하여 징계청구서 없이도 징계청구의 내용을 확인할 수 있다.[116]

징계의 대상이 되는 법관은 헌법에 의하여 신분이 보장되는 연방항소법원 및 연방지방법원의 판사뿐 아니라 법률에 의하여 임기동안 신분이 보장되는 파산법원 판사(bankruptcy judge) 및 치안 판사(magistrate judge)도 징계의 대상이 된다.[117] 대법관은 징계의 대상에 포함되지 않는다.

서기는 지체 없이 항소법원의 법원장(chief judge)에게 그 징계청구서를 전달하고, 징계청구서의 사본을 해당 법관에게 보낸다.[118] 만약 징계청구의 대상이 법원장일 경우, 서기는 그 다음 선임법관에게 징계청구서를 전달하여야 한다.

(나) 법원장에 의한 검토

법원장은 징계청구서를 신속하게 검토하여야 한다. 법원장은 결정을 내리기에 앞서 (i)적정한 시정조치가 취해져서 공식적인 조사를 할 필요가 없는지 여부와 (ii)징계청구서의 내용이 허위이거나 조사를 통하여 확인될 수 없는 것인지 여부를 알아보기 위하여 그 범위 안에서 실시하는 제한조사(limited inquiry)를 실시할 수 있다.[119] 법원장은 피징계청구 판사에게 징계청구서에 대한 답변을 서면으로 제출할 것으로 요청할 수 있다.[120] 이 답변서는 해당 판사의 동의가 없는 한 징계청구인에게 공개되지 아니한다.[121] 법원장 또는 법원장이 지명한 자는 징계청구인, 피징계청구 판사, 또는 해당 사안에 대하여 잘 알고 있는 사람과 구두 또는 서면으로 의사교환을 할 수 있다.[122]

법원장이 이유를 명시한 서면의 방식으로 각하하는 경우는 다음과 같다.[123] 첫째 (i)청구사유에 해당하지 않거나, (ii)본안 문제(merits of a decision) 또는 절차상의 결정과 직접 관련되었거나, (iii)사소하거나 (frivolous) 비리가 있었다고 추론할만한 충분한 증거가 없거나, 조사로 밝혀낼 수 없는 사안일 경우와, 둘째 제한조사(limited inquiry) 결과 징계청구서의 내용이 사실적 근거가 결여되었거나 객관적인 증거에 의하여 결정적으로 반박되는 경우이다. 또한 법원장은 적절한 시정조치가 내려졌거나, 사정변경으로 징계청구내용에 대한 조치가 더 이상 필요 없을 경우 절차를 종결지을 수 있다.[124] 법원장은 서면 결정의 사본을 징계청구인과 피징계청구 판사에게 보내야 한다.

법원장의 최종결정에 불만이 있는 징계청구인이나 피징계청구 판사는 해당관할의 사법위원회(Judicial Council)에 재심을 청구할 수 있다.[125] 재심청구가 기각되면 법원장의 결정은 확정되며 더 이상 사법심사의 대상이 되지 않는다.[126] 재심청구를 심사하는 사법위원회는 5인 이

상의 위원으로 구성되며, 그 중 2인 이상은 지방법원 판사이어야 한다.[127]

(다) 특별위원회(Special Committee)

법원장은 앞의 각하 또는 종결의 결정을 내리지 않을 경우 즉시 특별위원회(special committee)를 구성하여 징계청구서의 사실과 혐의내용을 조사한다.[128] 위원회는 법원장, 그리고 해당 지역(circuit)의 항소법원과 지방법원의 판사를 동수로 하여 구성된다.[129] 특별조사위원회는 징계청구의 대상이 된 판사에게 특별조사위원회의 구성 사실을 통지하여야 한다.[130]

특별조사위원회는 필요하다고 생각하는 범위에서 광범위하게 조사한 후 신속하게 포괄적인 보고서를 작성하여 해당 지역의 사법위원회(Judicial Council)에 제출하여야 한다.[131] 보고서에는 조사하여 발견한 사실과 사법위원회가 취해야 할 적절하고 필요한 내용의 권고사항이 제시되어야 한다.

(라) 사법위원회(Judicial Council)의 조치

사법위원회는 보고서를 접수받은 후 필요할 경우 추가 조사를 하고, 징계청구를 기각하거나, 그렇지 않을 경우 신속하고 효율적인 법원의 업무운용을 확보하는데 적절한 조치를 취할 수 있다.[132] 적절한 조치로는 (i)피징계청구 판사에게 한시적으로 사건 배당을 하지 않는 내용의 명령을 내리는 것 (ii)해당 판사에 대한 견책(reprimand) 또는 질책(censor)을 개별적으로 통지(private communication)하는 것 (iii)해당

판사에 대한 견책이나 질책을 공개적으로 발표하는 것 등이 포함될 수 있다.[133]

만약 피징계청구 판사가 헌법 제3조에 해당하는 종신제 판사일 경우 사법위원회는 종신제 법관의 퇴임에 관한 제372(b)조에서 정한 절차와 기준에 따라 피징계청구 판사의 무능력을 확인(certifying)하고, 종신제 법관에게 조기 퇴직을 요구할 수 있다.[134] 피징계청구 판사가 치안 판사(magistrate judge)일 경우 그를 관할하는 법원의 장에게 사법위원회가 적절하다고 생각하는 조치를 취하도록 지시할 수 있다.[135]

하지만, 사법위원회는 어떠한 경우에도 종신제 판사에게 면직결정을 내릴 수 없으며, 치안 판사에 대해서는 이 법 제631조의 규정에, 파산법원의 판사(bankruptcy judge)에 대해서는 이 법 제152조의 규정에 합치할 때만 면직처분을 내릴 수 있다.[136]

(마) 사법협의회(Judicial Conferences)로 이송

사법위원회는 연방법관협의회(Judicial Conference of the United States)에 징계청구사건을 재량껏 이송할 수 있다.[137] 이 때 사법위원회는 그동안 행한 관련 절차 및 권고내용을 징계청구서와 함께 보낸다. 그러나 사법위원회가 징계청구와 조사에 입각하거나 또는 사법위원회가 입수한 정보에 입각하여 종신제 법관이 (i)탄핵사유에 해당할만한 행위 또는 (ii)사법위원회의 결정에 따르지 않을 만한 행위에 연루된 경우 사법위원회는 즉시 사건 기록과 결정 내용을 연방법관협의회에 보고(certify)하여야 한다.[138] 사법위원회는 사법정의에 반하지 않는 한 징계청구인과

해당 법관에게 취해진 조치 내용을 서면으로 통지하여야 한다.[139]

이송 혹은 보고를 받은 연방법관협의회는 이전 절차에 대하여 검토하고 필요할 경우 추가조사를 한 후 앞의 사법위원회가 하는 것과 같은 내용의 조치를 과반수로 결정한다.[140] 연방법관협의회가 해당 법관에 대한 탄핵이 정당하다는 결정을 내릴 경우 그 같은 결정 내용과 기록을 하원(House of Representatives)에 송부하여 하원이 필요한 조치를 취할 수 있도록 하여야 한다.[141] 하원의 담당자(Clerk)는 결정문과 기록을 받는 즉시 결정문과 결정이유를 일반인에게 공개하여야 한다.[142]

만약 법관 또는 치안판사가 중죄를 선고받고 그 판결에 대한 직접적인 항소 수단을 모두 소진하였거나 항소 기간이 도과하였을 경우, 연방법관협의회는 위원 과반수의 동의를 얻어 사법위원회로부터의 이송 및 확인절차 없이 바로 탄핵이 정당하다는 결정을 내릴 수 있다.[143] 이 때 연방법관협의회는 결정문과 함께 해당 법관에 대한 법원기록을 하원에 송부하여 하원이 필요한 조치를 취하도록 할 수 있다.

(바) 소환권

사법위원회와 특별조사위원회는 이 법에 따라 조사할 때 필요할 경우 증인을 소환할 수 있는 전권(full subpoena)을 가진다.[144] 또 연방법관협의회 또는 법 제331조에 의하여 대법원장이 임명한 상임위원회도 소환의 전권을 가진다.[145]

(사) 재심

징계청구인이나 판사가 법 제354조에 의한 사법위원회의 결정에 불만이 있을 경우 연방법관협의회에 재심을 청원할 수 있다.[146] 연방법관협의회 또는 이 법 제331조에 의하여 설립된 상임위원회는 징계청구인 또는 판사가 신청한 재심청구를 허용할 수 있다.[147] 이 조와 352(c)조에서 특별히 명시적으로 규정한 경우를 제외하면, 재심청구의 기각을 포함한 모든 명령과 결정은 최종적이고 확정적이며 다른 사법심사의 대상이 되지 않는다.[148]

(아) 규칙제정권

각 사법위원회 및 연방법관협의회는 필요하다고 인정할 경우 재심절차 등 이 법에 따른 절차를 수행하는데 적합한 규칙을 제정할 수 있다.[149] 규칙에는 (i)징계청구의 대상이 된 판사에게 조사의 사실을 사전에 서면으로 고지하는 것 (ii)징계청구의 대상이 된 판사가 조사단의 조사절차에 본인이 직접 혹은 대리인을 통하여 출두하여, 음성 또는 문서 증거를 제출하거나, 증인의 출석 또는 문서의 제출을 강제하거나, 증인을 반대신문하거나, 구두 또는 서면으로 변론하는 것 (iii)조사단이 징계청구의 내용이 실체적인 정보(substantial information)를 제공할 수 있다고 결론 내릴 경우, 피징계청구인에게 조사단이 행하는 절차에 출두하는 기회를 제공하는 것이 포함되어야 한다.[150] 규칙은 제정 또는 개정되기 전에 일반인에게 고지되어, 일반인이 의견을 제시할 기회가 주어져야 한다.[151] 이 조항에 의하여 제정된 규칙은 공문서(public record)로 누구에게나 공개되며, 연방법관협의회는 사법위원회가 제정한 규칙을 수정할 수 있다.[152] 하지만 이 조항에 따라 공표된 어떠한 규칙도 징계

청구서의 제출 기일을 제한할 수 없다.[153]

(자) 참여의 제한

조사의 대상이 된 판사는 누구라도 이 법이 정하는 모든 관련 절차가 종료할 때까지 특별조사위원회, 사법위원회, 연방법관협의회에서 활동하지 못한다.[154] 당사자가 아닌 사람은 누구라도 '법원의 친구들(amicus curiae)'[155]이라는 명목으로 사법위원회 또는 연방법관협의회의 절차에 관여하거나 출석하지 못한다.[156]

(차) 자료의 비공개

제355조에 규정한 사유를 제외하면, 조사와 관련된 모든 보고서, 서류, 기록 등은 비밀로 하고, 공개되어서 아니 된다. 다음 세 가지 경우는 예외로 한다.[157]

첫째, 연방항소법원의 사법위원회가 재량으로, 당해 특별조사위원회의 보고서 사본을 조사를 촉발시킨 징계청구인과 조사 대상이 된 법관 및 치안판사에게 배포하는 경우

둘째, 연방항소법원의 사법위원회, 연방법관협의회, 상원(Senate), 또는 하원(House of Representatives)이 결정에 의하여 헌법 제1조 법관의 탄핵 조사 또는 재판에 필요한 자료를 제출하는 경우

셋째, 징계청구의 대상이 된 판사와 연방항소법원의 법원장, 대법원장 또는 법 제331조의 의하여 설립한 상임위원회의 의장이 서면으로 공개에 동의하는 경우

사법위원회, 연방법관협의회, 또는 이 법 제331조에 의하여 설립한

상임위원회가 사법위원회의 조치(354 (a) (1) (C))를 집행하기 위하여 문서로 내린 명령은 해당 항소법원의 서기를 통하여 일반에게 공개되어야 한다.[158] 정의에 반하지 않는 한, 이 법에 의하여 발하여진 명령은 서면으로 그 이유가 첨부되어야 한다.[159]

(카) 경비의 보상

이 법에 의하여 징계청구의 대상이 된 판사가 요청할 경우, 사법위원회는 징계청구가 최종 기각된 후 법원행정처장으로 하여금 변호사 비용 등 조사로 인하여 발생한 비용을 합리적인 범위 내에서 보상하도록 권고할 수 있다.[160]

(타) 타법에 영향

이 장에서 명시적으로 규정된 경우를 제외하면, 이 장의 어떠한 규정도 이 법, 연방민사소송절차, 연방형사소송절차, 연방항소절차, 증거법 등의 조항에 영향을 주지 않는다.[161]

(파) 준용 규정

연방청구권법원(United States of Federal Claims), 국제거래법원(Court of International Trades), 연방고등항소법원(Court of Appeals for the Federal Circuit)도 이 법의 규정에 부합하도록 판사의 행위에 관한 징계청구를 접수하여 이를 조사하고 해결하는 절차를 제정하여야 한다.[162] 징계청구를 조사하고 의결하는데 있어서 위의 각 법원은 이 법에서 사법위원회에 부여한 권한을 가진다.[163]

(하) 중죄(Felony) 선고의 경우

판사가 중죄 판결을 선고받고 더 이상 항소할 방법이 없거나, 항소기간을 도과한 경우 해당 판사는 항소법원의 사법위원회가 달리 결정하지 않는 한 재판에 참여하여 변론을 듣거나 판결을 내릴 수 없다.[164]

2) 징계의 실제

법관징계법의 시행에도 불구하고, 징계 받은 법관은 거의 없는 것이 현실이다. 법원장 또는 사법위원회가 징계청구를 기각시킬 수 있다는 재량규정이 징계청구를 기각하여야 한다는 강행규정으로 바뀌었다는 혹독한 비판도 나온다.[165] 실제로 미연방 법원행정처(Administrative Office of the U.S. Court)의 자료에 따르면, 이러한 평가가 과장이 아님을 알 수 있다.

1999년 9월말 기준으로 미 전역에서 직전 1년 동안 접수된 연방법관에 대한 징계청구는 826건으로 이 중 406건은 해당 지역 항소법원의 법원장에 의하여, 416건은 사법위원회에 의하여 기각되었고, 6건은 취하되었다.[166] 연방법관협의회에 통지된 사건은 한 건도 없었다. 2000년 9월말 기준으로는 696건이 접수되었으며, 그 해 처리된 사건 중 법관에 대한 조치가 내려진 것은 질책(censor)의 공개발표 2건이었다. 2001년 9월말 기준으로는 776건 접수, 징계조치는 질책의 개인 통보 1건이었다. 2002년 9월말까지는 657건 접수되었다. 법원장이 기각한 사건은 403건, 사법위원회가 기각한 사건은 377건이었다. 이 중 62%는 본안에 관한 징계청구이어서 법관징계법의 적용대상이 아니며, 38%는 법률에 일

치하지 않거나, 사소한(frivolous) 사안이거나, 적절한 조치가 이미 취해
졌거나, 조치가 더 이상 필요하지 않은 경우이거나, 취하한 경우이다.
1990년대에는 징계청구의 84%가 해당 지역 항소법원의 법원장에 의하
여 각하되었다는 연구결과도 있다.[167]

3) 제도개선의 노력

이처럼 법관징계제도가 징계청구인을 만족시키지 못하자 제도 자체
에 대한 비판도 제기되었다. 이를 개선하기 위한 노력도 이어졌다. 1990
년 의회는 법관징계및퇴출위원회(National Commission on Judiciary
Discipline and Removal)를 구성하여 법관의 징계 및 퇴출과 관련된 문
제를 조사하도록 하였다. 법관징계및퇴출위원회는 1980년 법관징계법
이 전반적으로 적정하고 효율적이라고 평가하였다.[168] 이 위원회는
1993년까지 활동하고 해산하였다.

2004년 법관징계제도는 또 한번 미국인의 주목을 받게 되었다. 2004
년 1월 대법관 Antonin Scalia가 부통령 Richard B. Cheney와 함께 부
통령 전용비행기로 루이지아나 주로 오리 사냥 갔던 일이 언론에 보도
되면서 법관윤리의 문제가 제기된 것이다. 당시 대법원에는 Cheney 부
통령이 상고한 사건이 계류 중 이었다. Scalia 대법관은 그 사건의 심리
를 회피하지 않았으며, Cheney 부통령에게 유리한 판결을 내렸다. 이
에 미 하원 법사위원회 위원장인 F. James Sensenbrenner Jr.(공화당,
위스콘신주)는 2004년 3월 사법부의 징계위원회가 책임 있게 운영되는
지 의회가 평가하겠다고 발표하기에 이르렀다.

대법원장 Rehnquist는 비난이 거세지자 2004년 5월 법관의 비리 문제를 다루는 특별위원회로 '법관징계법연구위원회(Judicial Conduct and Disability Act Study Committee)'를 구성한다고 발표했다. 특별위원회는 대법관 Stephen G. Breyer를 위원장으로 하고, 판사 4명, 대법원장의 행정보좌관(administrative assistant) 등 총 6명으로 구성되었다.[169] 특별위원회는 법원행정처 및 연방사법센터(Federal Judicial Center) 직원의 도움을 받아 법관에 대한 징계청구사건의 처리 절차 및 결과를 분석하여 법관징계제도의 개선책을 마련할 계획이다. 활동기간은 18개월에서 24개월로 예정되었다. 그러나 법관의 비리를 조사하여야 할 위원회가 법관 중심으로 구성된 것이 잘못이라는 비난이 제기되고 있다.

3. 법관징계제도에 대한 평가

미국의 법관징계제도는 사법부의 독립성을 보장하면서도 사법부의 책임성을 확보할 수 있는 방안으로 생각된다. 미 대법관 Stephen Breyer는 법관징계법연구위원회 위원장으로 첫 번째 회의를 주재하면서 하였던 말은 이러한 생각을 반영한다. 즉, 사법부의 완결성(integrity)에 대한 국민의 신뢰는 헌법이 사법부의 독립을 보장하는 것만으로는 부족하며, 이러한 신뢰는 법관의 비리나 무능력이 문제되었을 때 징계청구의 절차와 구제수단이 효율적이고 접근가능하다고 이해할 때 형성된다는 것이다.[170]

미국에서 사법부에 대한 국민의 신뢰도가 높은 것도 사법부가 독립성을 유지하면서도 책임성을 확보하고 있기 때문이라고 하겠다. 미국변호사협회(ABA)가 1998년 조사한 결과에 따르면, 미국인은 자국의 사법제도가 세계 최고라고 생각한다.[171] 사법제도 전반에 대한 강한 신뢰도는 특히 법원과 법관에 대한 신뢰에서 비롯되었다. 법관에 대하여 강한 신뢰를 보인 사람의 비율은 32%인데 반해 변호사에 대한 강한 신뢰도는 14%에 그친다.[172] 특히 대법원에 대한 강한 신뢰도는 50%로 나타나, 18%에 불과한 의회 등 다른 어떤 국가기관에 대한 것보다 높다.[173] 미국 사법제도가 높은 신뢰를 받고 있는 것은 여러 가지 원인이 있을 수 있다. 배심제의 운영, 법원 직원의 친절함, 변호사에 대한 용이한 접근가능성 등[174]이 주요한 원인으로 거론될 수 있다. 이에 더하여 대부분이 미국인들은 법관의 자질에 대하여 아주 강한 신뢰를 보내고 있어,[175] 사법제도가 국민의 신뢰 속에서 작동하고 있음을 보여준다.

주목할 점은 법관징계법의 도입이 사법부의 독립성을 훼손하여 사법제도에 대한 불신으로 이어질 수 있다는 우려가 있음에도 불구하고 실제 그러한 현상은 나타나지 않고 있다는 점이다. 1978년 Yankelovich 조사와 1998년 ABA 조사를 비교해보면, 의회 언론 공립학교 종교단체 의사 등에 대한 신뢰도는 떨어진데 반하여 연방 법원과 주 법원 등 모든 종류의 법원에 대한 신뢰도는 높아진 것으로 나타났다.[176]

이는 1980년 제정된 법관징계법이 법원의 신뢰도 향상에 긍정적으로 영향을 미쳤다는 낙관적인 해석의 논거로 사용 가능하다. 또 그 인과관계가 과학적으로 입증되지 않았다는 이유로 단순 비교가 곤란하다는 비판을 수용한다고 하더라도, 법관징계법의 도입이 사법부의 독립성을 훼손하여 사법부에 대한 국민의 신뢰를 저하시키는 일로 발전하지 않았다는 설명은 충분히 가능하다.

4. 마치는 말 : 사법부의 독립성과 책임성의 조화

민주주의 국가에서 사법부 독립이 중요한 것은 자명하다. 사법부의 독립 없이 국민의 자유와 권리는 보장될 수 없다. 당사자가 누구냐에 따라 재판의 운영과 판결이 공정하지 않고 편파적으로 운영된다면, 그 사회는 법의 지배(rule of law)가 실현되는 사회가 아니며 민주주의는 존립근거를 상실한다. 법의 지배를 위해서는 법관과 법원을 힘 있는 사람과 기관으로부터 보호하는 제도가 필요하다. 판결 내용이 마음에 들지 않는다고 해당 판사와 그가 속한 법원에 영향력을 행사할 수 있는 길을 허용하여서는 아니 된다.

하지만 사법부의 독립성에 대하여 두 가지 잘못된 인식이 존재한다. 하나는 사법부의 독립성은 그 자체가 소중하게 유지하여야 할 가치라는 것이고, 또 다른 하나는 사법부의 책임성 확보방안이 사법부의 독립성을 훼손할 수 있다는 것이다. 사법부의 독립성은 그 자체가 목적일 수 없으며, 법의 지배에 의하여 운영되는 민주주의 국가를 존속 발전시키기 위한 수단에 불과하다. 사법부의 독립성이 확보되고 유지되어야 할 이유는 그것이 국민을 위한 것이기 때문이다. 또한 사법부의 독립성은 책임성과 분리하여 존속할 수 없다. 사법부의 독립이 사법부의 완전한 면책을 의미하는 것은 아니다. 예일대학의 Judith Resnik 교수는 다음과 같이 설명한다.[177]

헌법이 법관의 종신제 및 임금보장, 적법절차를 보장하는 것은 사법부의 독립성과 형평성을 제고하기 위한 것이다. 하지만 헌법 조문이나 법 원칙만으로는 충분하지 않다. 오히려 사법부의 독립성은 공평한 판결을 고무하고 소중히 여기며, 심사숙고 끝에 나온 판결을 존중하고, 법관이 사안에 따라 개별적인 판단을 내릴 수 있도록 재량권을 충분히 주고, 법관이 자신이 내린 판결에 대하여 설명과 공개를 통하여 책임지도록 하고, 법관이 자신의 권한 밖의 역할을 하지 못하도록 제한하는 문화와 관행의 유산이다.

법관이 자신의 권한 밖의 일을 하지 못하도록 제한하는 제도가 법관징계제도이다. 동시에 법관징계제도는 법관이 자신의 권한을 행사하는 것을 확실하게 보장한다. 법관징계법은 판결이나 결정에 대해서는 징계청구할 수 없음을 명시하여야 한다. 이러한 의미에서 Burbank 교수의 평가처럼, 사법부의 독립성과 사법부의 책임성을 같은 동전의 다른 면(different sides of the same coin)에 불과하다.[178]

우리나라의 경우 사법부의 독립성에 비하여 사법부의 책임성을 확보하고 유지하기 위하여 기울이는 노력은 미흡하다. 그러한 의미에서 미국의 법관징계제도는 우리에게 시사하는 바가 크다. 하지만 한 나라의 사법제도는 그 나라의 문화와 관행의 유산이기도 하므로, 미국의 법관징계제도를 그대로 수용한다고 미국에서와 같은 성과를 기대할 수는 없을 것이다. 특히 사법부 독립의 역사가 짧은 우리의 현실을 고려하면, 사법부의 독립성과 책임성의 조화로운 해결안을 마련해야 할 필요성이 더욱 크다.

미국의 법관징계법에서 배우는 조화의 핵심은 사법부의 조사권 행사에 있다.[179] 누구나 법관의 비리에 대하여 불만을 토로할 수 있는 창구를 마련해놓고, 그 비리혐의가 사실로 밝혀지면 탄핵까지 이를 수 있는 징계내용을 마련함으로써 사법부의 책임성을 확보하면서도, 비리혐의에 대한 사실조사는 외부의 간섭 없이 사법부가 독자적으로 진행하도록 제도화함으로써 사법부의 독립성을 유지하는 방식이다.

우리나라 법관징계법도 조사권을 사법부가 행사하도록 규정하고 있다. 법관징계위원회가 "감정을 명하거나 증인을 심문할 수 있으며, 공공기관 등에 사실조사를 하거나 서류의 제출을 요구"할 수 있는데(법 제16조), 법관징계위원회의 "위원과 예비위원은 법관 중에서 대법원장이 각각 임명"하기 때문이다. 하지만 법관징계위원회가 법관 일색이어서 객관성과 공정성을 담보하기 어렵다는 시민단체 등의 비판이 제기되고 있다. 이러한 비판은 사법부의 책임성을 확보한다는 측면에서 타당하다. 하지만 법관징계위원회가 법관비리의 사실조사 권한을 그대로 유지하면서, 법관징계위원회 위원의 자격을 법원 이외의 인사로 확대할 경우 사법부의 독립을 훼손할 우려가 있다. 법관징계제도의 개선은 단순히 징계위원회의 구성을 개방하는 정도에서 그쳐서는 곤란하며, 법관징계의 사유 · 징계청구권자 · 사실조사의 방법 및 절차 · 징계결정권자 · 징계결정에 대한 불복방법 등이 종합적으로 검토되어야 할 것이다.

1장

* 이 글은 법률신문(2006년 5월 29일자)에 기고한 글을 수정·보완한 것이다.

2장

* 제2장의 글은 '인권과 정의'(2004년 7월호)에 '시민과 변호사'(2007년 2월호)게재된 글을 바탕으로 재작성하고, 수정·보완한 것이다.

1) 이에 관한 연구로는 이정호, "국선변호와 변호인", 대한변호사협회지, 제77호, 1982. 5; 박홍우, 『피의자 및 피고인의 변호인의 조력을 받을 권리』, 서울대학교 법학박사 학위논문, 1986; 문홍주, "변호인의 조력을 받을 권리", 미국헌법학회, 1992; 이상철 최석윤, "국선변호인 제도의 문제점과 개선방향", 형사정책연구, 제4권제3호, 93년 가을호; 한국형사정책연구원,『국선변호인제도에 관한 연구』, 1994 등이 있다.

2) 이에 관한 연구로는 이재상, "변호인의 접견·교통권", 인권과 정의, 제158호, 1989. 10; 김용대, "변호인의 접견교통권 침해와 자백의 증거능력", 사법행정, 제32권 제4호, 1991.4; 허영, "변호인접견제한의 위헌성", 헌법재판자료 제5집, 1992. 12; 박승옥, "변호인 접견에서의 비밀침해에 관한 헌법재판소의 위헌결정의 의의", 법과 사회, 제6호, 1992. 7; 이재상, "변호인과 구속피의자의 접견교통권의 침해에 관한 구제", 법률구조, 1992년 가을호; 차병직, "변호인 접견교통권의 침해와 구제", 법조, 제42권제5호, 1993. 5; 백형구, "임의동행과 변호인의 접견교통권", 판례연구 제11집, 1998. 1; 황윤상, 『형사소송법상 변호인의 접견교통권에 관한 연구』, 성균관대학교, 2002.

3) 재독 사회학자 송두율 씨 사건이 그 대표적인 예이다. 이 사건의 쟁점은 송 씨에 대한 피의자신문 때 변호사 입회의 허용 여부였다. 검찰은 "피의자신문 때 변호사 입회를 허용하도록 한 법원결정이 부당하다"며 준항고인용결정에 대하여 재항고했지만, 대법원 형사2부(주심 배기원 대법관)는 "현행법상 신체구속을 당한 사람과 변호인 사이의 접견교통을 제한하는 규정은 마련돼 있지 아니하므로 신체구속을 당한 사람은 수사기관으로부터 피의자신문을 받는 도중에라도 언제든지 변호인과 접견교통하는 것이 보장되고 허용돼야 할 것이고, 이를 제한하거나 거부하는 것은 신체구속을 당한 사람의 변호인과의 접견교통권을 제한하는 것으로서 위법"이라고 결정했다. 대법원 2003모402 사건.

4) 권영성, 『헌법학원론』, 법문사, 2004, 423쪽; 성낙인, 『헌법학』, 법문사, 2003, 329쪽. 헌법재판소 판례 역시 그렇다. 헌재 1992. 12. 24. 92헌가8 등 참조.

5) 계희열, 『헌법학(중)』, 박영사, 2000, 267쪽.

6) 배종대 이상돈, 『형사소송법』, 홍문사, 2002, 15쪽.

7) 배종대 이상돈, 앞의 책, 13쪽; 신동운, 『형사소송법』, 법문사, 1993, 7쪽; 이재상, 『형사소송법』, 박영사, 2000, 273쪽; 차용석, 『형사소송법』, 세영사, 1997, 36쪽 등 참조.

8) 이재상, 앞의 책, 25쪽.

9) 이건호, "미국의 연방대법원 판례를 통해서 살펴본 변호인의 조력을 받을 권리", 형사정책연구소식(1994), 통권 26호, 48쪽. 우리 헌법상 변호인의 조력을 받을 권리는 미 연방헌법의 영향을 받은 것이다. 미국에서도 변호인의 조력을 받을 권리는 적법절차의 한 내용을 이루는 것으로 보고 있다. Ken M. Zeidner, "Inadvertent Disclosure and Attorney Client Privilege: Looking to the Working Product Doctrine for Guidance", Cardozo Law Review,

March 2001 참조. 미 대법원은 Powell v. Alabama, 287 U.S. 45(1932) 사건에서 변호인을 선임하지 않은 것이 수정헌법 제14조의 적법절차 규정에 포함된 기본적 공정의 원칙(the principle of fundamental fairness)을 위반한 것으로 판단하였다.

10) 권영성, 앞의 책, 439쪽.

11) 허영, 앞의 책, 352~53쪽; 헌재 1992. 1. 28. 91헌마111.

12) 사법개혁위원회 제11차 회의 배포자료 "국선변호제도 관련 주요 논점", http://www.scourt.go.kr/kj_p.html 참고.

13) 헌재 1992. 1. 28. 91헌마111.

14) 헌재 1991. 7. 8. 89헌마181.

15) 헌재 1992. 1. 28. 91헌마111.

16) 헌재 1995. 7. 21. 92헌마144.

17) 대법원 1990. 9. 25. 선고 90도1586 판결.

18) 대법원 1996. 6. 3. 선고 96모18 판결.

19) 헌재 1992. 1. 28 89헌마111.

20) 신동운, 앞의 책, 386쪽.

21) 이재상, 앞의 책, 139쪽.

22) 대법원 1990. 9. 25 선고 90도1586 판결.

23) 대법원 2003모402 결정.

24) 신동운, 앞의 책, 385쪽; 배종대 이상돈, 앞의 책, 132쪽.

25) 헌재 19997. 11. 27. 94헌마60.

26) 헌재 2003. 3. 27. 2000헌마474.

27) 이에 관하여는 (Ⅳ-2)에서 상세히 서술함.

28) 헌재 1991. 7. 8. 89헌마181.

29) 조규광, 변정수 재판관의 반대의견.

30) 헌재 1997. 11. 27. 94 헌마 60.

31) 헌재 2003. 3. 27. 2000 헌마 474.

32) 대법원 1996. 6. 3. 선고 96모18 판결.

33) 수정헌법 제4조의 내용은 다음과 같다. The right of the people to be secure in their persons, houses, papers, and effects, against unreasonable searches and seizures, shall not be violated, and no Warrants shall issue, but upon probable cause, supported by Oath or affirmation, and particularly describing the place to be searched, and the persons or things to be seized.

34) Mempa v. Rhay, 389 U.S. 128 (1967); Coleman v. Alabama, 399 U.S. 1 (1970).

35) U.S. v. Wade, 388 U.S. 218 (1967).

36) 대법원 1969. 3. 25. 선꼬 69도99 판결.

37) 구금된 자와의 접견과정에서의 대화나 그 대화의 기록은 헌법재판소가 완전한 비밀보장으로 보호하고 있고(헌재결 91헌마 111), 이 때 수수한 물건은 형소법 제91조의 반대해석과 제89조, 제34조 등을 결합하여 보면 압수가 금지된다고 해석할 수 있다. (참고 이재상, 앞의 책, 136쪽). 하지만 구금되지 않은 의뢰인과의 상담내용이나 이를 기록한 서류, 수수한 물건 등에 대해서는 여전히 보호가 미흡한 상태다.

38) Black's Law Dictionary, 2nd Pccket Ed., West Group, 2001.

39) Paul R. Rice, "Attorney-Client Privilege: The Eroding Concept of Confidentiality Should Be Abolished", 47 Duke LJ. 853, 855 (1998).

40) Id. at 856.

41) Id. at 857.

42) Lance Cole, "Revoking Our Privilege: Federal Law Enforcement's Multi-Front Assault on the Attorney-Client Privilege (And Why It is Misguided)", 48 Vill. L. Rev. 469, 474(2003).

43) Id. at 475.

44) John Henry Wigmore, 『Evidence in Trials at Common Law(2nd Ed. 1923)』 5.

45) Rossi v. Blue Cross & Blue Shiled, 73 N.Y. 2d 588.

46) Helena M. Travares, "The United States Perspective on Travelling with the Attorney-Client Privilege: Checked or Carry-On Baggage", International Law Practicum (Spring, 1994) 4.

47) Uniform Rules of Evidence, Revised Rule 502(a)(3)(1986)("…a person authorized, or reasonably believed by the client to be authorized, to engage in the practice of law…").

48) Travares, supra note 46, 5.

49) Id.

50) Upjohn Co. v. U.S., 449 U.S. 383, 395-96 (1981).

51) Travares, supra note 46, 5.

52) In re Ryder, 263 F. Supp. 360 (E.D. Va. 1967). 이 사건에서 법원은 압수 가능한 증거물을 자진하여 전달받은 변호인에게는 변호사-의뢰인 특권에 의한 보호가 인정되지 않는다고 판시하였다.

53) Clark v. State, 159 Tex. Crim. 187 (1953).

54) City and County of San Francisco v. Superior Court, 37 Cal. 2d 227 (1951).

55) Rice, supra note 39, at 875.

56) Upjohn Co. v. U.S., 449 U.S. 383 (1981). 자회사의 직원과 모회사의 변호인 사이에서 이루어진 의사교환은 보호된다. Admiral Ins. Co. v. United States Dist. Court for the Dist. of Arizona. 공무원은 그 직급을 불문하고 정부 변호사와의 사이에서 이루어진 의사교환에 대하여 공개를 거부할 수 있다. Deuterium Corp. v. U.S., 19 Cl. Ct. 697, 699 (1990).

57) Bauman v. Jacobs Suchard, Inc., 136 F.R.D. 460, 461-62 (N.D. Ill. 1990). 그러나 변호인이 반대 당사자에 의하여 선임된 것을 아는 의뢰인이 그 변호인과 예비적으로 한 의사교환은 보호대상이 아니라는 판결이 있다. U.S. v. Dennis, 843 F.2d 653 (2d Cir. 1988).

58) Kevlik v. Goldstein, 724 F.2d 844, 849 (1st Cir. 1984).

59) Id.

60) Radiant Burners, Inc. v. American Gas Association, 320 F. 2d 314 (7th Cir. 1963).

61) City of Philadelphia v. Westinghouse Elec. Corp., 210 F.Supp. 483 (E.D. Pa. 1962).

62) Upjohn Co. v. U.S., 449 U.S. 383 (1981).

63) CFTC v. Weintraub, 471 U.S. 349 (1985).

64) In re Grand Jury Subpoenas, 561 F. Supp. 1247 (E.D.N.Y. 1982).

65) United States v. Mendelsohn, 896 F.2d 1183, 1188-89 (9th Cir. 1990).

66) Upjohn Co. v. United States, 449 U.S. 383 (1981).

67) Grace M. Giesel, "The Legal Advice Requirement of the Attorney-Client Privilege: A Special Problem for In-House Counsel and Outside Attorneys Representing Corporations", Mercer Law Review (Spring 1997).

68) Grant v. U.S., 227 U.S. 74 (1913).

69) Fisher v. U.S., 425 U.S. 391 (1976).

70) D.E. Evins, "Attorney-Client Privileges as Affected by Its Assertion as to Communications, or Transmission of Evidence, Relating to Crime Already Committed", 16 American Law Reports 3d. 1029.

71) Alexander v. U.S., 138 U.S. 353 (1891).

72) 329 U.S. 495 (1947).

73) Fed. R. Civ. P. 26(b)(3).

74) Fed. R. Crim. P. 16(b)(2).

75) Hickman, 329 U.S. at 510.

76) 422 U.S. 225 (1975).

77) Id. at 238.

78) Cole, supra note 42, at 483.

79) Id.

80) 미국 판례상 변호인의 조력을 받을 권리가 우리에게도 적용될 상당한 보편성을 지니고 있다고 본 견해로는 이명웅, "미국판례상의 변호인의 조력을 받을 권리-Gideon Wainwright(1963) 및 Miranda Arizona(1966) 판결", 법률구조, 1994년 여름호, 25쪽.

81) Grace M. Giesel, "The Legal Advice

Requirement of the Attorney-Client Privilege: A Special Problem for In-House Counsel and Outside Attorneys Representing Corporations", Mercer Law Review, Spring 1997; Cole, supra note 42, at 479-480.

82) 강구진, 『형사소송법원론』, 학연사, 1982, 125쪽; 차용석, 『형사소송법』, 세영사, 1997, 87쪽.

83) 백형구, 『형사소송법』, 한국사법행정학회, 1998, 47쪽.

84) 이재상, 『형사소송법』, 박영사, 1994. 49-53.

85) 헌재 1995. 11. 30. 92헌마44 참조(…형사소송의 구조를 당사자주의와 직권주의 중 어느 것으로 할 것인가의 문제는 입법정책의 문제로서 우리나라 형사소송법은 그 해석상 소송절차의 전반에 걸쳐 기본적으로 당사자주의 소송구조를 취하고 있는 것으로 이해되는바…); 대법원 2000. 6. 15. 선고 99도1108 전원합의체 판결(…공판준비 또는 공판기일에서 이미 증언을 마친 증인을 검사가 소환한 후 피고인에게 유리한 그 증언 내용을 추궁하여 이를 일방적으로 번복시키는 방식으로 작성한 진술조서를 유죄의 증거로 삼는 것은 당사자주의·공판중심주의·직접주의를 지향하는 현행 형사소송법의 소송구조에 어긋나는 것일 뿐만 아니라…).

86) 박미숙, "현행법상 변호인의 지위", 법조, 제44권 제8호, 94~95쪽; 이재상, 앞의 책, 173쪽; 강구진, 앞의 책, 148쪽.

87) 박미숙, 앞의 논문, 95쪽.

88) 이재상, 앞의 책, 174쪽; 신동운, 앞의 책, 5쪽.

89) 헌재 2007.8.30. 2006헌바96 변호사법 제109조 제1호 위헌소원

3장

* 제3장의 글은 서울대학교 법학(2002년

12월호), 법조(2007년 7월호), 「법률시장 개방국들의 외국변호사 관리감독제도」(법무부 2004년)에 게재된 글을 바탕으로 재구성하고, 수정·보완한 것이다.

1) Lawrence M. Friedman, "Erewhon: The Coming Global Legal Order," 97 Stan. J. Int'l L. 347, 349(2001). Friedman 교수는 경제 외에도 인력(human capital)을 글로벌화의 핵심이라고 설명한 후 이 두 가지 요소는 글로벌 문화의 등장에 의존하고 있다고 강조했다. 생산과 소비의 문화가 글로벌화되면서 거래가 더욱 글로벌화되고 있다는 주장이다. 세계 어느 나라의 중산층이나 먹는 것, 입는 것, 생활하는 것 등이 거의 비슷해지면서 글로벌화가 더욱 가속화된다는 것이다.

2) Steven Mark, "Harmonization or Homonization? The Globalization of Law and Ethics: An Australian Viewpoint," 34 Vand. J. Transnat'l L. 1173, 1174(2001) 참조. 영국의 경제시사주간지 The Economist도 영어, 뉴욕과 런던의 자본시장, 영미법 등 세 가지를 최근 글로벌 회사들이 벌이는 행태를 이해하는 핵심 언어로 설명하고 있다. "The Battle of the Atlantic," The Economist, Feb. 24, 2000.

3) Friedman, supra note 1, at 354.

4) http://money.cnn.com/magazines/fortune/fotune500/2008/snapshots/2255/html

5) Nancy L. Kaszak, "Practicing Law in the Global Economy," 22 N. Ill. U. L. Rev. 1, 6(2001).

6) Id.

7) George Soros, 『The Crisis of Global Capitalism: Open Society Endangered』 204(1998).

8) 개발도상국가가 다국적 기업의 투자를 받기 위해서는 법률시스템을 사업 친화적으로 개선해야 할 경우가 많다. 법무서비스 시장개방은 법률시스템 개혁 중 하나로 자주 거론된다. 이러한 압력은 다국적 기업뿐만 아니라 IMF, IBRD 같은 국제 금융기관, 개별 국가 등에 의해

서 복합적으로 행사된다. David M. Trubek et al., "Global Restructuring and the Law: Studies of the Internationalization of Legal Fields and the Creation of Transnational Arenas," 44 Case W. Res. 407, 477~78, 480~81 (1994).

9) 물론 국가 간 협력이 잘 이뤄지면 다국적 기업의 횡포에 대항할 수 있다.

10) Friedman, supra note 1, at 355.

11) 세계 법률시장의 변화에 대해서는 졸고, "법의 세계화와 영·미 로펌의 세계지배: 독일 사례를 중심으로", 서울대학교 「법학」제43권 제4호(2002.12.); 졸고, "법무서비스 시장개방의 과제", 통상법률 제62호(2005.4.); 김형준, "법률시장 개방협상과 향후과제", 법조 제582호(2005.3.); 김순석, "법무서비스 시장개방의 주요 쟁점", 법조 제579호(2004.12.); 고준성, "법무서비스시장 개방의 효과 및 영향 분석: 전면개방과 부분개방의 비교를 중심으로", 통상법률 제66호(2005.12.) 등 참고.

12) "Dateline 2000: The World's Biggest Firms," Int'l Financial Law Review, Jan. 2000. (visited Nov. 14, 2002) 〈http://www.legalmediagroup.com/IFLR/includes/print. asp? SID=296〉.

13) Int'l Financial Law Review, Jan. 2000. (visited Nov. 14, 2002) 〈http://www.legalmediagroup.com/IFLR/includes/print.asp?SID=296〉.

14) 미국에서 활동하고 있는 외국 로펌의 규모를 보면 Rogers & Wells와 합병한 Clifford Chance가 690명으로 가장 많고, 그 다음은 Allen & Overy 68명, Freshfields Bruckhaus Deringer 68명, Linklaters 62명 순으로 1위와의 차이가 많이 난다. Nathan Koppel, "North America at a Glance," The American Lawyer, Oct. 30, 2001. (visited Nov. 14, 2002) 〈http://www.law.com/servlet/ContentServer?pagename=OpenMarket/Xcelerate/View&c=LawArticle&cid=1015973978377&live=true&cst= 1&pc=0&pa=0〉.

15) 유럽 경제의 주축인 독일의 경우 순수한 독일계 로펌 중 최대 로펌인 Hengeler Mueller의 연간 매출은 9,649만 달러에 그친다. 이는 세계 100위권 로펌의 절반 수준이다.

16) 여기서는 편의상 다른 로펌과의 인수 합병도 내부 성장으로 간주했다.

17) Randall S. Thomas et al., "Megafirms," 80 N.C.L. Rev. 115, 118(2001). 이 연구에 따르면 대형화 현상은 로펌에서만 발생한 것이 아니다. 글로벌화에 따른 대형 프로젝트의 증가는 처음에 대형 회계 법인을 탄생시켰고, 투자은행, 로펌 등 다른 전문가 직역에까지 메가펌(mega firm)을 탄생시켰다.

18) Id. at 142.

19) Skadden, Arps와 대조적인 로펌으로는 Wachtell Lipton이 있다. Wachtell Lipton도 M&A 분야에 전문화된 로펌인데 Skadden과 달리 연합(syndica-tion) 전략을 고수하면서도 성공적이라는 평가를 받고 있다.

20) David B. Wilkins & Mitu Gulati, "Reconceiving the Tournament of Lawyers: Tracking, Seeding, and Information Control in the Internal Labor Markets of Elite Law Firms," 84 Va. L. Rev. 1581(1998).

21) '빅 5'는 Arthur Andersen, DeLoitte Touche Tohmatsu, Ernst & Young, PricewaterhouseCoopers, KPMG를 말한다. 하지만 2002년 Arthur Andersen이 회계 부정사건에 휘말리면서 몰락, DeLoitte Touche에게 넘어가면서 '빅 4'로 바뀌었다.

22) 독일에는 500개의 로펌과 5만 명의 변호사가 있으며, 이들이 벌어들이는 변호사 수임료 전체는 연간 75억 파운드라고 한다. 반면에 영국의 변호사(Commercial Lawyer) 수는 2만 2,000명 정도다. Bronwyn Eyre, "European Partner Profits," Commercial Lawyer, Aug. 2000.

23) Trubek et al., "Global Restructuring and the Law: Studies of the Internationalization of Legal Fields and

the Creation of Transnational Arenas," 44 Case W. Res. 407, 422 (1994).

24) Henssler & Terry, "Lawyers without Frontiers: A View from Germany," 19 Dick. J. Int'l L. 269, 274 (2001).

25) Nick Ferguson, "Daimler-Chrysler: A Sign of the Times?," Int'l Financial Law Review, July 1998.

26) Hessler & Terry, supra note 24, at 272.

27) Haarmann, Hemmelrath는 순수 독일계로 조세 분야의 최고이기는 하지만 복수전문직간 동업(MDP)이라는 점에서 독일 법무서비스 시장의 외국 지배를 이야기할 때 자주 거론되지 않는다.

28) 영국의 Linklaters는 2001년 1월 독일의 Oppenhoff & Radler와 합병했다.

29) 영국의 Freshfields는 독일의 Deringer Tessin Herrmann & Sedemund와 2000년 1월1일합병해 변호사 수를 1339명으로 늘렸다가 2000년8월1일 독일의 Bruckhaus Westrick Heller Loeber와 또 다시 합병해 변호사 수를 1800명으로 늘렸다. "Legal Market: Freshfields, Clifford Chance Seal German Mergers," Int'l Finanacial Law Review, Oct. 1999. Bruckhaus와의 합병 때는 Bruckhaus 변호사 중 30%가 반대해 합병이 무산될 위기에 빠지기도 했으나, Freshfields 쪽이 로펌의 국제적인 명칭을 Freshfields Bruckhaus Deringer로 하는 데 동의하는 등 몇 가지 주요 쟁점에서 양보해 결국 합병에 이르렀다. Emma Vere-Jones, "Merge, or We'll Raid You! The Freshfields Gambit," Commericial Lawyer, Oct. 2001.

30) Clifford Chance는 1999년 9월 Punder와 2000년1월1일부로 합병하기로 결의했다. 이 당시 합병후 로펌은 세계 30개 지역에 2700명 정도의 변호사를 보유하고 있었다. "Legal Market: Freshfields, Clifford Chance Seal German Mergers," Int'l Finanacial Law Review, Oct. 1999

31) 영국의 Lovell White Durrant와 독일의 Boesebeck Droste는 2000년1월1일자로 합병했다. 합병 발표 당시 변호사 수는 2,128명으로 유럽에서 4번째 거대한 로

펌이 됐다. Lovells는 그 후 2001년 5월1일자로 네덜란드 암스테르담 소재 로펌 Ekelmans Den Hollander을 합병했으며 그해 11월1일자로 프랑스 로펌 Simeon & Associes를 합병하는 등 규모를 계속 키웠다.

32) 독일 로펌은 변호사 35명 규모의 Schilling Zutt & Anschutz이었다. Schilling은 1999년 8월부터 미국 로펌 Shearman & Sterling과, 2000년 1월부터는 Allen & Overy과 합병을 추진하다 실패했다. 그 후 Shearman & Sterling과 Allen & Overy는 Schilling에서 변호사를 각각 8명씩 빼갔다. "Shearman and A&O Share the Spoils in Germany," Int'l Financial Law Review, July 2000.

33) JuVe Handbuck 1999/2000에 따르면 Gaedertz의 소속 변호사 수는 184명으로 독일에서 6번째로 큰 로펌이었다.

34) Vere-Jones, "Merge, or We'll Raid You! The Freshfields Gambit," Commercial Lawyer, Oct. 2001.

35) "Going Deutsch," Worldlaw Bus., Feb. 2001. Lovell Boesebeck Droste의 지역 매니징 파트너인 Herald Seisler씨의 말을 인용해서 소개하고 있다.

36) 1999년 3월 런던의 헤드헌팅 회사인 QD Legal이 프랑크푸르트에 사무소를 개설해 독일에 처음으로 법률가를 전문으로 하는 헤드헌팅 회사가 나타났다.

37) Bronywn Eyre, "European Partner Profits," Commercial Lawyer, Aug. 2000.

38) "제4장: 프랑스의 법무시장 개방 제도", 『법무서비스 개방문제 연구』, 법무부, 2000년, 221~22쪽.

39) 앞의 책, 229쪽.

40) Mary C. Daly, "F. Hodge O'neal Corporate and Securities Law Symposium: Conflicts of Interest in Corporate and Securities Law: Monopolist, Aristocrat, or Entrepreneur Partnerships in the United States, France, Germancy, and the United Kingdom after the Disintegration of Andersen Legal", 80 Wash. U. L. Q. 589, 607 (2002).

41) 법무부, 앞의 책, 230쪽.

42) 1971년 법률전문직개혁법 제54~55조.

43) 앞의 법률, 제56조.

44) 법무부, 앞의 책, 244쪽.

45) 앞의 책, 245쪽.

46) Daly, supra note 140, at 607.

47) 변호사조합연맹의회(Congress of the Confédération des Conseils Juridi-ques)의 1987년 5월 의사록에는 "프랑스는 그 지리적 위치, 독특한 지형과 기후와 천연자원 및 주요 도시들로 인해서 많은 외국인들을 유혹한다. 이러한 사정에 비추어 프랑스에서 avocat와 conseil juridique간 통합은 필요하고 불가피하다"고 밝히고 있다. 법무부, 앞의 책, 248면 각주 138 참조.

48) 앞의 책, 248면. 전국법무상담역평의회(Commission Nationale des Conseils Juridiques)가 1988년 3월 3일 프랑스 법무부에 보낸 서한의 주요 내용임.

49) 앞의 책, 252~53쪽 참조.

50) 1990년 신법은 1990년 12월 31일 이전에 Conseil Juridique 회사로 설립된 모든 외국 Conseil Juridique 회사에 대해서 별도의 자격심사 없이 자동적으로 Firms of Avocats로 전환될 수 있게 허용하였다. 또 1990년 12월 31일 이전에 Conseil Juridique인 외국인도 모두 Avocat가 되었다. 앞의 책, 259쪽.

51) 당초 프랑스는 상호주의를 엄격히 적용해 프랑스인을 위한 특별시험제도를 운영하는 국가 출신의 변호사에 한해서만 특별시험에 응시할 수 있도록 요구했으나, 1994년12월 서비스무역에 관한 일반협정(GATS)을 포함한 세계무역기구(WTO) 협정을 비준하면서 상호주의 요건을 폐지했다. 앞의 책, 271~72쪽.

52) 앞의 책, 265쪽.

53) 앞의 책, 274쪽.

54) 앞의 책, 274쪽.

55) "CC, Freshfields and Linklaters break into France's Legal Top 10", The Lawyer, Sept. 16, 2002.

56) Daly, supra note 40, at 607.

57) Bronwyn Eyre, "France en crise; Is There a Future for the French Independent Firm?", Commercial Laywer, June 2000.

58) Id.

59) 일본의 법률시장 개방에 대한 전반적인 내용은 필자가 집필한 법무부 발행(2004년 12월)『법률시장 개방국들의 외국 변호사 관리감독제도』중 제3장 일본을 참조.

60) 일본변호사연합회의 외국변호사및국제법률업무위원회 위원장 小原望 변호사가 2002년 2월 25일 제2회 국제화검토회에서 발표한 자료 참조(http://www.kantei.go.jp/jp/singi/sihou/kentoukai/kokusaika/dai2/2siryou4_1.html).

61) 일본변호사연합회 제정 특정공동사업에 관한 규정 제6조(특정공동사업에 관한 신고) 참조.

62) 일본 중앙대 법학부 교수 小島武司가 2003년5월17일 사법제도개혁추진본부에 제출한 의견서 "弁護士と外國法事務弁護士等との提携 協?について"참조. <http://www.kantei.go.jp/jp/singi/sihou/kentoukai/kokusaika/dai6/6siryou1.pdf>.

63) 외국법사무변호사의 자격을 취득하기 위하여 필요한 실무경력은 5년 이상에서 3년 이상으로 단축되었으며, 자격취득 후 일본에서 일하였을 경우 인정받는 경력기간도 통산 2년에서 1년으로 단축되었다. 외국법사무변호사가 종전처럼 법무대신의 지정을 받거나 지정법의 부기를 받는 경우뿐 아니라, 전문가로부터 서면에 의한 조언을 받는 경우에는 제3국법에 관한 법률사무를 취급할 수 있도록 허용되었다.

64) <http://www.kantei.go.jp/jp/sihouseido/dai62/pdfs/62-2.pdf> 참조.

65) 일본 사법제도개혁추진본부 국제화 검토회 제9차 회의 자료 "特定共同事業の要件緩和等をした場合の諸形態" <http://www.kantei.go.jp/jp/singi/sihou/kentoukai/ kokusaika/dai9/9siryou1.pdf> 참조.

66) 일본 사법제도개혁추진본부 국제화 검토회 제9차 회의(2002. 7. 25) 자료, 〈http://www. kantei.go.jp/jp/singi/sihou/kentoukai/kokusaika/dai9/9siryou3.pdf〉 참조.

67) 〈http://www.kantei.go.jp/jp/singi/sihou/kentoukai/kokusaika/dai9/9gijiroku.html〉 참조.

68) 〈http://www.kantei.go.jp/jp/singi/sihou/kentoukai/kokusaika/dai2/2siryou2_8. html〉 참조.

69) 〈http://tokyo.usembassy.gov/j/p/tpj-j052.html〉 참조

70) Kakinuki, John, "一人の外國法事務弁護士が見た外弁法の歷史と課題", 自由と正義, Vol. 54 No. 12(2003년 12월호)에서 제시된 문제점을 정리하였음.

71) 2003년말 현재 특정공동사업을 하는 변호사의 수는 122명, 외국법사무변호사 수는 58명, 특정공동사업을 하는 변호사가 고용한 변호사의 수는 324명, 특정공동사업의 당사자가 고용한 외국법사무변호사의 수는 37명이다.

72) 西村ときわ法律事務所의 小杉 晃 변호사의 설명임. "大規模法律事務所の現場と牀來(座談會)," 自由と正義, Vol. 57 No. 5(2006년5월호), 46~47쪽.

73) 앞의 논문.

74) 日徑BP社編, 『ビジネス弁護士大全 2007』, 8~9쪽.

75) Chris Crowe, "Cutting Back", Legal Business(October 2006), 63쪽. Herbert Smith 도쿄 사무소의 운영이사인 Steve Lewis 변호사에 따르면, 일본 변호사의 시간당 청구액은 자기의 3분의 1 수준이기 때문에 사안별로 전문가를 찾아서 일하는 것이 경제적으로 유리하다고 한다.

76) 싱가포르의 시장 개방의 과정 및 합작법률회사 일반에 대해서는 필자가 집필한 법무부 발행(2004년 12월), 『법률시장 개방국들의 외국변호사 관리감독제도』중 제2장 싱가포르를 참조.

77) 법무검찰청 인터넷 홈페이지(www.agc. gov.sg)에 게재된 자주 하는 질의응답(Frequently Asked Questions) 내용 참조.

78) Id.

79) Id.

80) 법무부, 『법무서비스 개방문제 연구』, 2000년, 396쪽.

81) 〈http://www.lawgazette.com.sg/2000-10/Oct00-focus2.htm〉 참조.

82) Legal Profession Amendment Act 2000 section 130B(6).

83) 〈http://www.agc.gov.sg/lps/14-LPS-20000505-CommonConditions.pdf〉참조.

84) Legal Profession Amendment Act 2000 section 130B(8).

85) 신청 요건은 다음과 같다. ①외국 로펌과 싱가포르 로펌은 뱅킹과 파이낸스 분야에서 적절한 법적 경험을 갖고 있어야 한다. ②외국 로펌은 싱가포르에 거주하는 변호사가 최소 5인 있어야 하며, 그 중 2명은 외국 로펌의 지분 파트너, 외국 로펌이 회사일 경우 이사이어야 한다. ③앞의 외국 변호사는 최소 5년의 실무 경력을 갖고 있어야 한다. ④싱가포르 로펌은 변호사가 최소 5인 있어야 하며, 그 중 2명은 지분 파트너, 또는 이사이어야 한다. ⑤앞의 변호사는 최소 5년의 실무경력을 갖고 있어야 한다. ⑥합작법률회사가 파트너쉽으로 이루어 질 경우 외국 로펌의 파트너의 수는 싱가포르 로펌의 파트너 수보다 많아서는 아니 된다. ⑦만약 회사 형태로 설립할 경우에는 외국 로펌이 지명하는 이사의 수가 싱가포르 로펌이 지명하는 이사 수보다 많아서는 아니 된다. ⑧외국 로펌과 싱가포르 로펌은 문서로 공동경영 계약서를 작성해서 검찰총장에게 한 부를 제출하여야 하며, 검찰총장의 동의 없이는 계약서의 주요 내용을 변경할 수 없다. ⑨합작법률회사는 싱가포르 법률의 업무집행과 관련해서 발행하는 배상책임을 변상하기 위해서 반드시 보험에 가입하여야 한다. ⑩외국 로펌과 싱가포르 로펌은 만족스러운 내용의 사업계획서를 공동으로 작성, 제출하여야 하며, 검찰총장의 허가 없이 함부로 주요 내용을 변경할 수 없다. International Services Rules 2(1).

86) Asia Law Profile 2003, Singapore, available at 〈http://www.asialaw.com/ directories/asialaw2003/index.htm〉.

87) Nick Ferguson, "The Failure of Singapore's Joint Venture Compromise", Int'l Financial Law Review, Nov. 2002.

88) Id.

89) Id.

90) 67개 로펌의 현황에 관해서는 〈http://www.agc.gov.sg/lps/docs/Foreign_Law_Firms_Jan_2007.pdf〉 참조.

91) Statement by Deputy Prime Minister for Law Professor S Jayakumar in Parliament on 7 March 2006 in response to MP Ms Indranee Rajah's Question on Legal Services, Annex B (http://notesapp.internet.gov.sg/__482 56DF20015A167.nsf/Lookup ContentDocsByKey/GOVI-6MP9BB ?OpenDocument).

92) Government Accepts Key Reco-mmendations of the Third Com-mittee on the Supply of Lawyers and Appoints Committee to Undertake Comprehensive Review of the Legal Services Sector (http://notesapp.internet.gov.sg/_48256DF20015A167.nsf/LookupContentDocsByKey/GOVI-6SRCMW?OpenDocument).

93) 고준성, 앞의 논문, 26-28면 참고.

94) 호주의 시장개방이 harmonization 보다는 homogenization을 초래했다고 지적한 글로 Steven Mark, "Harmonization or Homogenization? The Globalization of Law Ethics: An Australian Viewpoint," 34 Vand. J. Transnat'l L. 1173 (2001) 참조.

95) 미국은 1997년 21억 4,000만 달러 수출에 5억 500만 달러 수입, 호주는 같은 해 1억 1,800만 달러 수출에 6,400만 달러 수입, 캐나다는 1996년 1억 9300만 달러 수출에 1억 5,200만 달러 수입을 기록했다. 고준성, 앞의 논문, 11면 참고.

96) 지난 2002년 실시된 제44회 사법시험의 경우 30,024명이 신청, 2차 시험에 999명의 합격자를 선발해 3%의 합격률을 보였다. 반면 2002년 7월 실시된 미국 뉴욕 주 변호사 시험의 경우 9,693명이 응시, 6,546명의 합격자를 내 합격률 67.5%를 기록했다.

97) 한국의 경우 2003년 7월 현재 총인구 4,764만 명에 변호사 5,599명으로 변호사 1인당 인구 8,500명의 비율을 기록하고 있다. 반면 변호사 1인당 인구수가 미국은 290명, 독일은 740명, 영국은 710명으로 우리의 1/10 ~ 1/30수준이다. 외국 수치는 2002년 일본 변호사 연합회 자료에서 재인용.

98) Michael J. Chapman & Paul J. Tauber, "Liberalizing International Trade in Legal Services: A Proposal for an Annex on Legal Services Under the General Agreement on Trade in Services," 16 Mich. J. Int'l L. 941, 952 (1995).

99) Id.

100) §1.1 CCBE Code of Conduct for Lawyers in the European Union (1998).

101) Christopher J. Whelan, "Ethics Beyond the Horizon: Why Regulate the Global Practice of Law?," 34 Vand. J. Transnat'l L. 931, 946(2001).

102) H. Patrick Glenn, "Comparative Law and Legal Practice: On Removing the Borders," 75 Tul. L. Rev. 977, 943(2001).

103) Whelan, supra note 101, at 948.

104) 조선일보, "변호사 '금밥통' '독점이익 지키기' 10년간 20차례," 2006년11월22일자.

105) 동아일보, "변호사회 여의도지부 의원들," 2006년11월23일자 사설.

106) 미국 뉴욕주는 1974년 외국 변호사로 하여금 자문사(legal consultant)로 등록하여 활동하도록 법을 제정하였고, 1994년 미국변호사협회(ABA)는 '법자문사의 자격부여에 관한 표

준규정(Model Rule for the Licensing of Legal Consultants)'을 제정하였다.

4장

* 제4장은 공법연구 제36권 제1집과 여러 신문·잡지에 기고한 글을 토대로 재구성하고, 수정·보완한 것임.

1) 법무부는 2007년 7월 변호사시험법 제정 특별위원회를 구성하여, 동년 12월까지 변호사시험법안 초안을 마련하고, 2008년 6월 법안을 국회에 제출하겠다는 계획을 발표하였다. 정부는 2008.10.20. 변호사시험법(안)을 국회에 제출하였다. 주요내용은 ①법학전문대학원의 석사학위를 취득한 사람에 한하여 변호사시험 응시자격을 부여하고 ② 변호사시험 응시횟수를 졸업 후 5년내 3회로 제한하고 ③합격자는 법학전문대학원 도입 취지를 충분히 고려하여 결정한다는 것이다.

2) 정부는 변호사시험법(안)을 공개하면서 사법시험을 2017년까지 실시한다고 발표하였다.

3) 필자 역시 사법개혁위원회에 전문위원으로 참여(법학전문대학원의 도입 자체는 찬성하였지만, 사법개혁위원회가 의결한 내용의 법학전문대학원의 모습에 대해서는 반대)하였고, 사법제도개혁추진위원회에 기획위원으로 참여하여 법학전문대학원설치 및 운영에관한법률의 초안을 작성하는데 관여하였기 때문에 위의 책임전가의 연쇄구조의 비판에서 자유롭지는 못하다. 하지만 역할이 제한적이었고, 내부 논의에서 나름대로 의견을 피력하였다는 데서 변명거리를 찾는다.

4) 문재완, "법학전문대학원의 교육방향 및 교육과정", 사법제도개혁추진위원회 주최 법학전문대학원 제도 도입방안에 관한 공청회(2005.4 21) 자료집.

5) 이에 반하여 우리나라 법학 교육에 절대적 영향력을 행사해왔던 독일은 법관을 양성하는데 초점이 맞추어져 있다. 기업 고객을 대리하는 변호사를 양성하

는 데는 특히 관심이 없었다. Mary C. Daly, "Monopolist, Aristocrat, or Entrepreneur?: A Comparative Perspective on the Future of Multidisciplinary Partnerships in the United States, France, Germany, and the United Kingdom after the Disintegration of Andersen Legal," 80 Wash. U. L.Q. 589, 612 (2002).

6) 한 해 배출되는 변호사의 수를 현재 1,000명에서 3,000명으로 대폭 늘리자는 법과대학 교수들의 주장의 이론적 정당성이 여기에 있다. 즉, 그동안 우리나라 변호사는 송무에 주로 매달렸기 때문에 많은 수의 변호사가 필요하지 않았지만, 우리 경제의 규모가 커지고 다원화된 만큼 송무가 아닌 기업법무 등에서 새로운 법률서비스 수요가 발생한다는 주장이 타당할 때 변호사 증원론, 로스쿨 도입론이 정당하게 된다.

7) 로스쿨의 우수한 학생들이 기업 변호사로 변신하는 과정에 대해서는 Richard D. Kahlenberg, 『BROKEN CONTRACT: A MEMOIR OF HARVARD LAW SCHOOL』 1992 참조.

8) ABA Section of Legal Education and Admission to the Bar, 『A SURVEY OF LAW SCHOOL CURRICULAR』 27 (2004).

9) 『THE REPORT OF THE TASK FORCE ON LAW SCHOOLS AND THE PROFESSION: NARROWING THE GAP』 (Chicago, 1992). 맥크레이트 보고서는 미국 로스쿨 교육이 지나치게 이론중심이어서 실무능력을 향상하는 쪽으로 교과과정이 개편되어야 한다고 지적하고 있으며, 미국 뿐 아니라 일본, 영국, 호주 등 여러 나라의 법학교육 개혁에 영향을 주었다.

10) ABA Section of Legal Education and Admission to the Bar, supra note 8, at 18.

11) http://www.law.harvard.edu/academics/registrar/upper_level_programs/

12) 1학년 선택필수과목으로 헌법, 회사법, 소득세법, 국제법를 개설하고, 1학년

때 헌법을 선택하였을 경우 2학년 필수 과목인 헌법 이수는 면제되는 방식이다. http://www.law.nyu.edu/depts/acservices/degrees/jd/course.html#Required_Courses

13) 2007년 제47회 사법시험부터 민법은 다른 과목보다 50% 가중치를 더 부여한다.

14) http://law.snu.ac.kr/information/info_process.asp

15) http://www.korealawschool.com/home/law-2.php?inc=1-2-8

16) http://law.yonsei.ac.kr/academics/lecture.html

17) 우리나라에서 로스쿨 논의의 첫 출발이 '사법도 서비스다' 라는 명제에서 나왔음을 상기하라. 로스쿨 도입이 처음 주장되었던 1995년 세계화추진위원회에 참여하였던 권오승 서울대 교수가 1996년 저술한 책의 제목이 "사법도 서비스다"였다. 이 새로운 명제는 "변호사는 준사법기관"이라는 구 명제를 단번에 폐기시켰으며, 변호사를 대량 배출하기 위한 제도로 로스쿨이 부상하는 이론적 근거가 되었다.

18) 필자가 논문 첫 부분에서 법학전문대학원의 도입에 비판적으로 기술한 것은 법학전문대학원 제도 도입 자체에 대한 반대가 아니고, 제도의 완전한 모습 및 도입 후 예상되는 긍정 · 부정적 효과를 솔직하게 국민에게 제시하지 않고 장점만 부각시킨 후 힘으로 밀어붙인 것이 잘못임을 지적하고자 한 것이다. 미완의 제도와 부정확한 정보를 바탕으로 제도를 강행하다보니 교육비용의 과다, 교육기간의 부족, 대학 간 과도한 경쟁 등 여러 가지 문제가 뒤늦게 드러나게 된 것이다.

19) 우리나라 법학교육은 제도적으로 민주시민의 양성을 위한 일반교육을 지향하면서도 실제로는 송무 중심의 법률가가 되기 위한 수험교육에 치중하고 있었다. 현행 법학교육의 목표 불명확에 대해서는 권오승, "법학교육개혁의 과제와 추진", 법과 사회, 제18호(2000), 103쪽 참조.

20) 김정오, "법조인양성제도의 개혁: 법학교육의 소프트웨어를 중심으로", 법과 사회, 제24호(2003), 93쪽, 104쪽.

21) 김상겸, "헌법교육방법론", 법학전문대학원 교육과정 및 교수법 개발 연구, 한국학술진흥재단, 정책연구-2006-자연-02, 29~105쪽.

22) 오준근, "행정법", 『법학전문대학원 교육과정 및 교수법 개발 연구』, 한국학술진흥재단, 정책연구-2006-자연-02,, 107~157쪽.

23) 법학전문대학원에서의 교육은 피교육자의 입장에서, 그의 진로를 고려하여 시행되어야 할 것이다. 이 점에 대해서는 정재황, "헌법학교육의 방법론: 무엇을 어떻게 교육할 것인가?", 연세대학교 법학연구 제12권제1호(2002), 5쪽.

24) 오준근, 앞의 보고서, 각주 1 및 112쪽.

25) 입법예고된 시행령안은 교육인적자원부 홈페이지(www.moe.go.kr)에서 법률교실→입법예고→번호 658의 순으로 찾아가면 확인할 수 있음(http://www.moe.go.kr/main.jsp?idx=0402010101).

26) 김창록 · 김종철 · 이국운, "총론", 『법학전문대학원 교육과정 및 교수법 개발 연구』, 한국학술진흥재단, 정책연구-2006-자연-02, 1~27쪽.

27) 사법개혁위원회, 『사법개혁을 위한 건의문』, 2004.12.31, 24쪽.

28) MBE에 대하여는 국립변호사시험자위원 회(National Conference of Bar Examiners) 홈페이지(http://www.ncbex.org/multistate-tests/mbe/) 참조.

29) 예일 로스쿨은 1학년 1학기에 헌법, 계약법, 절차법, 불법행위법을 필수과목으로 지정하고 있으며, 그 다음 학기부터는 학생들로 하여금 자유롭게 과목을 선택하도록 허용한다. 1학년 1학기 교육에 대해서는 http://www.law.yale.edu/academics/ jdfirstterm.asp 참조. 다만, 졸업 때까지 형법, 행정, 선택필수 과목 2학점, 논문 등을 이수하여야 한다.

30) 예일 로스쿨의 공익 중시 학교운영 방침에 대해서는 http://www.law.yale.

edu/ academics/publicinterestlaw.htm 참조.

31) http://www.law.yale.edu/academics/ studyoflawatyls.asp

32) 김선택, "법학전문대학원(로스쿨)의 헌법 교육", 영산법률논총, 제2권 제1호 (2005.12.), 27쪽.

33) 오준근, 앞의 보고서, 138쪽.

34) http://www.law.stanford.edu/program/ clinics/supremecourtlitigation/

35) Marcia Coyle, "The U.S. Supreme Court 2006-2007 Term in Review", The National Law Journal, August 1, 2007.

36) 하버드 대학의 Supreme Court and Appellate Practice의 경우 대법원과 항소법원의 실무관행을 익히는 1년 과정으로 1학점의 수업 학점과 2학점의 클리닉 학점이 부여된다. 중요하고 영향력이 큰 사건을 선정하여, 경력이 풍부한 변호사의 지도 아래 학생들은 소송에 참가한다. 학생들은 대법원 사건의 소송 구조와 소송 방법을 교육하고 임상 실습하게 된다. 또 법문서 작성의 기술을 익힌다. 수업(class)은 공공강연 (public lectures) 참여, 대법원 재판 참관 등으로 대체할 수 있다. 수강신청은 심사를 거쳐 12명까지 허용한다. 3학년 학생, 헌법 이수자에게 우선권을 준다.

37) 오준근, 앞의 보고서, 137쪽.

38) http://www.law.harvard.edu/news/ 2006/10/06_curriculum.php

39) Sacha Pfeiffer, "Harvard Law to Reforce the First Year: 130-year-old method of case study bows to 'real world' approach," Boston Globe, Oct. 7, 2006(http://www.boston.com/ business/globe/articles/2006/10/07/harv ard_law_to_refocus_the_first_ year/).

40) 선택과목은 김상겸, 오준근의 보고서를 주로 참조하였음.

41) 오준근, 앞의 보고서, 143~151쪽.

42) 오수근, "문제중심학습법을 활용한 법학교육: 모의수업의 내용과 관찰을 중심으로", 서울대학교 법학, 제47권 제4호, 69쪽,

43) 김정오, 앞의 논문, 108쪽.

44) 법학전문대학원에서 헌법교육은 연역적 방식이 아니라 귀납적 방식으로 완전히 바뀌어야 한다는 견해도 같은 입장이라고 본다. 이국운, "법학전문대학원의 헌법교육, 어떻게 할 것인가?", 법과 사회, 제26권(2004) 23쪽.

45) 김정오, 앞의 논문.

46) Lawrence M. Friedman, 「A HISTORY OF AMERICAN LAW」 464 (2001).

47) 당시 하버드 로스쿨의 입학률이 떨어질 정도였으며, 그 덕에 보스톤대학 (Boston University) 로스쿨이 1872년 설립되어 이득을 보았다. Friedman, at 470.

48) Roy Stuckey and Others, 「BEST PRACTICES FOR LEGAL EDUCATION」 211 (2007).

49) Id. at 213-216.

50) 실제로 소송 등 업무수행을 위한 법조실무훈련은 추가적으로 필요한 것이고, 그러한 법조실무훈련은 로스쿨에서 담당할 성질의 것이 아니라는 견해(김선택, 앞의 논문, 14쪽)도 있으나, 추가적인 실무훈련기관의 존재는 법학전문대학원 도입의 취지에 반하는 것이다. 추가 기관은 법률가로 활동하는 연령과 법률가 양성비용을 높이게 되는 문제를 낳는다. 로펌 등이 신규 채용 변호사를 자발적으로 교육시키는 것은 바람직하지만, 법학전문대학원 졸업자를 모두 또 다른 기관에서 교육 내지 훈련시키는 것은 바람직하지 못하다고 본다.

5장

* 제5장은 외법논집(2007년 8월호), 미국헌법연구(제16권 제2호)에 게재된 글을 재구성하고, 수정·보완한 것이다.

1) 신행정수도의건설을위한특별조치법위헌확인 사건(헌재 2004.10.21. 2004헌마554 등) 및 신행정수도후속대책을위한연기·공주지역행정중심복합도시건설을위한특별법위헌확인 사건(헌재 2005.11.24. 2005헌마579 등)

2) 대통령(노무현)탄핵 사건(헌재 2004.
   5.14. 2004헌나1)

3) 국가보안법제7조제1항등 위헌소원 사
   건(헌재 2004.8.26. 2003헌바85 등)

4) 헌재 2004.10.28. 2004헌바61 등.

5) 이와 같은 대법원의 기능의 변화는
   2003년10월28일 사법개혁위원회가 출
   범하면서 두드러지게 나타났다. 최종영
   당시 대법원장은 '대법원의 기능과 구
   성'을 포함하여 5건의 안건을 사법개혁
   위원회에 심의하여 줄 것으로 요구하였
   고, 사법개혁위원회와 그 후속기구인
   사법제도개혁추진위원회는 대법원장
   부의안건을 중심으로 개혁을 추진하게
   되었다.

6) 이 논문에서는, 특별한 언급이 없는 한,
   사법은 법의 해석·적용에 관한 권력 작
   용으로 광범위하게 사용된다. 따라서 사
   법부는 헌법 제5장의 대법원을 최고법
   원으로 하는 법원과 제6장의 헌법재판
   소를 모두 포함하는 의미로 사용된다.

7) 대표적인 사례로 국가인권위원회가
   2005년 12월 26일 양심적 병역거부권을
   인정하고 대체복무제를 도입하라고 국
   회의장과 국방부 장관에게 권고하자,
   많은 언론은 인권위의 결정이 헌재 결
   정에 반한다는 취지의 비판적 기사를
   게재한 것을 들 수 있다. "인권위는 대
   법원과 헌재 위에 있는가", 세계일보,
   2005.12.28. 31면 사설; "문제 많은 인
   권위의 양심적 병역 거부 허용 권고",
   조선일보, 2005.12.27. 31면 사설; "법
   조계 인권위의 월권·독선", 세계일보,
   2005.12.27. 3면; "'헌법 상처내기' 밥
   먹듯 하는 국가인권위", 동아일보,
   2006.1.11. 31면 사설; "헌법마저 무시
   한 인권위 권고", 매일경제, 2006.1.11.
   사설 등

8) 2004년 수도이전 판례를 계기로 헌법재
   판소의 제왕적 권력을 비판하는 견해가
   정치학계를 중심으로 확산되고 있는 중
   이다. 대표적인 견해로는, 최장집 교수
   가 미국 정치학자 로버트 달의 『미국 헌
   법과 민주주의』의 한국어판 서문에 쓴
   글 "민주주의와 헌정주의: 미국과 한
   국"에서 언급한 제왕적 헌법재판소론

이 있다. 그 후 이 논의는 2007년 헌법
개정논의로 이어지기도 하였다.

9) 윤대규 교수는 헌법재판의 활성화를 평
   화적 정권교체와 함께 현행 헌법의 성
   립 후 가장 성공적인 발전이라고 평가
   한다. 윤대규, "민주화와 헌법의 역할",
   『한국정치와 헌정사』(한울아카데미,
   2001) 340쪽.

10) 정종섭 교수의 조선일보 2005년 1월 31
    일자 문화 A19면 참조 인터뷰 기사 참
    조("지난 20년 동안 우리 헌재는 비교적
    큰 성공을 거두었다. 감히 말하자면 헌
    재야말로 아시아에서 가장 성공적인 민
    주정을 수립했다는 우리 헌정체제 중에
    서 유일하게 해외에 수출할 수 있는 브
    랜드다.").

11) 사법소극주의를 사법부가 "정치적으로
    나 사회·경제적으로 민감한 사건들에
    서" "사법부자제의 방폐막 뒤에" 숨어
    "소극적인 역할을 수행"하는 것으로 인
    식하는 것이 그 대표적인 오해다. 임지
    봉, 『사법적극주의와 사법권 독립』(철학
    과현실사, 2004), 19쪽.

12) 198 U.S. 45 (1905). 제빵사의 근로시간
    을 제한한 뉴욕주 법률에 대해서 수정
    헌법 제14조의 적법절차의 원칙(Due
    Process of Law)에 내재된 계약자유의
    원칙(right to contract)에 위반된다는 이
    유로 위헌결정을 내린 사건이다.

13) Lochner 시대는 좌파와 우파 모두에 의
    하여 비판받는다. 좌파에서는 사회적
    약자인 근로자의 권리를 경시되었다는
    점에서, 우파에서는 부적절한 사법적극
    주의의 전형적인 사례라는 점에서 비판
    을 제기한다. Lochner 시대에 미 대법
    원은 수정헌법 제14조에서 실체적 적법
    절차의 원칙(Substantive Due Process)
    라는 헌법원리를 도출하여 이를 근거로
    위헌법률심사를 하는 경우가 많았다.
    Lochner 시대는 1937년 West Coast
    Hotel Co. v. Parrish 사건을 계기로 퇴
    조하게 된다.

14) Warren Court에 대한 보수주의자의 비
    판은 사법적극주의에 있기 보다는 결론
    이 마음에 들지 않기 때문이라고 보아
    야 한다는 분석이 있다. 보수주의자는

헌법 제정 당시 연방주의자(Federalist)의 주장에서 보듯이 사법부 우월성(Judicial Supremacy)을 포함하여 광범위한 사법권력의 행사를 지지하여 왔다는 것이다. Larry D. Kramer, "Popular Constitutionalism", Circa 2004, 92 Cal. L. Rev. 959, 964 (2004).

15) 505 U.S. 144 (1992).

16) 531 U.S. 98 (2000). 미 대법원은 이 판결에서 플로리다 주에서의 재검표를 중지하여, 부시 후보에게 대통령직을 건네주었다는 평가를 받는다. 하버드대학의 Dershowitz 교수는 법에 근거하지 않고, 당파적 이익과 개인적 이득에 바탕을 둔 결정이라는 이유에서 "미 대법원 역사상 가장 부패한 결정"이라고 평가했다. Alan M. Dershowitz, 『SUPREME INJUSTICE: HOW THE HIGH COURT HIJACKED ELECTION 2000』 (2001). 그러나 시카고 대학교수이자 연방항소법원 판사인 Posner는 Bush v. Gore 사건에서 수(手)검표를 중지시킨 연방 대법원의 결정은 올바른 것이었으며, 수검표를 허용한 플로리다주 대법원의 결정이 잘못이라고 주장한다. Richard A. Posner, 『BREAKING THE DEADLOCK: THE 2000 ELECTION, THE CONSTITUTION AND THE COURTS』 (2001).

17) 그러나 Rehnquist Court의 보수주의적 사법적극주의가 Warren Court 시절의 자유주의적 사법적극주의보다 과도하다고 할 수는 없다는 평가도 나온다. William P. Marshall, "Conservatives and the Seven Sins of Judicial Activism", 73 U. Colo. L. Rev. 1217, 1255 (2002).

18) 대표적인 논문이 Jack M. Balkin & Sanford Levinson, "Understanding the Constitutional Revolution", 87 Va. L. Rev. 1045 (2001)이다.

19) 한 판사는 사법적극주의를 다룬 거의 모든 논문은 마지막에 "판사의 행동은 나쁘다"로 결론내리고 있다고 지적한다. Frank H. Easterbrook, "Do Liberals and Conservatives Differ in Judicial Activism?", 73 Colo. L. Rev. 1401 (2002). 한 학자는 요즘 Rehnquist Court의 보수적인 사법적극주의를 비난하는 것이 크게 유행하고 있다고 기술한다. Ernest A. Young, "Judicial Activism and Conservative Politics", 73 U. Colo. L. Rev. 1139 (2002).

20) Earl Warren은 1953년 아이젠하워 대통령에 의하여 대법원장에 지명되어 1969년 퇴임했다. 이 기간 동안 미 연방대법원은 흑백 분리교육을 위헌결정한 Brown v. Board of Education, 347 U.S. 483 (1954) 판결, 1인1표제에 관한 일련의 판결, 낙태허용에 관한 1973년 Roe v. Wade 판결의 이론적 시발점인 프라이버시권에 관한 Griswold v. Connecticut, 381 U.S. 479 (1965) 판결, 피의자에게 변호인의 조력을 받을 권리 등을 고지받을 권리를 인정한 Miranda v. Arizona, 384 U.S. 436 (1966) 판결 등 진보적인 판결을 많이 내렸다.

21) William Rehnquist는 1972년 대법관이 된 후 보수주의적 판결로 이름을 날렸으며, 1986년 레이건 대통령의 지명으로 대법원장이 되었다. 2005년 사망할 때까지 대법원장으로 활동했다.

22) Judge Goodwin이 한 말로서 William P. Marshall, "Conservatives and the Seven Sins of Judicial Activism", 73 U. Colo. L. Rev. 1217(2002)에서 재인용.

23) Keenan D. Kmiec, "The Origin and Current Meaning of 'Judicial Activism'", Calif. L. Rev. (2004).

24) 이하 Arthur M. Schlesinger, Jr., "The Supreme Court: 1947", Fortune, Jan. 1947의 내용(Kmiec의 앞의 논문에서 재인용).

25) Learned Hand, "Sources of Tolerance", 79 U. Pa. L. Rev. 1, 12 (1930).("The words [of the Constitution] are empty vessels into which [a judge] can poor nearly anything he will").

26) Kmiec, supra note 23.

27) Edward McWhinney, "The Supreme Court and the Dilemma of Judicial Policy-Making", 39 Minn. L. Rev. 837 (1955).

28) Edward McWhinney, "The Great Debate: Activism and Self-Restraint and Current Dilemmas in Judicial Policy-Making", 33 N.Y.U. L. Rev. 775 (1958).

29) Posner 판사는 사법적극주의(judicial activism)라는 말이 자기가 좋아하지 않는 판결에 대한 부관참시적 용어(postmanteau term)로 쓰인다는 이유에서 사용하지 않고, 적극적인 판사의 접근(aggressive judge approach)이라는 말로 대신했다. Richard A. Posner, "The Supreme Court 2004 Term, Foreward: A Political Court", 119 Harv. L. Rev. 31, 54 (2004).

30) Young, supra note 19, at 23.

31) Marshall, supra note 22, at 1220.

32) Richard Posner, 『THE FEDERAL COURTS: CHALLENGE AND REFORM』 320 (1996).

33) 미국에서 법률의 위헌여부를 사법부가 최종 결정한다는 것은 대법원의 Marbury v. Madison, 5 U.S. 137 (1803) 사건 판결에서 제시되었다.

34) Larry D. Kramer, "Foreward: We the Court", 115 Harv. L. Rev. 4 (2001); Larry D. Kramer, 『THE PEOPLE THEMSELVES: POPULAR CONSTITU-TIONALISM AND JUDICIAL REVIEW』 (2004).

35) Mark Tushnet, 『TAKING THE CON-STITUTION AWAY FORM THE COURTS』(1999).

36) Richard D. Parket, 『"HERE THE PEOPLE RULE": A CONSTITUTIONAL POPULIST MANIFESTO』(1994).

37) Jeremy Waldron, 『THE DIGNITY OF LEGISLATION』(1999).

38) Sanford Levinson, 『CONSTITU-TIONAL FAITH』(1988).

39) Lawrence H. Tribe, "On Judicial Review", DISSENT, Summer 2005.

40) 미국 헌법이 비준된 후 200년 동안 위헌으로 결정된 연방법률의 수는 127개인데 반하여 1995년부터 2001년 초까지 Rehnquist Court가 위헌결정 내린 연방법률의 수는 27개에 달하여 최근 사법부의 적극적인 태도를 보여주고 있다. Seth P. Waxman, "Defending Congress,", 79 N.C. L. Rev. 1073, 1974 (2001).

41) Cass Sunstein, "2002 Senate Commi-ttee Hearings on the Judicial Nomi-nation Process", 50 Drake L. Rev. 463 (2002).

42) Lino A. Garglia, "It's Not Consti-tutionalism. It's Judicial Activism", 19 Harv. L.J. & Pub. Pol'y 293 (1996).

43) 514 U.S. 549 (1995).

44) 미국 헌법은 연방정부에 주간 교역에 관련되는 사안만 규제할 수 있도록 허용(헌법 제1조 제8항)하고 있을 뿐, 주에 해당하는 문제를 일반적으로 규제할 수 있는 권한은 허용하고 있지 않다. 그런데, 미 연방의회는 이 교역권(commerce power)을 확대하여 주의 문제에 간섭하여 왔으며, 미 대법원은 그러한 연방정부의 규제가 교역에 실질적으로 영향을 미치고 규제수단이 목적 달성에 합리적으로 관련이 있으면 허용된다는 입장이었다. 그 결과, 교역에 조금이라도 영향을 미치는 사안이면 연방정부는 주의 사안에 대해서도 법률을 제정할 수 있는 것으로 해석되어 왔다. Lopez 판례는 이러한 연방정부의 광범위한 입법관행에 대법원이 제동을 건 사건으로 유명하다.

45) Brennan 대법관이 Eagle v. Issac 사건에서, Stevens 대법관이 Kimel v. Florida Board of Regents 사건에서 소수의견을 내면서 다수의견을 사법적극주의로 부른 것 등 그 예는 많다.

46) Gary Lawson, "The Constitutional Case Against Precedent", 17 Harv. J.L. & Pub. Pol'y 23 (1994).

47) Akhil Reed Amar, "The Supreme Court 1999 Term, Foreward: The Document and the Doctrine", 114 Harv. L. Rev. 26 (2000).

48) 495 U.S. 1, 13 (1990) (Stevens, J., dissenting).

49) 415 U.S. 394 (1974).

50) Id. at 419 (Douglas, J., dissenting)

51) Columbus Board of Education v. Penick, 443 U.S. 449 (1979) (Powell, J., dissenting).

52) Id. at 488 (Powell. J., dissenting).

53) 369 U.S. 186 (1962).

54) 377 U.S. 533 (1964).

55) 384 U.S. 436 (1966).

56) 376 U.S. 254 (1964).

57) 381 U.S. 479 (1965).

58) Id. at 249-250 (Black, J., dissenting).

59) Cass R. Sunstein, 『ONE CASE AT A TIME: JUDICIAL MINIMALISM ON THE SUPREME COURT』(1999).

60) 410 U.S. 113 (1973).

61) Jonathan T. Molot, " Principled Minimalism: Rethinking the Balance between Judicial Minimalism and Neutral Principles", 90 Vir. L. Rev. 1753, 1769 (2004).

62) Kmiec, supra note 23, at 1474.

63) Akhil Reed Amar, "Intertextualism", 112 Harv. L. Rev. 747, 754 (1999).

64) 490 U.S. 642, 663 (1989).

65) Kmiec, supra note 23, at 1476.

66) Marshall, supra note 22, at 1245-53.

67) Randy Barnett, "Is the Rehnquist Court an "Activist" Court? The Commerce Clause Cases", 73 U. Colo. L. Rev. 1275, 1276 (2002).

68) Philip Sober, "Why Theories of Law Have Little or Nothing to Do with Judicial Restraint", 74 U. Colo. L. Rev. 1379, 1400 (2003).

69) 최대권, "비교 사회·문화적 문맥에서 본 사법적극주의와 사법소극주의", 『서울대학교 법학』, 제46권제1호.(2005. 3.).

70) 권영성, 『헌법학원론』, 법문사, 2005년, 1100쪽,

71) 임지봉, 『사법적극주의와 사법권 독립』, 철학과 현실사, 2004년, 23쪽.

72) 임지봉, 전게서, 23쪽.

73) 이회창, "사법의 적극주의 특히 기본권 보장 기능과 관련하여", 『서울대학교 법학』, 제70호 (1987.7), 148쪽.

74) 1987년 이후 치러진 5차례 국회의원 선거에서 2002년을 제외하고 모두 여소야대의 모습을 나타냈으며, 2002년 선거로 구성된 제17대 국회도 2005년 4월 30일 재·보선 선거로 여소야대로 바뀌었다.

75) 2005년 7월 노무현 대통령의 연정구상도 여소야대의 상태로는 국정운영이 어렵다는 인식에서 시작되었다. 노무현, 『[대통령의 편지] 한국정치 정상으로 돌아가야 한다," 청와대브리핑, 2005.07.05, http://www.president. go.kr/cwd/kr/archive/archive_ view.php?meta_id=2005_pre_letter&id= a578188801f8938254580b19

76) Mark Tushnet, 『THE NEW CONSTITU-TIONAL ORDER』(2003).

77) 노무현 대통령은 자신의 정치적 발언이 공직선거법 제9조의 공무원의 선거중립 의무를 위반한 것이라는 중앙선거관리위원회의 결정에 불만을 표시하고, "국민으로서 정치적 표현의 자유를 침해당했다"며 2007년 6월 21일 헌법재판소에 헌법소원심판을 청구하였다.

78) ALEXANDER M. BICKEL, 『THE LEAST DANGEROUS BRANCH: THE SUPREME COURT AT THE BAR OF POLITICS』 (1962).

79) 사법부가 가지고 있는 위헌심사권을 빼앗아 인민이 헌법의 형성에 직접 참여하도록 하여야 한다는 '인민헌법론' (populist constitutional law)을 주장하는 대표적인 학자로 Mark Tushnet이 있다, MARK TUSHNET, 『TAKING THE CONSTITUTION AWAY FROM THE COURT』(1999). 일반적으로 진보적인 학자는 평등권과 소수자의 인권에 대해서는 적극적으로 위헌심사할 수 있다는 입장이고, 보수적인 학자는 경제적 기본권과에 대해서는 적극적으로 위헌심사할 수 있다고 보는 경향이 있다.

80) 헌법재판소 2004.04.29. 2003헌마814 .

81) 법관자격의 법정주의 조항(제101조제3항)과 대법관과 대법관이 아닌 법관의 임명을 사법부에 일임한 법관임명 조항(제104조제3항)도 흔히 법관의 신분상 독립을 보장하는 규정으로 구분된다. 권영성, 『헌법학원론』, 법문사, 2005년, 1059-1061쪽, 홍성방, 『헌법학』, 현암사, 2005년, 871-873쪽 참조. 하지만, 이 두 조항은 입법부와 집행부가 사법부 조직의 핵심이자 가장 작은 단위인 개개 법관의 임명에 자의적으로 관여할 수 없다는 의미이기 때문에 법원의 독립으로 이해하여야 한다. 법관의 신분상 독립은 임명된 법관이 외압을 받지 않고 소신껏 재판할 수 있도록 그의 신분을 보장하는 것을 의미한다고 할 것이다.

82) 헌법재판소 2004. 5. 14. 2004헌나1.

83) 헌법재판소 2004. 8. 26. 2002헌가1; 대법원 2004. 7. 15. 선고 2004도2965 전원합의체 판결("병역특례제도를 두고 있음에도 양심 및 종교의 자유를 이유로 현역입영을 거부하는 자에 대하여는 현역입영을 대체하는 특례를 두지 아니하고 형벌을 부과하는 규정만을 두고 있다고 하더라도 과잉금지 또는 비례의 원칙에 위반된다거나 종교에 의한 차별금지 원칙에 위반된다고 볼 수 없다.")

84) 헌법재판소 2004. 8. 26. 2003헌바85, 102; 대법원 2004. 7. 22. 선고 2002도539 판결("남·북한의 정상회담이 성사되고, 남·북한 사이의 교류와 협력이 증대되고 있다고 하더라도 대한민국의 안전을 위태롭게 하는 반국가활동을 규제함으로써 국가의 안전과 국민의 생존 및 자유를 확보함을 목적으로 하는 국가보안법의 규범력이 상실되었다고 볼 수는 없다.")

85) 헌법재판소 2004. 10. 21. 2004헌마554.

86) The judicial power of the United States, shall be vested in one Supreme Court, and in such inferior courts as the Congress may from time to time ordain and establish. The judges, both of the supreme and inferior courts, shall hold their offices during good behaviour, and shall, at stated times, receive for their services, a compensation, which shall not be diminished during their continuance in office.

87) 미국 헌법이 특정의 권리 또는 원리를 절대적으로 보장하는 대표적인 유형으로 언론의 자유를 보장하는 수정헌법 제1조가 있다. 사법부의 독립을 이러한 형식으로 보장할 경우 "의회나 대통령은 사건 또는 분쟁의 해결에 있어서 사법부의 독립성을 훼손하는 어떠한 간섭도 할 수 없다"는 식이 될 것이다.

88) Article Ⅰ, Section 2: … The House of Representatives … shall have the sole Power of Impeachment, Article Ⅰ, Section 3: … The Senate shall have the sole Power to tray all Impeachments.

89) Article Ⅰ, Section 8: … To constitute Tribunals inferior to the supreme Court; …

90) Article Ⅲ, Section 2: … the supreme Court shall have appellate Jurisdiction, both as to Law and Fact, with such Exceptions, and under such Regula-tions as the Congress shall make.

91) Article Ⅱ. Section 2: … he(The President) shall nominate … Judges of the supreme Court…

92) 〈The Federalist〉, No. 81 (Alexander Hamilton).

93) 치안 판사는 1968년 처음 도입되었다. 당시에는 치안관(magistrates)으로 불렸으나, 1990년대 치안 판사(magistrate judges)로 이름이 바뀌었다. 초기에는 시간제(part-time) 근무가 대부분이었으나, 요즘에는 거의 전일제(full-time) 근무 법관이다.

94) Administrative Office of The U.S. Courts, 『UNDERSTANDING THE FEDERAL COURTS』(2003), 15.

95) Judith Resnik, "Judicial Selection, Independent Jurists, and Life-Tenure?", JURIST, April 15, 2004.

96) Id.

97) 이 밖에도 헌법 제3조에 근거한 법

원으로 분류되는 법원은 외국정보원감시법원(Foreign Intelligence Surveillance Court, FISC)과 그 항소법원(Foreign Intelligence Surveillance Court of Review)이 있다. 온라인 백화사전인 Wikipedia 설명 참조 (http://en.wikipedia.org/wiki/Article_I_and_Article_III_tribunals). FISC는 1978년 외국정보원감시법(Foreign Intelligence Surveillance Act)에 의하여 설립되어, 2001년 애국법(Patriot Act)에 의하여 확대되었다. FISC 소속 판사는 11명이며, 이 중 3명이 항소심을 담당한다. 판사는 임기 7년으로 대법원장에 의하여 임명(appoint)된다. 1회 이상 근무하지 않는다. 사물관할은 미국 내에서 활동하는 외국 정보원에 대한 감시영장(surveillance warrants)의 발부이다. 대심구조(adversarial court)를 취하고 있지 않고, 정부 측 변호사의 일방적인 소명에 의존하여 영장발부를 결정한다. 지금까지 정부가 청구한 영장이 기각된 것은 2002년 한 차례 뿐이다. FISC는 그 내용이 공개되지 않아 비밀 법원(secret court)으로 알려졌다. 이러한 특수한 성격 때문에 보통 헌법 제3조에 근거한 법원을 설명할 때 배제하기도 한다.

98) American Insurance Company v. Canter, 1 Pet. 511 (1828).

99) 458 U.S. 50 (1982).

100) Commodity Futures Trading Commission v. Schor, 478 U.S. 833 (1986).

101) Marbury v. Madison, 5 U.S. (1 Cranch) 137 (1803).

102) ABA, 「AN INDEPENDENT JUDICIARY REPORT OF THE ABA COMMISSION ON SEPARATION OF POWERS AND JUDICIAL INDEPENDENCE」(1997).

103) Id.

104) Charles Hyneman and George Carey, 「A SECOND FEDERALIST 183-84」 (1967) (ABA REPORT에서 재인용).

105) 이념으로서의 사법부의 독립성은 미국 헌법의 기초자들이 헌법 비준을 앞두고 작성한 Federalist Papers에 잘 나타나 있다. 그러나 앞서 살펴본 것처럼 실제 헌법에는 사법부의 독립을 제도적으로 보장하는 규정은 나타나 있지 않다.

106) 사법위원회는 12개의 항소법원(circuit) 단위로 구성된다. 항소법원장과 항소법원(court of appeals) 및 당해 지역의 지방법원(district) 판사가 위원으로 활동한다. 항소법원 출신과 지방법원 출신의 위원 비율은 같다. 사법위원회는 법관배치 등 해당 지역의 사법행정을 담당한다. 미국 연방법원의 지역분권화에 기여하고 있다.

107) Robert Post, "Judicial Management: The Achievements of Chief Justice William Howard Taft", available at http://www.oah.org/pubs/magazine/judicial/post.html

108) William Howard Taft, "The Attacks on the Courts and Legal Procedure", Kentucky Law Journal 5 (1916) (Robert Post, Judicial Management에서 재인용).

109) Taft to John A. Peters, 11 Oct. 1927, Taft Papers, real 295 (Robert Post, Judicial Management에서 재인용).

110) Robert Post, supra not 107.

111) Wendell L. Griffen, "Comment: Judicial Accountability and Discipline", 61 Law & Comptemp. Probs. 75 (Summer 1998).

112) Roger K. Warren, "The Importance of Judicial Independence and Accountability, Unpublished speech in

China(2003)", available on the National Center for State Courts' website: www.ncsconline.org/WC/Publications/KIS_JudIndSpeech Script.pdf.

113) 이 법은 2002년 28 U.S.C. §§ 351-364로 개정되어 조문이 정리되었으나, 내용에 있어서는 큰 변화가 없다.

114) 미국 연방판사 Judge Irving Kaufman은 법관징계법의 제정이 의회에서 논의되고 있던 당시 "이 법을 정당화하는 이유는 빈약한 반면 사법부 기능의 핵심인 불편성(impartiality)을 훼손할 위험은 과다(extraordinary)하다"고 주장했다. Irving R. Kau-fman, "The Essence of Judicial Independence", 80 Colum. L. Rev. 671 (1980).

115) 28 U.S.C. § 351 (a).

116) 28 U.S.C. § 351 (b).

117) 28 U.S.C. § 351 (d).

118) 28 U.S.C. § 351 (c).

119) 28 U.S.C. § 352 (a).

120) Id.

121) Id.

122) Id.

123) 28 U.S.C. § 352 (b) (1).

124) 28 U.S.C. § 352 (b) (2).

125) 28 U.S.C. § 352 (c).

126) Id.

127) 28 U.S.C. § 352 (d).

128) 28 U.S.C. § 353 (a).

129) 28 U.S.C. § 353 (a) (1).

130) 28 U.S.C. § 353 (a) (3).

131) 28 U.S.C. § 353 (b).

132) 28 U.S.C. § 354 (a) (1).

133) 28 U.S.C. § 354 (a) (2) (A).

134) 28 U.S.C. § 354 (a) (2) (B).

135) 28 U.S.C. § 354 (a) (2) (C).

136) 28 U.S.C. § 354 (a) (3).

137) 28 U.S.C. § 354 (b) (1).

138) 28 U.S.C. § 354 (b) (2).

139) 28 U.S.C. § 354 (b) (3).

140) 28 U.S.C. § 355 (a).

141) 28 U.S.C. § 355 (b) (1).

142) Id.

143) 28 U.S.C. § 355 (b) (2).

144) 28 U.S.C. § 356 (a).

145) 28 U.S.C. § 356 (b).

146) 28 U.S.C. § 357 (a).

147) 28 U.S.C. § 357 (b).

148) 28 U.S.C. § 357 (c).

149) 28 U.S.C. § 358 (a).

150) 28 U.S.C. § 358 (b).

151) 28 U.S.C. § 358 (c).

152) Id.

153) Id.

154) 28 U.S.C. § 359 (a).

155) Amicus Curiae는 법원의 친구들이라는 뜻의 라틴어이다. 이는 소송의 당사자가 아니지만, 재판의 결과에 의하여 영향을 받는 사람을 의미한다. Amicus Curiae는 흔히 대법원의 상고 허가를 받기 위해서 제기된다. 양 당사자의 동의 또는 법원의 허가를 받아 제출된다. Amicus Curiae는 법률적 쟁점과 당해 사건의 결과로 재판 당사자가 아닌 사람들에게 미치는 영향 등을 충실하게 설명한 것도 많

지만, 때로는 대법원 로비나 언론의 주목을 받을 목적으로 제출되는 경우도 있다.

156) 28 U.S.C. § 359 (b).

157) 28 U.S.C. § 360 (a).

158) 28 U.S.C. § 360 (b).

159) Id.

160) 28 U.S.C. § 361.

161) 28 U.S.C. § 362.

162) 28 U.S.C. § 363.

163) Id.

164) 28 U.S.C. § 64.

165) http://www.judicialaccountability. org/judicialaccountability4.htm 참고.

166) 이하 통계자료는 미국의 비영리민간단체인 사법부책임본부(Center for Judicial Accountability; CJA)가 연방법원행정처의 자료를 기준으로 분석한 것으로 http://www.judiciala ccountability.org/judicialaccountability 4.htm 참고.

167) 미국 법관징계및퇴출위원회 (National Commission on Judiciary Discipline and Removal)의 최종보고서 참고. CJA의 발표내용에서 재인용. 구체적인 내용은 http://www. judgewatch.org/federal_disipline.htm 참고.

168) 미국 변호사협회(ABA)는 법관징계및퇴출위원회 보고서가 내린 결론이 타당하다고 평가하고 있다. 이에 따라 ABA는 제도 개선보다는 기존 1980년 법관징계법의 내용을 국민들에게 알리는 것이 중요하다고 보고 있다. ABA, 앞의 1997년 INDEPENDENT JUDICIARY REPORT 참고. 그러나 법관의 책임성을 강조하는 단체에서는 법관징계및퇴출위원회 보고서가 허위와 방법론적인 결함이 있다고 지적하기도 한다. 앞의 CJA 성명서 참조.

169) 연방 항소법원의 법원장 출신 판사 2명과 연방 지방법원 법원장 출신 판사 2명이 위원으로 활동하였다.

170) 미 대법원 2004년 6월 10일자 보도자료. http://www.supremecourtus. gov/publicinfo/press/pr_06-10-04.html 참조.

171) ABA, 『PERCEPTIONS OF THE U.S. JUSTICE SYSTEM 6』(1998). 조사결과에 따르면, 미국 사법제도가 세계 최고라고 생각하는 비율이 80%에 달한다. Id. at 63. 특이한 점은 미국 사법제도에 대한 지식이 많은 사람일수록 사법제도에 대한 신뢰도가 높게 나온다는 점이다. Id. at 7.

172) Id. at 50.

173) Id. 주요 국가기관에 대한 강한 신뢰도 비율을 보면, 연방대법원이 가장 높고 그 다음으로 지역 경찰(47%), 의사(46%), 회계사(39%), 종교단체(37%), 대법원을 제외한 연방 법원(34%), 판사 32%, 주 법원 28%, 공립학교 27%, 연방 정부 26%, 주 정부 24%, 주 의회 19%, 주 교도소 19%, 연방 의회 18%, 변호사 14%, 언론 8% 등으로 나타났다.

174) 배심제가 미국 사법제도의 가장 중요한 부분이라고 강하게 동의 (strongly agree)하는 비율이 69%로, 변호사에 대한 접근 가능성이 높다고 강하게 응답한 비율이 69%로, 법원 직원이 직무를 잘 알고, 예의바르고, 친절하다고 강하게 응답한 비율

이 61%로 나타났다.

175) 대부분의 법관은 직무를 수행할 자질이 아주 충분하다(extremely well qualified for their job)는데 강력히 동의하는 비율은 54%로 나타났다. Id. at 69.

176) Id. at 7.

177) Judith Resnik, "Judicial Selection, Independent Jurist, and Life-tenure?"

JURIST, April 15, 2004.

178) Stephen B. Burbank, "The Architecture of Judicial Independence", 72 S. Cal. Rev. 315, 339 (1999).

179) Wallace, Judge J. Clifford, "Resolving Judicial Corruption While Preserving Judicial Independence: Comparative Perspectives", 28 Cal. W. Int' l L.R. 341, 349 (1998).

【부록】
변호사법 [법률 제8991호]

제1장 변호사의 사명과 직무

제1조 (변호사의 사명) ①변호사는 기본적 인권을 옹호하고 사회정의를 실현함을 사명으로 한다.
②변호사는 그 사명에 따라 성실히 직무를 수행하고 사회질서 유지와 법률제도 개선에 노력하여야 한다.

제2조 (변호사의 지위) 변호사는 공공성을 지닌 법률 전문직으로서 독립하여 자유롭게 그 직무를 수행한다.

제3조 (변호사의 직무) 변호사는 당사자와 그 밖의 관계인의 위임이나 국가·지방자치단체와 그 밖의 공공기관(이하 "공공기관"이라 한다)의 위촉 등에 의하여 소송에 관한 행위 및 행정처분의 청구에 관한 대리행위와 일반 법률 사무를 하는 것을 그 직무로 한다.

제2장 변호사의 자격

제4조 (변호사의 자격) 다음 각 호의 어느 하나에 해당하는 자는 변호사의 자격이 있다.
1. 사법시험에 합격하여 사법연수원의 과정을 마친 자
2. 판사나 검사의 자격이 있는 자

제5조 (변호사의 결격사유) 다음 각 호의 어느 하나에 해당하는 자는 변호사가 될 수 없다.
1. 금고 이상의 형(刑)을 선고받고 그 집행이 끝나거나 그 집행을 받지 아니하기로 확정된 후 5년이 지나지 아니한 자
2. 금고 이상의 형의 집행유예를 선고받고 그 유예기간이 지난 후 2년이 지나지 아니한 자
3. 금고 이상의 형의 선고유예를 받고 그 유예

기간 중에 있는 자
4. 탄핵이나 징계처분에 의하여 파면되거나 이 법에 따라 제명된 후 5년이 지나지 아니하거나 징계처분에 의하여 해임된 후 3년이 지나지 아니한 자
5. 금치산자 또는 한정치산자
6. 파산선고를 받고 복권되지 아니한 자
7. 이 법에 따라 영구 제명된 자

第6條 삭제 〈2008.3.28〉

제3장 변호사의 등록과 개업

제7조 (자격등록) ①변호사로서 개업을 하려면 대한변호사협회에 등록을 하여야 한다.
②제1항의 등록을 하려는 자는 가입하려는 지방변호사회를 거쳐 등록신청을 하여야 한다.
③지방변호사회는 제2항에 따른 등록신청을 받으면 해당 변호사의 자격 유무에 관한 의견서를 첨부할 수 있다.
④대한변호사협회는 제2항에 따른 등록신청을 받으면 지체 없이 변호사 명부에 등록하고 그 사실을 신청인에게 통지하여야 한다.

제8조 (등록거부) ①대한변호사협회는 제7조 제2항에 따라 등록을 신청한 자가 다음 각 호의 어느 하나에 해당하면 제9조에 따른 등록심사위원회의 의결을 거쳐 등록을 거부할 수 있다. 이 경우 지체 없이 그 사유를 명시하여 신청인에게 통지하여야 한다.
1. 제4조에 따른 변호사의 자격이 없는 자
2. 제5조에 따른 결격사유에 해당하는 자
3. 심신장애로 인하여 변호사의 직무를 수행하는 것이 현저히 곤란한 자
4. 공무원 재직 중의 직무에 관한 위법행위로 인하여 형사소추 또는 징계처분(파면 및 해임은 제외한다)을 받거나 퇴직한 자로서 변호사의 직무를 수행하는 것이 현저히 부적당하다고 인정되는 자
5. 제4호에 해당하여 등록이 거부된 후 2년이

지나지 아니한 자

6. 제4호에 해당하여 제18조제2항에 따라 등록이 취소된 후 2년이 지나지 아니한 자

②대한변호사협회가 제7조제2항에 따른 등록신청을 받은 날부터 3개월이 지날 때까지 등록을 하지 아니하거나 등록을 거부하지 아니할 때에는 등록이 된 것으로 본다.

③제1항에 따라 등록이 거부된 자는 제1항에 따른 통지를 받은 날부터 3개월 이내에 등록거부에 관하여 부당한 이유를 소명하여 법무부장관에게 이의신청을 할 수 있다.

④법무부장관은 제3항의 이의신청이 이유 있다고 인정할 때에는 대한변호사협회에 그 변호사의 등록을 명하여야 한다.

제9조 (등록심사위원회의 설치) ①다음 각 호의 사항을 심사하기 위하여 대한변호사협회에 등록심사위원회를 둔다.

1. 제8조제1항에 따른 등록거부에 관한 사항

2. 제18조제1항·제2항에 따른 등록취소에 관한 사항

②대한변호사협회의 장은 제8조제1항, 제18조제1항제2호 또는 같은 조 제2항에 따라 등록거부나 등록취소를 하려면 미리 그 안건을 등록심사위원회에 회부하여야 한다.

제10조 (등록심사위원회의 구성) ①등록심사위원회는 다음 각 호의 위원으로 구성한다.

1. 법원행정처장이 추천하는 판사 1명

2. 법무부장관이 추천하는 검사 1명

3. 대한변호사협회 총회에서 선출하는 변호사 4명

4. 대한변호사협회의 장이 추천하는, 법학 교수 1명 및 경험과 덕망이 있는 자로서 변호사가 아닌 자 2명

②등록심사위원회에 위원장 1명과 간사 1명을 두며, 위원장과 간사는 위원 중에서 호선한다.

③제1항의 위원을 추천하거나 선출할 때에는 위원의 수와 같은 수의 예비위원을 함께 추천하거나 선출하여야 한다.

④위원 중에 사고나 결원이 생기면 위원장이 명하는 예비위원이 그 직무를 대행한다.

⑤위원과 예비위원의 임기는 각각 2년으로 한다.

제11조 (심사) ①등록심사위원회는 심사에 관하여 필요하다고 인정하면 당사자, 관계인 및 관계 기관·단체 등에 대하여 사실을 조회하거나 자료 제출 또는 위원회에 출석하여 진술하거나 설명할 것을 요구할 수 있다.

②제1항에 따라 사실 조회, 자료 제출 등을 요구받은 관계 기관·단체 등은 그 요구에 협조하여야 한다.

③등록심사위원회는 당사자에게 위원회에 출석하여 의견을 진술하고 자료를 제출할 기회를 주어야 한다.

제12조 (의결) ①등록심사위원회의 회의는 재적위원 과반수의 찬성으로 의결한다.

②대한변호사협회는 제1항에 따른 등록심사위원회의 의결이 있으면 이에 따라 등록이나 등록거부 또는 등록취소를 하여야 한다.

제13조 (운영규칙) 등록심사위원회의 심사 절차와 운영에 관하여 필요한 사항은 대한변호사협회가 정한다.

제14조 (소속 변경등록) ①변호사는 지방변호사회의 소속을 변경하려면 새로 가입하려는 지방변호사회를 거쳐 대한변호사협회에 소속 변경등록을 신청하여야 한다.

②제1항에 따라 소속이 변경된 변호사는 지체 없이 종전 소속 지방변호사회에 신고하여야 한다.

③제1항의 경우에는 제7조제4항과 제8조를 준용한다.

제15조 (개업신고 등) 변호사가 개업하거나 법률사무소를 이전한 경우에는 지체 없이 소속 지방변호사회와 대한변호사협회에 신고하여

야 한다.

제16조 (휴업) 변호사는 일시 휴업하려면 소속 지방변호사회와 대한변호사협회에 신고하여야 한다.

제17조 (폐업) 변호사는 폐업하려면 소속 지방변호사회를 거쳐 대한변호사협회에 등록취소를 신청하여야 한다.

제18조 (등록취소) ①대한변호사협회는 변호사가 다음 각 호의 어느 하나에 해당하면 변호사의 등록을 취소하여야 한다. 이 경우 지체 없이 등록취소 사유를 명시하여 등록이 취소되는 자(제1호의 경우는 제외한다)에게 통지하여야 하며, 제2호에 해당하여 변호사의 등록을 취소하려면 미리 등록심사위원회의 의결을 거쳐야 한다.
1. 사망한 경우
2. 제4조에 따른 변호사의 자격이 없거나 제5조에 따른 결격사유에 해당하는 경우
3. 제17조에 따른 등록취소의 신청이 있는 경우
4. 제19조에 따른 등록취소의 명령이 있는 경우
②대한변호사협회는 변호사가 제8조제1항제3호·제4호에 해당하면 등록심사위원회의 의결을 거쳐 변호사의 등록을 취소할 수 있다. 이 경우 지체 없이 그 사유를 명시하여 등록이 취소되는 자에게 통지하여야 한다.
③제1항과 제2항의 경우에는 제8조제3항 및 제4항을 준용한다.
④지방변호사회는 소속 변호사에게 제1항의 사유가 있다고 인정하면 지체 없이 대한변호사협회에 이를 보고하여야 한다.

제19조 (등록취소명령) 법무부장관은 변호사명부에 등록된 자가 제4조에 따른 변호사의 자격이 없거나 제5조에 따른 결격사유에 해당한다고 인정하는 경우 대한변호사협회에 그 변호사의 등록취소를 명하여야 한다.

제20조 (보고 등) 대한변호사협회는 변호사의 등록 및 등록거부, 소속 변경등록 및 그 거부, 개업, 사무소 이전, 휴업 및 등록취소에 관한 사항을 지체 없이 소속 지방변호사회에 통지하고 법무부장관에게 보고하여야 한다.

제4장 변호사의 권리와 의무

제21조 (법률사무소) ①변호사는 법률사무소를 개설할 수 있다.
②변호사의 법률사무소는 소속 지방변호사회의 지역에 두어야 한다.
③변호사는 어떠한 명목으로도 둘 이상의 법률사무소를 둘 수 없다. 다만, 사무공간의 부족 등 부득이한 사유가 있어 대한변호사협회가 정하는 바에 따라 인접한 장소에 별도의 사무실을 두고 변호사가 주재(駐在)하는 경우에는 본래의 법률사무소와 함께 하나의 사무소로 본다.

제22조 (사무직원) ①변호사는 법률사무소에 사무직원을 둘 수 있다.
②변호사는 다음 각 호의 어느 하나에 해당하는 자를 제1항에 따른 사무직원으로 채용할 수 없다.
1. 이 법 또는 「형법」 제129조부터 제132조까지, 「특정범죄가중처벌 등에 관한 법률」 제2조 또는 제3조, 그 밖에 대통령령으로 정하는 법률에 따라 유죄 판결을 받은 자로서 다음 각 목의 어느 하나에 해당하는 자
가. 징역 이상의 형을 선고받고 그 집행이 끝나거나 그 집행을 받지 아니하기로 확정된 후 3년이 지나지 아니한 자
나. 징역형의 집행유예를 선고받고 그 유예기간이 지난 후 2년이 지나지 아니한 자
다. 징역형의 선고유예를 받고 그 유예기간 중에 있는 자
2. 공무원으로서 징계처분에 의하여 파면되거나 해임된 후 3년이 지나지 아니한 자
3. 금치산자 또는 한정치산자

③사무직원의 신고, 연수(研修), 그 밖에 필요한 사항은 대한변호사협회가 정한다.
④지방변호사회의 장은 관할 지방검찰청 검사장에게 소속 변호사의 사무직원 채용과 관련하여 제2항에 따른 전과(前科) 사실의 유무에 대한 조회를 요청할 수 있다.
⑤제4항에 따른 요청을 받은 지방검찰청 검사장은 전과 사실의 유무를 조회하여 그 결과를 회신할 수 있다.

제23조 (광고) ①변호사 · 법무법인 · 법무법인(유한) 또는 법무조합(이하 이 조에서 "변호사 등"이라 한다)은 자기 또는 그 구성원의 학력, 경력, 주요 취급 업무, 업무 실적, 그 밖에 그 업무의 홍보에 필요한 사항을 신문 · 잡지 · 방송 · 컴퓨터통신 등의 매체를 이용하여 광고할 수 있다.
② 변호사 등은 다음 각 호의 어느 하나에 해당하는 광고를 하여서는 아니 된다.
1. 변호사의 업무에 관하여 거짓된 내용을 표시하는 광고
2. 국제변호사를 표방하거나 그 밖에 법적 근거가 없는 자격이나 명칭을 표방하는 내용의 광고
3. 객관적 사실을 과장하거나 사실의 일부를 누락하는 등 소비자를 오도(誤導)하거나 소비자에게 오해를 불러일으킬 우려가 있는 내용의 광고
4. 소비자에게 업무수행 결과에 대하여 부당한 기대를 가지도록 하는 내용의 광고
5. 다른 변호사 등을 비방하거나 자신의 입장에서 비교하는 내용의 광고
6. 부정한 방법을 제시하는 등 변호사의 품위를 훼손할 우려가 있는 광고
7. 그 밖에 광고의 방법 또는 내용이 변호사의 공공성이나 공정한 수임(受任) 질서를 해치거나 소비자에게 피해를 줄 우려가 있는 것으로서 대한변호사협회가 정하는 광고
③변호사 등의 광고에 관한 심사를 위하여 대한변호사협회와 각 지방변호사회에 광고심사위원회를 둔다.
④광고심사위원회의 운영과 그 밖에 광고에 관하여 필요한 사항은 대한변호사협회가 정한다.

제24조 (품위유지의무 등) ①변호사는 그 품위를 손상하는 행위를 하여서는 아니 된다.
② 변호사는 그 직무를 수행할 때에 진실을 은폐하거나 거짓 진술을 하여서는 아니 된다.

제25조 (회칙준수의무) 변호사는 소속 지방변호사회와 대한변호사협회의 회칙을 지켜야 한다.

제26조 (비밀유지의무 등) 변호사 또는 변호사이었던 자는 그 직무상 알게 된 비밀을 누설하여서는 아니 된다. 다만, 법률에 특별한 규정이 있는 경우에는 그러하지 아니하다.

제27조 (공익활동 등 지정업무 처리의무) ①변호사는 연간 일정 시간 이상 공익활동에 종사하여야 한다.
②변호사는 법령에 따라 공공기관, 대한변호사협회 또는 소속 지방변호사회가 지정한 업무를 처리하여야 한다.
③공익활동의 범위와 그 시행 방법 등에 관하여 필요한 사항은 대한변호사협회가 정한다.

제28조 (장부의 작성 · 보관) ①변호사는 수임에 관한 장부를 작성하고 보관하여야 한다.
②제1항의 장부에는 수임받은 순서에 따라 수임일, 수임액, 위임인 등의 인적사항, 수임한 법률사건이나 법률사무의 내용, 그 밖에 대통령령으로 정하는 사항을 기재하여야 한다.
③제1항에 따른 장부의 보관 방법, 보존 기간, 그 밖에 필요한 사항은 대통령령으로 정한다.

제28조의2 (수임사건의 건수 및 수임액의 보고) 변호사는 매년 1월 말까지 전년도에 처리한 수임사건의 건수와 수임액을 소속 지방변호사회에 보고하여야 한다.

제29조 (변호인선임서 등의 지방변호사회 경유) 변호사는 법률사건이나 법률사무에 관한 변호인선임서 또는 위임장 등을 공공기관에 제출할 때에는 사전에 소속 지방변호사회를 경유하여야 한다. 다만, 사전에 경유할 수 없는 급박한 사정이 있는 경우에는 변호인선임서나 위임장 등을 제출한 후 지체 없이 공공기관에 소속 지방변호사회의 경유확인서를 제출하여야 한다.

제29조의2 (변호인선임서 등의 미제출 변호 금지) 변호사는 법원이나 수사기관에 변호인선임서나 위임장 등을 제출하지 아니하고는 다음 각 호의 사건에 대하여 변호하거나 대리할 수 없다.
1. 재판에 계속(係屬) 중인 사건
2. 수사 중인 형사사건[내사(內査) 중인 사건을 포함한다]

제30조 (연고 관계 등의 선전금지) 변호사나 그 사무직원은 법률사건이나 법률사무의 수임을 위하여 재판이나 수사업무에 종사하는 공무원과의 연고(緣故) 등 사적인 관계를 드러내며 영향력을 미칠 수 있는 것으로 선전하여서는 아니 된다.

제31조 (수임제한) ①변호사는 다음 각 호의 어느 하나에 해당하는 사건에 관하여는 그 직무를 수행할 수 없다. 다만, 제2호 사건의 경우 수임하고 있는 사건의 위임인이 동의한 경우에는 그러하지 아니하다.
1. 당사자 한쪽으로부터 상의(相議)를 받아 그 수임을 승낙한 사건의 상대방이 위임하는 사건
2. 수임하고 있는 사건의 상대방이 위임하는 다른 사건
3. 공무원·조정위원 또는 중재인으로서 직무상 취급하거나 취급하게 된 사건
②제1항 제1호 및 제2호를 적용할 때 법무법인·법무법인(유한)·법무조합이 아니면서도 변호사 2명 이상이 사건의 수임·처리나 그

밖의 변호사 업무 수행 시 통일된 형태를 갖추고 수익을 분배하거나 비용을 분담하는 형태로 운영되는 법률사무소는 하나의 변호사로 본다.

제32조 (계쟁권리의 양수 금지) 변호사는 계쟁권리(係爭權利)를 양수하여서는 아니 된다.

제33조 (독직행위의 금지) 변호사는 수임하고 있는 사건에 관하여 상대방으로부터 이익을 받거나 이를 요구 또는 약속하여서는 아니 된다.

제34조 (변호사가 아닌 자와의 동업 금지 등) ① 누구든지 법률사건이나 법률사무의 수임에 관하여 다음 각 호의 행위를 하여서는 아니 된다.
1. 사전에 금품·향응 또는 그 밖의 이익을 받거나 받기로 약속하고 당사자 또는 그 밖의 관계인을 특정한 변호사나 그 사무직원에게 소개·알선 또는 유인하는 행위
2. 당사자 또는 그 밖의 관계인을 특정한 변호사나 그 사무직원에게 소개·알선 또는 유인한 후 그 대가로 금품·향응 또는 그 밖의 이익을 받거나 요구하는 행위
②변호사나 그 사무직원은 법률사건이나 법률사무의 수임에 관하여 소개·알선 또는 유인의 대가로 금품·향응 또는 그 밖의 이익을 제공하거나 제공하기로 약속하여서는 아니 된다.
③변호사나 그 사무직원은 제109조제1호, 제111조 또는 제112조제1호에 규정된 자로부터 법률사건이나 법률사무의 수임을 알선받거나 이러한 자에게 자기의 명의를 이용하게 하여서는 아니 된다.
④변호사가 아닌 자는 변호사를 고용하여 법률사무소를 개설·운영하여서는 아니 된다.
⑤변호사가 아닌 자는 변호사가 아니면 할 수 없는 업무를 통하여 보수나 그 밖의 이익을 분배받아서는 아니 된다.

제35조 (사건 유치 목적의 출입금지 등) 변호사나 그 사무직원은 법률사건이나 법률사무를

유상으로 유치할 목적으로 법원·수사기관·교정기관 및 병원에 출입하거나 다른 사람을 파견하거나 출입 또는 주재하게 하여서는 아니 된다.

제36조 (재판·수사기관 공무원의 사건 소개 금지) 재판기관이나 수사기관의 소속 공무원은 대통령령으로 정하는 자기가 근무하는 기관에서 취급 중인 법률사건이나 법률사무의 수임에 관하여 당사자 또는 그 밖의 관계인을 특정한 변호사나 그 사무직원에게 소개·알선 또는 유인하여서는 아니 된다. 다만, 사건 당사자나 사무 당사자가 「민법」 제767조에 따른 친족인 경우에는 그러하지 아니하다.

제37조 (직무취급자 등의 사건 소개 금지) ① 재판이나 수사 업무에 종사하는 공무원은 직무상 관련이 있는 법률사건 또는 법률사무의 수임에 관하여 당사자 또는 그 밖의 관계인을 특정한 변호사나 그 사무직원에게 소개·알선 또는 유인하여서는 아니 된다.
②제1항에서 "직무상 관련"이란 다음 각 호의 어느 하나에 해당하는 경우를 말한다.
1. 재판이나 수사 업무에 종사하는 공무원이 직무상 취급하고 있거나 취급한 경우
2. 제1호의 공무원이 취급하고 있거나 취급한 사건에 관하여 그 공무원을 지휘·감독하는 경우

제38조 (겸직 제한) ①변호사는 보수를 받는 공무원을 겸할 수 없다. 다만, 국회의원이나 지방의회 의원 또는 상시 근무가 필요 없는 공무원이 되거나 공공기관에서 위촉한 업무를 수행하는 경우에는 그러하지 아니하다.
②변호사는 소속 지방변호사회의 허가 없이 다음 각 호의 행위를 할 수 없다. 다만, 법무법인·법무법인(유한) 또는 법무조합의 구성원이 되거나 소속 변호사가 되는 경우에는 그러하지 아니하다.
1. 상업이나 그 밖에 영리를 목적으로 하는 업무를 경영하거나 이를 경영하는 자의 사용인이 되는 것
2. 영리를 목적으로 하는 법인의 업무집행사원·이사 또는 사용인이 되는 것
③변호사가 휴업한 경우에는 제1항과 제2항을 적용하지 아니한다.

제39조 (감독) 변호사는 소속 지방변호사회, 대한변호사협회 및 법무부장관의 감독을 받는다.

제5장 법무법인

제40조 (법무법인의 설립) 변호사는 그 직무를 조직적·전문적으로 수행하기 위하여 법무법인을 설립할 수 있다.

제41조 (설립 절차) 법무법인을 설립하려면 구성원이 될 변호사가 정관을 작성하여 주사무소(主事務所) 소재지의 지방변호사회와 대한변호사협회를 거쳐 법무부장관의 인가를 받아야 한다. 정관을 변경할 때에도 또한 같다.

제42조 (정관의 기재사항) 법무법인의 정관에는 다음 각 호의 사항이 포함되어야 한다.
1. 목적, 명칭, 주사무소 및 분사무소(分事務所)의 소재지
2. 구성원의 성명·주민등록번호 및 법무법인을 대표할 구성원의 주소
3. 출자(出資)의 종류와 그 가액(價額) 또는 평가의 기준
4. 구성원의 가입·탈퇴와 그 밖의 변경에 관한 사항
5. 구성원 회의에 관한 사항
6. 법무법인의 대표에 관한 사항
7. 자산과 회계에 관한 사항
8. 존립 시기나 해산 사유를 정한 경우에는 그 시기 또는 사유

제43조 (등기) ①법무법인은 설립인가를 받으면 2주일 이내에 설립등기를 하여야 한다. 등

기사항이 변경되었을 때에도 또한 같다.

②제1항의 등기사항은 다음 각 호와 같다.

1. 목적, 명칭, 주사무소 및 분사무소의 소재지

2. 구성원의 성명·주민등록번호 및 법무법인을 대표할 구성원의 주소

3. 출자의 종류·가액 및 이행 부분

4. 법무법인의 대표에 관한 사항

5. 둘 이상의 구성원이 공동으로 법무법인을 대표할 것을 정한 경우에는 그 규정

6. 존립 시기나 해산 사유를 정한 경우에는 그 시기 또는 사유

7. 설립인가 연월일

③법무법인은 그 주사무소의 소재지에서 설립등기를 함으로써 성립한다.

제44조 (명칭) ①법무법인은 그 명칭 중에 법무법인이라는 문자를 사용하여야 한다.

②법무법인이 아닌 자는 법무법인 또는 이와 유사한 명칭을 사용하지 못한다.

제45조 (구성원) ①법무법인은 5명 이상의 변호사로 구성하며, 그중 1명 이상이 통산(通算)하여 10년 이상 「법원조직법」 제42조제1항 각 호의 어느 하나에 해당하는 직에 있었던 자이어야 한다.

②법무법인은 제1항에 따른 구성원의 요건을 충족하지 못하게 된 경우에는 3개월 이내에 보충하여야 한다.

제46조 (구성원의 탈퇴) ①구성원은 임의로 탈퇴할 수 있다.

②구성원은 다음 각 호의 어느 하나에 해당하는 사유가 있으면 당연히 탈퇴한다.

1. 사망한 경우

2. 제18조에 따라 등록이 취소된 경우

3. 제102조제2항에 따라 업무정지명령을 받은 경우

4. 이 법이나 「공증인법」에 따라 정직(停職) 이상의 징계처분을 받은 경우

5. 정관에 정한 사유가 발생한 경우

제47조 (구성원 아닌 소속 변호사) 법무법인은 구성원 아닌 소속 변호사를 둘 수 있다. 다만, 구성원 아닌 소속 변호사는 공증인의 직무에 속하는 업무를 수행할 수 없다.

제48조 (사무소) ①법무법인은 분사무소를 둘 수 있다. 분사무소의 설치기준에 대하여는 대통령령으로 정한다.

②법무법인이 사무소를 개업 또는 이전하거나 분사무소를 둔 경우에는 지체 없이 주사무소 소재지의 지방변호사회와 대한변호사협회를 거쳐 법무부장관에게 신고하여야 한다.

③법무법인의 구성원과 구성원 아닌 소속 변호사는 법무법인 외에 따로 법률사무소를 둘 수 없다.

제49조 (업무) ①법무법인은 이 법과 다른 법률에 따른 변호사 및 공증인의 직무에 속하는 업무를 수행한다. 다만, 공증인의 직무에 속하는 업무는 구성원 중 통산하여 5년 이상 「법원조직법」 제42조제1항 각 호의 어느 하나에 해당하는 직에 있었던 자가 주사무소에서만 할 수 있다.

②법무법인은 다른 법률에서 변호사에게 그 법률에 정한 자격을 인정하는 경우 그 구성원이나 구성원 아닌 소속 변호사가 그 자격에 의한 직무를 수행할 수 있을 때에는 그 직무를 법인의 업무로 할 수 있다.

제50조 (업무 집행 방법) ①법무법인은 법인 명의로 업무를 수행하며 그 업무를 담당할 변호사를 지정하여야 한다. 다만, 구성원 아닌 소속 변호사에 대하여는 구성원과 공동으로 지정하여야 한다.

②법무법인이 제49조제2항에 따른 업무를 할 때에는 그 직무를 수행할 수 있는 변호사 중에서 업무를 담당할 자를 지정하여야 한다.

③법무법인이 제1항에 따라 업무를 담당할 변호사(이하 "담당변호사"라 한다)를 지정하지 아니한 경우에는 구성원 모두를 담당변호사로

지정한 것으로 본다.

④법무법인은 담당변호사가 업무를 담당하지 못하게 된 경우에는 지체 없이 제1항에 따라 다시 담당변호사를 지정하여야 한다. 다시 담당변호사를 지정하지 아니한 경우에는 구성원 모두를 담당변호사로 지정한 것으로 본다.

⑤법무법인은 제1항부터 제4항까지의 규정에 따라 담당변호사를 지정한 경우에는 지체 없이 이를 수임사건의 위임인에게 서면으로 통지하여야 한다. 담당변호사를 변경한 경우에도 또한 같다.

⑥담당변호사는 지정된 업무를 수행할 때에 각자가 그 법무법인을 대표한다.

⑦법무법인이 그 업무에 관하여 작성하는 문서에는 법인명의를 표시하고 담당변호사가 기명날인하거나 서명하여야 한다. 다만, 공증인의 직무에 속하는 업무인 경우에는 서명날인하여야 한다.

제51조 (업무 제한) 법무법인은 그 법인이 공증한 사건에 관하여는 변호사 업무를 수행할 수 없다. 다만, 대통령령으로 정하는 경우에는 그러하지 아니하다.

제52조 (구성원 등의 업무 제한) ①법무법인의 구성원 및 구성원 아닌 소속 변호사는 자기나 제3자의 계산으로 변호사의 업무를 수행할 수 없다.

②법무법인의 구성원이었거나 구성원 아닌 소속 변호사이었던 자는 법무법인의 소속 기간 중 그 법인이 상의를 받아 수임을 승낙한 사건에 관하여는 변호사의 업무를 수행할 수 없다.

제53조 (인가취소) ①법무부장관은 법무법인이 다음 각 호의 어느 하나에 해당하면 그 설립인가를 취소할 수 있다.

1. 제45조제2항을 위반하여 3개월 이내에 구성원을 보충하지 아니한 경우

2. 업무 집행에 관하여 법령을 위반한 경우

②법무부장관은 제1항에 따라 법무법인의 설립인가를 취소하려면 청문을 하여야 한다.

제54조 (해산) ①법무법인은 다음 각 호의 어느 하나에 해당하는 사유가 있을 때에는 해산한다.

1. 정관에 정한 해산 사유가 발생하였을 때

2. 구성원 전원의 동의가 있을 때

3. 합병하였을 때

4. 파산하였을 때

5. 설립인가가 취소되었을 때

②법무법인이 해산한 경우에는 청산인은 지체 없이 주사무소 소재지의 지방변호사회와 대한변호사협회를 거쳐 법무부장관에게 그 사실을 신고하여야 한다.

제55조 (합병) ①법무법인은 구성원 전원이 동의하면 다른 법무법인과 합병할 수 있다.

②제1항의 경우에는 제41조부터 제43조까지의 규정을 준용한다.

제55조의2 (조직변경) ①법무법인(유한) 또는 법무조합의 설립요건을 갖춘 법무법인은 구성원 전원의 동의가 있으면 법무부장관의 인가를 받아 법무법인(유한) 또는 법무조합으로 조직변경을 할 수 있다.

②법무법인이 제1항에 따라 법무부장관으로부터 법무법인(유한)의 인가를 받은 때에는 2주일 이내에 주사무소 소재지에서 법무법인의 해산등기 및 법무법인(유한)의 설립등기를 하여야 하고, 법무조합의 인가를 받은 때에는 2주일 이내에 주사무소 소재지에서 법무법인의 해산등기를 하여야 한다.

③제1항에 따른 조직변경의 경우 법무법인에 현존하는 순재산액이 새로 설립되는 법무법인(유한)의 자본총액보다 적은 때에는 제1항에 따른 동의가 있을 당시의 구성원들이 연대하여 그 차액을 보충하여야 한다.

④제1항에 따라 설립된 법무법인(유한) 또는 법무조합의 구성원 중 종전의 법무법인의 구성원이었던 자는 제2항에 따른 등기를 하기

전에 발생한 법무법인의 채무에 대하여 법무법인(유한)의 경우에는 등기 후 2년이 될 때까지, 법무조합의 경우에는 등기 후 5년이 될 때까지 법무법인의 구성원으로서 책임을 진다.

제56조 (통지) 법무부장관은 법무법인의 인가 및 그 취소, 해산 및 합병이 있으면 지체 없이 주사무소 소재지의 지방변호사회와 대한변호사협회에 통지하여야 한다.

제57조 (준용규정) 법무법인에 관하여는 제22조, 제27조, 제28조, 제28조의2, 제29조, 제29조의2, 제30조, 제31조제1항, 제32조부터 제37조까지, 제39조 및 제10장을 준용한다.

제58조 (다른 법률의 준용) ①법무법인에 관하여 이 법에 정한 것 외에는 「상법」 중 합명회사에 관한 규정을 준용한다.
②법무법인과 그 구성원의 공증에 관한 업무 및 그 감독과 징계에 관하여는 「공증인법」을 준용한다.

제5장의2 법무법인(유한)

제58조의2 (설립) 변호사는 그 직무를 조직적·전문적으로 수행하기 위하여 법무법인(유한)을 설립할 수 있다.

제58조의3 (설립 절차) 법무법인(유한)을 설립하려면 구성원이 될 변호사가 정관을 작성하여 주사무소 소재지의 지방변호사회와 대한변호사협회를 거쳐 법무부장관의 인가를 받아야 한다. 정관을 변경할 때에도 또한 같다.

제58조의4 (정관의 기재 사항) 법무법인(유한)의 정관에는 다음 각 호의 사항이 포함되어야 한다.
1. 목적, 명칭, 주사무소 및 분사무소의 소재지
2. 구성원의 성명·주민등록번호 및 법무법인(유한)을 대표할 구성원의 주소
3. 자본의 총액과 각 구성원의 출자좌수
4. 구성원의 가입·탈퇴와 그 밖의 변경에 관한 사항
5. 구성원 회의에 관한 사항
6. 법무법인(유한)의 대표에 관한 사항
7. 자산과 회계에 관한 사항
8. 존립 기간이나 해산 사유를 정한 경우에는 그 기간 또는 사유

제58조의5 (등기) ①법무법인(유한)은 설립인가를 받으면 2주일 이내에 설립등기를 하여야 한다. 등기 사항이 변경되었을 때에도 또한 같다.
②제1항의 등기 사항은 다음 각 호와 같다.
1. 목적, 명칭, 주사무소 및 분사무소의 소재지
2. 출좌 1좌의 금액, 자본 총액 및 이행 부분
3. 이사의 성명 및 주민등록번호
4. 법무법인(유한)을 대표할 이사의 성명 및 주소
5. 둘 이상의 이사가 공동으로 법무법인(유한)을 대표할 것을 정한 경우에는 그 규정
6. 존립 기간이나 해산 사유를 정한 경우에는 그 기간 또는 사유
7. 감사가 있을 때에는 그 성명·주민등록번호 및 주소
8. 설립인가 연월일
③법무법인(유한)은 그 주사무소의 소재지에서 설립등기를 함으로써 성립한다.

제58조의6 (구성원 등) ①법무법인(유한)은 7명 이상의 변호사로 구성하며, 그중 2명 이상이 통산하여 10년 이상 「법원조직법」 제42조제1항 각 호의 어느 하나에 해당하는 직에 있었던 자이어야 한다.
②법무법인(유한)은 구성원 아닌 소속 변호사를 둘 수 있다.
③법무법인(유한)이 제1항에 따른 구성원의 요건을 충족하지 못하게 된 경우에는 3개월 이내에 보충하여야 한다.
④법무법인(유한)은 3명 이상의 이사를 두어야 한다. 이 경우 다음 각 호의 어느 하나에 해당

하는 자는 이사가 될 수 없다.
1. 구성원이 아닌 자
2. 설립인가가 취소된 법무법인(유한)의 이사이었던 자(취소 사유가 발생하였을 때의 이사이었던 자로 한정한다)로서 그 취소 후 3년이 지나지 아니한 자
3. 제102조에 따른 업무정지 기간 중에 있는 자
⑤법무법인(유한)에는 한 명 이상의 감사를 둘 수 있다. 이 경우 감사는 변호사이어야 한다.

제58조의7 (자본 총액 등) ①법무법인(유한)의 자본 총액은 5억원 이상이어야 한다.
②출자 1좌의 금액은 1만원으로 한다.
③각 구성원의 출자좌수는 3천좌 이상이어야 한다.
④법무법인(유한)은 직전 사업연도 말 대차대조표의 자산 총액에서 부채 총액을 뺀 금액이 5억원에 미달하면 부족한 금액을 매 사업연도가 끝난 후 6개월 이내에 증자를 하거나 구성원의 증여로 보전(補塡)하여야 한다.
⑤제4항에 따른 증여는 이를 특별이익으로 계상한다.
⑥법무부장관은 법무법인(유한)이 제4항에 따른 증자나 보전을 하지 아니하면 기간을 정하여 증자나 보전을 명할 수 있다.

제58조의8 (다른 법인에의 출자 제한 등) ①법무법인(유한)은 자기자본에 100분의 50의 범위에서 대통령령으로 정하는 비율을 곱한 금액을 초과하여 다른 법인에 출자하거나 타인을 위한 채무보증을 하여서는 아니 된다.
②제1항에 규정된 자기자본은 직전 사업연도 말 대차대조표의 자산 총액에서 부채 총액을 뺀 금액을 말한다. 새로 설립된 법무법인(유한)으로서 직전 사업연도의 대차대조표가 없는 경우에는 설립 당시의 납입자본금을 말한다.

제58조의9 (회계처리 등) ①법무법인(유한)은 이 법에 정한 것 외에는 「주식회사의 외부감사에 관한 법률」 제13조에 따른 회계처리기준에 따라 회계처리를 하여야 한다.
②법무법인(유한)은 제1항의 회계처리기준에 따른 대차대조표를 작성하여 매 사업연도가 끝난 후 3개월 이내에 법무부장관에게 제출하여야 한다.
③법무부장관은 필요하다고 인정하면 제2항에 따른 대차대조표가 적정하게 작성되었는지를 검사할 수 있다.

제58조의10 (구성원의 책임) 법무법인(유한)의 구성원의 책임은 이 법에 규정된 것 외에는 그 출자금액을 한도로 한다.

제58조의11 (수임사건과 관련된 손해배상책임) ①담당변호사[담당변호사가 지정되지 아니한 경우에는 그 법무법인(유한)의 구성원 모두를 말한다]는 수임사건에 관하여 고의나 과실로 그 수임사건의 위임인에게 손해를 발생시킨 경우에는 법무법인(유한)과 연대하여 그 손해를 배상할 책임이 있다.
②담당변호사가 제1항에 따른 손해배상책임을 지는 경우 그 담당변호사를 직접 지휘·감독한 구성원도 그 손해를 배상할 책임이 있다. 다만, 지휘·감독을 할 때에 주의를 게을리하지 아니하였음을 증명한 경우에는 그러하지 아니하다.
③법무법인(유한)은 제1항과 제2항에 따른 손해배상책임에 관한 사항을 대통령령으로 정하는 바에 따라 사건수임계약서와 광고물에 명시하여야 한다.

제58조의12 (손해배상 준비금 등) ①법무법인(유한)은 수임사건과 관련한 제58조의11에 따른 손해배상책임을 보장하기 위하여 대통령령으로 정하는 바에 따라 사업연도마다 손해배상 준비금을 적립하거나 보험 또는 대한변호사협회가 운영하는 공제기금에 가입하여야 한다.
②제1항에 따른 손해배상 준비금, 손해배상보험 또는 공제기금은 법무부장관의 승인 없이는 손해배상 외의 다른 용도로 사용하거나 그

보험계약 또는 공제계약을 해제 또는 해지하여서는 아니 된다.

제58조의13 (인가취소) 법무부장관은 법무법인(유한)이 다음 각 호의 어느 하나에 해당하면 그 설립인가를 취소할 수 있다.
1. 제58조의6제3항을 위반하여 3개월 이내에 구성원을 보충하지 아니한 경우
2. 이사 중에 제58조의6제4항 각 호의 어느 하나에 해당하는 자가 있는 경우. 다만, 해당 사유가 발생한 날부터 3개월 이내에 그 이사를 개임(改任)한 경우에는 그러하지 아니하다.
3. 제58조의8제1항을 위반하여 다른 법인에 출자하거나 타인의 채무를 보증한 경우
4. 제58조의9제1항을 위반하여 회계처리를 한 경우
5. 제58조의12제1항을 위반하여 손해배상 준비금을 적립하지 아니하거나 보험 또는 공제기금에 가입하지 아니한 경우
6. 업무 집행에 관하여 법령을 위반한 경우

제58조의14 (해산) ①법무법인(유한)은 다음 각 호의 어느 하나에 해당하는 사유가 있을 때에는 해산한다.
1. 정관에 정한 해산사유가 발생하였을 때
2. 구성원 과반수와 총 구성원의 의결권의 4분의 3 이상을 가진 자가 동의하였을 때
3. 합병하였을 때
4. 파산하였을 때
5. 설립인가가 취소되었을 때
6. 존립 기간을 정한 경우에는 그 기간이 지났을 때
②법무법인(유한)이 해산한 경우에는 청산인은 지체 없이 주사무소 소재지의 지방변호사회와 대한변호사협회를 거쳐 법무부장관에게 그 사실을 신고하여야 한다.

제58조의15 (통지) 법무부장관은 법무법인(유한)의 인가 및 그 취소, 해산 및 합병이 있으면 지체 없이 주사무소 및 분사무소 소재지의 지방변호사회와 대한변호사협회에 그 사실을 통지하여야 한다.

제58조의16 (준용규정) 법무법인(유한)에 관하여는 제22조, 제27조, 제28조, 제28조의2, 제29조, 제29조의2, 제30조, 제31조제1항, 제32조부터 제37조까지, 제39조, 제44조, 제46조부터 제52조까지, 제53조제2항 및 제10장을 준용한다.

제58조의17 (다른 법률의 준용) ①법무법인(유한)에 관하여 이 법에 정한 것 외에는 「상법」 중 유한회사에 관한 규정(「상법」 제545조는 제외한다)을 준용한다.
②법무법인(유한)과 그 구성원의 공증에 관한 업무 및 그 감독과 징계에 관하여는 「공증인법」을 준용한다.

제5장의3 법무조합

제58조의18 (설립) 변호사는 그 직무를 조직적·전문적으로 수행하기 위하여 법무조합을 설립할 수 있다.

제58조의19 (설립 절차) ①법무조합을 설립하려면 구성원이 될 변호사가 규약을 작성하여 주사무소 소재지의 지방변호사회와 대한변호사협회를 거쳐 법무부장관의 인가를 받아야 한다. 규약을 변경하려는 경우에도 또한 같다.
②법무부장관은 제1항에 따라 법무조합의 설립을 인가한 경우에는 관보에 고시하여야 한다.
③ 법무조합은 제2항에 따른 고시가 있을 때에 성립한다.

제58조의20 (규약의 기재 사항) 법무조합의 규약에는 다음 각 호의 사항이 포함되어야 한다.
1. 목적, 명칭, 주사무소 및 분사무소의 소재지
2. 구성원의 성명·주민등록번호 및 법무조합을 대표할 구성원의 주소
3. 구성원의 가입·탈퇴와 그 밖의 변경에 관

한 사항

4. 출자의 종류 및 그 가액과 평가기준에 관한 사항

5. 손익분배에 관한 사항

6. 법무조합의 대표에 관한 사항

7. 자산과 회계에 관한 사항

8. 존립 기간이나 해산 사유를 정한 경우에는 그 기간 또는 사유

제58조의21 (규약의 제출 등) ①법무조합은 설립인가를 받으면 2주일 이내에 주사무소 및 분사무소 소재지의 지방변호사회에 규약과 다음 각 호의 사항을 적은 서면을 제출하여야 한다. 규약이나 기재 사항을 변경한 경우에도 또한 같다.

1. 목적, 명칭, 주사무소 및 분사무소의 소재지

2. 구성원의 성명・주민등록번호 및 법무조합을 대표할 구성원의 주소

3. 출자금액의 총액

4. 법무조합의 대표에 관한 사항

5. 존립 기간이나 해산 사유를 정한 경우에는 그 기간 또는 사유

6. 설립인가 연월일

②법무조합의 주사무소 및 분사무소 소재지의 지방변호사회는 대통령령으로 정하는 바에 따라 다음 각 호의 서면을 비치하여 일반인이 열람할 수 있도록 하여야 한다.

1. 제1항 각 호의 사항이 적힌 서면

2. 제58조의29에 따른 설립인가 및 그 취소와 해산에 관한 서면

3. 제58조의30에 따라 준용되는 제58조의12에 따른 손해배상 준비금을 적립하였거나 보험 또는 공제기금에 가입하였음을 증명하는 서면

제58조의22 (구성원 등) ①법무조합은 7명 이상의 변호사로 구성하며, 그중 2명 이상이 통산하여 10년 이상 「법원조직법」 제42조제1항 각 호의 어느 하나에 해당하는 직에 있었던 자이어야 한다.

②법무조합은 구성원 아닌 소속 변호사를 둘 수 있다.

③법무조합이 제1항에 따른 구성원의 요건을 충족하지 못하게 된 경우에는 3개월 이내에 보충하여야 한다.

제58조의23 (업무 집행) ①법무조합의 업무 집행은 구성원 과반수의 결의에 의한다. 다만, 둘 이상의 업무집행구성원을 두는 경우에는 그 과반수의 결의에 의한다.

②법무조합은 규약으로 정하는 바에 따라 업무집행구성원 전원으로 구성된 운영위원회를 둘 수 있다.

제58조의24 (구성원의 책임) 구성원은 법무조합의 채무(제58조의25에 따른 손해배상책임과 관련한 채무는 제외한다)에 대하여 그 채무 발생 당시의 손실분담 비율에 따라 책임을 진다.

제58조의25 (수임사건과 관련된 손해배상책임) ①담당변호사(담당변호사가 지정되지 아니한 경우에는 그 법무조합의 구성원 모두를 말한다)가 수임사건에 관하여 고의나 과실로 그 수임사건의 위임인에게 손해를 발생시킨 경우 담당변호사는 그 손해를 배상할 책임이 있다.

②담당변호사가 제1항에 따른 손해배상책임을 지는 경우 그 담당변호사를 직접 지휘・감독한 구성원도 그 손해를 배상할 책임이 있다. 다만, 지휘・감독을 할 때에 주의를 게을리하지 아니하였음을 증명한 경우에는 그러하지 아니하다.

③제1항 및 제2항에 따른 책임을 지지 아니하는 구성원은 제1항에 따른 손해배상책임에 대하여는 조합재산의 범위 내에서 그 책임을 진다.

④법무조합은 제1항과 제2항에 따른 손해배상책임에 관한 사항을 대통령령으로 정하는 바에 따라 사건수임계약서와 광고물에 명시하여야 한다.

제58조의26 (소송당사자능력) 법무조합은 소송의 당사자가 될 수 있다.

제58조의27 (인가취소) 법무부장관은 법무조합이 다음 각 호의 어느 하나에 해당하면 그 설립인가를 취소할 수 있다.
1. 제58조의22제3항을 위반하여 3개월 이내에 구성원을 보충하지 아니한 경우
2. 제58조의30에 따라 준용되는 제58조의12제1항을 위반하여 손해배상 준비금을 적립하지 아니하거나 보험 또는 공제기금에 가입하지 아니한 경우
3. 업무 집행에 관하여 법령을 위반한 경우

제58조의28 (해산) ①법무조합은 다음 각 호의 어느 하나에 해당하는 사유가 있을 때에는 해산한다.
1. 규약에 정한 해산사유가 발생하였을 때
2. 구성원 과반수의 동의가 있을 때. 다만, 규약으로 그 비율을 높게 할 수 있다.
3. 설립인가가 취소되었을 때
4. 존립 기간을 정한 경우에는 그 기간이 지났을 때
②법무조합이 해산한 경우 청산인은 지체 없이 주사무소 소재지의 지방변호사회와 대한변호사협회를 거쳐 법무부장관에게 그 사실을 신고하여야 한다.

제58조의29 (통지) 법무부장관은 법무조합의 설립인가 및 그 취소나 해산이 있으면 지체 없이 주사무소 및 분사무소 소재지의 지방변호사회와 대한변호사협회에 통지하여야 한다.

제58조의30 (준용규정) 법무조합에 관하여는 제22조, 제27조, 제28조, 제28조의2, 제29조, 제29조의2, 제30조, 제31조제1항, 제32조부터 제37조까지, 제39조, 제44조, 제46조부터 제52조까지, 제53조제2항, 제58조의9제1항, 제58조의12 및 제10장을 준용한다.

제58조의31 (다른 법률의 준용) ①법무조합에 관하여 이 법에 정한 것 외에는 「민법」 중 조합에 관한 규정(「민법」 제713조는 제외한다)을 준용한다.
②법무조합과 그 구성원의 공증에 관한 업무 및 그 감독과 징계에 관하여는 「공증인법」을 준용한다.

第6章 삭제 〈2005.1.27〉

第59條 삭제 〈2005.1.27〉

第60條 삭제 〈2004.1.27〉

第61條 삭제 〈2005.1.27〉

第62條 삭제 〈2005.1.27〉

第63條 삭제 〈2005.1.27〉

제7장 지방변호사회

제64조 (목적 및 설립) ①변호사의 품위를 보전하고, 변호사 사무의 개선과 발전을 도모하며, 변호사의 지도와 감독에 관한 사무를 하도록 하기 위하여 지방법원 관할 구역마다 1개의 지방변호사회를 둔다. 다만, 서울특별시에는 1개의 지방변호사회를 둔다.
②지방변호사회는 법인으로 한다.

제65조 (설립 절차) 지방변호사회를 설립할 때에는 회원이 될 변호사가 회칙을 정하여 대한변호사협회를 거쳐 법무부장관의 인가를 받아야 한다. 회칙을 변경할 때에도 또한 같다.

제66조 (회칙의 기재 사항) 지방변호사회의 회칙에는 다음 각 호의 사항이 포함되어야 한다.
1. 명칭과 사무소의 소재지
2. 회원의 가입 및 탈퇴에 관한 사항
3. 총회, 이사회, 그 밖의 기관의 구성 · 권한

및 회의에 관한 사항
4. 임원의 선임 · 임기 및 직무에 관한 사항
5. 회원의 권리 및 의무에 관한 사항
6. 회원의 지도 및 감독에 관한 사항
7. 자산과 회계에 관한 사항

제67조 (고시) 법무부장관은 지방변호사회의 설립을 인가하였을 때에는 그 명칭, 사무소의 소재지 및 설립 연월일을 고시하여야 한다. 명칭이나 사무소 소재지가 변경되었을 때에도 또한 같다.

제68조 (가입 및 탈퇴) ①제7조에 따른 등록을 한 변호사는 가입하려는 지방변호사회의 회원이 된다.
②제14조에 따른 소속 변경등록을 한 변호사는 새로 가입하려는 지방변호사회의 회원이 되고, 종전 소속 지방변호사회를 당연히 탈퇴한다.
③제18조에 따라 등록이 취소된 변호사는 소속 지방변호사회를 당연히 탈퇴한다.

제69조 (임원) ①지방변호사회에는 다음 각 호의 임원을 둔다.
1. 회장 1명
2. 부회장 1명(회원수가 200명 이상인 경우에는 2명)
3. 상임이사 5명 이내(회원수가 200명 이상인 경우에는 10명 이내)
4. 이사 20명 이내
5. 감사 2명
②임원은 총회에서 선임한다.

제70조 (총회) ①지방변호사회에 총회를 둔다.
②총회는 개업신고를 한 변호사로 구성한다. 다만, 회원수가 200명 이상인 경우에는 회칙으로 정하는 바에 따라 회원이 선출하는 대의원으로 구성할 수 있다.
③다음 각 호의 사항은 총회의 결의를 거쳐야 한다.

1. 회칙의 변경
2. 예산 및 결산

제71조 (이사회) ①지방변호사회에 이사회를 둔다.
②이사회는 지방변호사회 업무에 관한 중요 사항을 결의한다.

제72조 (국선변호 협력의무 등) ①지방변호사회는 법원에 국선변호인 예정자 명단을 제출하고 국선변호인의 변호 활동을 지원하는 등 국선변호인제도의 효율적인 운영에 적극 협력하여야 한다.
②지방변호사회는 재정결정(裁定決定)에 따라 법원의 심판에 부쳐진 사건에 대한 공소유지 변호사의 추천, 「민사조정법」에 따른 조정위원의 추천 등 사법제도의 건전한 운영에 성실히 협력하여야 한다.

제73조 (사법연수생의 지도) 지방변호사회는 사법연수원장의 위촉에 따라 사법연수생의 변호사 실무 수습을 담당한다.

제74조 (분쟁의 조정) 지방변호사회는 그 회원인 변호사 상호간 또는 그 회원인 변호사와 위임인 사이에 직무상 분쟁이 있으면 당사자의 청구에 의하여 이를 조정할 수 있다.

제75조 (자문과 건의) 지방변호사회는 공공기관에서 자문받은 사항에 관하여 회답하여야 하며, 법률사무나 그 밖에 이와 관련된 사항에 대하여 공공기관에 건의할 수 있다.

제75조의2 (사실조회 등) 지방변호사회는 회원인 변호사가 수임사건과 관련하여 공공기관에 조회하여 필요한 사항의 회신이나 보관 중인 문서의 등본 또는 사본의 송부를 신청하는 경우에는 그 신청이 적당하지 아니하다고 인정할 만한 특별한 사유가 있는 경우가 아니면 그 신청에 따라 공공기관에 이를 촉탁하고 회

신 또는 송부 받은 결과물을 신청인에게 제시하여야 한다.

제76조 (회원들에 관한 정보제공의무) ①지방변호사회는 의뢰인의 변호사 선임의 편의를 도모하고 법률사건이나 법률사무 수임의 투명성을 확보하기 위하여 회원들의 학력, 경력, 주요 취급 업무, 업무 실적 등 사건 수임을 위한 정보를 의뢰인에게 제공하여야 한다.
②제1항에 따른 정보의 제공 범위, 제공 방법, 그 밖에 필요한 사항은 각 지방변호사회가 정한다.

제77조 (감독) ①지방변호사회는 대한변호사협회와 법무부장관의 감독을 받는다.
②지방변호사회는 총회의 결의 내용을 지체 없이 대한변호사협회와 법무부장관에게 보고하여야 한다.
③법무부장관은 제2항의 결의가 법령이나 회칙에 위반된다고 인정하면 대한변호사협회의 장의 의견을 들어 취소할 수 있다.

제77조의2 (비밀 준수) 지방변호사회의 임직원이거나 임직원이었던 자는 법률에 특별한 규정이 있는 경우가 아니면 제28조의2, 제89조의4제1항 및 제89조의5제1항에 관한 업무 처리와 관련하여 알게 된 비밀을 누설하여서는 아니 된다.

제8장 대한변호사협회

제78조 (목적 및 설립) ①변호사의 품위를 보전하고, 법률사무의 개선과 발전, 그 밖의 법률문화의 창달을 도모하며, 변호사 및 지방변호사회의 지도 및 감독에 관한 사무를 하도록 하기 위하여 대한변호사협회를 둔다.
②대한변호사협회는 법인으로 한다.
제79조 (설립 절차) 지방변호사회는 연합하여 회칙을 정하고 법무부장관의 인가를 받아 대한변호사협회를 설립하여야 한다. 회칙을 변

경할 때에도 또한 같다.

제80조 (회칙의 기재 사항) 대한변호사협회의 회칙에는 다음 각 호의 사항이 포함되어야 한다.
1. 제66조 각 호의 사항
2. 법률구조사업에 관한 사항
3. 변호사의 연수에 관한 사항
4. 변호사의 징계에 관한 사항
5. 변호사와 지방변호사회의 지도 및 감독에 관한 사항

제81조 (임원) 대한변호사협회에는 다음 각 호의 임원을 둔다.
1. 협회장 1명
2. 부협회장 5명
3. 상임이사 10명 이내
4. 이사 50명 이내
5. 감사 3명 이내

제82조 (총회) ①대한변호사협회에 총회를 둔다.
②총회는 지방변호사회 회장과 지방변호사회에서 개업신고를 한 회원 수에 비례하여 선출한 대의원으로 구성한다.

제83조 (분담금) 지방변호사회는 대한변호사협회가 정하는 바에 따라 대한변호사협회의 운영에 필요한 경비를 내야 한다.

제84조 (법률구조기구) 대한변호사협회에 법률구조사업을 하도록 하기 위하여 법률구조기구를 두며, 지방변호사회에는 그 지부를 둘 수 있다.

제85조 (변호사의 연수) ①변호사는 변호사의 전문성과 윤리의식을 높이기 위하여 대한변호사협회가 실시하는 연수교육(이하 "연수교육"이라 한다)을 대통령령으로 정하는 시간 이상 받아야 한다. 다만, 다음 각 호의 어느 하나에 해당하는 경우에는 그러하지 아니하다.

1. 질병 등으로 정상적인 변호사 업무를 수행할 수 없는 경우
2. 휴업 등으로 연수교육을 받을 수 없는 정당한 사유가 있는 경우
3. 고령으로 연수교육을 받기에 적당하지 아니한 경우로서 대한변호사협회가 정하는 경우
②대한변호사협회는 연수교육을 지방변호사회에 위임하거나 기관 또는 단체를 지정하여 위탁할 수 있다.
③대한변호사협회는 변호사가 법학 관련 학술대회 등에 참여한 경우에는 대한변호사협회가 정하는 바에 따라 연수교육을 받은 것으로 인정할 수 있다.
④연수교육에는 법조윤리 과목이 포함되어야 한다.
⑤연수교육의 방법·절차, 연수교육을 위탁받을 수 있는 기관·단체의 지정 절차 및 지정 기준 등에 관하여 필요한 사항은 대한변호사협회가 정한다.

제86조 (감독) ①대한변호사협회는 법무부장관의 감독을 받는다.
②대한변호사협회는 총회의 결의 내용을 지체 없이 법무부장관에게 보고하여야 한다.
③법무부장관은 제2항의 결의가 법령이나 회칙에 위반된다고 인정하면 이를 취소할 수 있다.

제87조 (준용규정) 대한변호사협회에 관하여는 제69조 제2항, 제70조 제3항, 제71조 및 제75조를 준용한다.

제9장 법조윤리협의회 및 수임자료 제출

제88조 (법조윤리협의회) 법조윤리를 확립하고 건전한 법조풍토를 조성하기 위하여 법조윤리협의회(이하 "윤리협의회"라 한다)를 둔다.

제89조 (윤리협의회의 기능 및 권한) ①윤리협의회는 다음 각 호의 업무를 수행한다.
1. 법조윤리의 확립을 위한 법령·제도 및 정책에 관한 협의
2. 법조윤리 실태의 분석과 법조윤리 위반행위에 대한 대책
3. 법조윤리와 관련된 법령을 위반한 자에 대한 징계개시(懲戒開始)의 신청 또는 수사 의뢰
4. 그 밖에 법조윤리의 확립을 위하여 필요한 사항에 대한 협의
②윤리협의회는 필요하다고 인정하면 관계인 및 관계 기관·단체 등에 대하여 관련 사실을 조회하거나 자료 제출 또는 윤리협의회에 출석하여 진술하거나 설명할 것을 요청할 수 있다.

제89조의2 (윤리협의회의 구성) ①윤리협의회는 다음 각 호의 어느 하나에 해당하는 자 중에서 법원행정처장, 법무부장관 및 대한변호사협회의 장이 각 3명씩 지명하거나 위촉하는 9명의 위원으로 구성한다. 이 경우 법원행정처장, 법무부장관 및 대한변호사협회의 장은 제4호나 제5호에 해당하는 자를 1명 이상 위원으로 위촉하여야 한다.
1. 경력 10년 이상의 판사
2. 경력 10년 이상의 검사
3. 경력 10년 이상의 변호사
4. 법학 교수 또는 부교수
5. 경험과 덕망이 있는 자
②위원장은 대한변호사협회의 장이 지명하거나 위촉하는 위원 중에서 재적위원 과반수의 동의로 선출한다.
③위원장과 위원의 임기는 2년으로 하되, 연임할 수 있다.
④제1항 제1호부터 제4호까지의 요건에 따라 지명되거나 위촉된 위원이 임기 중 지명 또는 위촉의 요건을 상실하면 위원의 신분을 상실한다.

제89조의3 (윤리협의회의 조직·운영 및 예산) ①윤리협의회의 사무를 처리하기 위하여 윤리협의회에 간사 3명과 사무기구를 둔다.
②간사는 법원행정처장이 지명하는 판사 1명, 법무부장관이 지명하는 검사 1명, 대한변호사

협회의 장이 지명하는 변호사 1명으로 한다.
③위원장은 효율적으로 업무를 처리하기 위하
여 간사 중에서 주무간사를 임명할 수 있다.
④정부는 윤리협의회의 업무를 지원하기 위하
여 예산의 범위에서 윤리협의회에 보조금을
지급할 수 있다.
⑤윤리협의회의 조직과 운영에 관하여 필요한
사항은 대통령령으로 정한다.

제89조의4 (공직퇴임변호사의 수임 자료 등
제출) ①법관, 검사, 장기복무 군법무관, 그 밖
의 공무원 직에 있다가 퇴직(사법연수생과 병
역의무를 이행하기 위하여 군인·공익법무관
등으로 근무한 자는 제외한다)하여 변호사 개
업을 한 자(이하 "공직퇴임변호사"라 한다)는
퇴직일부터 2년 동안 수임한 사건에 관한 수임
자료와 처리 결과를 대통령령으로 정하는 기간
마다 소속 지방변호사회에 제출하여야 한다.
②공직퇴임변호사가 제50조·제58조의16 또
는 제58조의30에 따라 법무법인·법무법인
(유한) 또는 법무조합의 담당변호사로 지정된
경우에도 제1항과 같다.
③지방변호사회는 제1항에 따라 제출받은 자
료를 윤리협의회에 제출하여야 한다.
④윤리협의회의 위원장은 공직퇴임변호사에
게 제91조에 따른 징계사유나 위법의 혐의가
있는 것을 발견하였을 때에는 대한변호사협회
의 장이나 지방검찰청 검사장에게 그 변호사
에 대한 징계개시를 신청하거나 수사를 의뢰
할 수 있다.
⑤공직퇴임변호사가 제출하여야 하는 수임 자
료와 처리 결과의 기재사항, 제출 절차 등에
관하여 필요한 사항은 대통령령으로 정한다.

제89조의5 (특정변호사의 수임 자료 등 제출)
①지방변호사회는 대통령령으로 정하는 수 이
상의 사건을 수임한 변호사[제50조, 제58조의
16 및 제58조의30에 따른 법무법인·법무법
인(유한)·법무조합의 담당변호사를 포함하
며, 이하 "특정변호사"라 한다]의 성명과 사건

목록을 윤리협의회에 제출하여야 한다.
②윤리협의회는 제30조, 제31조, 제34조 2항?
제3항 및 제35조 등 사건수임에 관한 규정의
위반 여부를 판단하기 위하여 수임 경위 등을
확인할 필요가 있다고 인정되면 특정변호사에
게 제1항의 사건 목록에 기재된 사건에 관한
수임 자료와 처리 결과를 제출하도록 요구할
수 있다. 이 경우 특정변호사는 제출을 요구받
은 날부터 30일 이내에 제출하여야 한다.
③특정변호사에 대하여는 제89조의 제4항 및
제5항을 준용한다.

제89조의6 (수임사건 처리 결과 등의 통지) ①
윤리협의회는 제89조의4제3항과 제89조의5
제2항에 따라 자료를 제출받으면 지체 없이
그 사건 목록을 관할 법원·검찰청 등 사건을
관할하는 기관의 장에게 통지하여야 한다.
②제1항에 규정된 각 기관의 장은 제1항의 통
지를 받은 날부터 1개월 이내에 통지받은 사건
에 대한 처리 현황이나 처리 결과를 윤리협의
회에 통지하여야 한다. 다만, 사건이 종결되지
아니한 경우에는 사건이 종결된 때부터 1개월
이내에 통지하여야 한다.

제89조의7 (비밀 누설의 금지) 윤리협의회의
위원·간사·사무직원 또는 그 직에 있었던
자는 업무처리 중 알게 된 비밀을 누설하여서
는 아니 된다.

제10장 징계 및 업무정지

제90조 (징계의 종류) 변호사에 대한 징계는
다음 다섯 종류로 한다.
1. 영구제명
2. 제명
3. 3년 이하의 정직
4. 3천만원 이하의 과태료
5. 견책

제91조 (징계 사유) ①제90조 제1호에 해당하

는 징계 사유는 다음 각 호와 같다.
1. 변호사의 직무와 관련하여 2회 이상 금고 이상의 형을 선고받아(집행유예를 선고받은 경우를 포함한다) 그 형이 확정된 경우(과실범의 경우는 제외한다)
2. 이 법에 따라 2회 이상 정직 이상의 징계처분을 받은 후 다시 제2항에 따른 징계 사유가 있는 자로서 변호사의 직무를 수행하는 것이 현저히 부적당하다고 인정되는 경우
②제90조제2호부터 제5호까지의 규정에 해당하는 징계사유는 다음 각 호와 같다.
1. 이 법을 위반한 경우
2. 소속 지방변호사회나 대한변호사협회의 회칙을 위반한 경우
3. 직무의 내외를 막론하고 변호사로서의 품위를 손상하는 행위를 한 경우

제92조 (변호사징계위원회의 설치) ①변호사의 징계는 변호사징계위원회가 한다.
②대한변호사협회와 법무부에 각각 변호사징계위원회를 둔다.

제92조의2 (조사위원회의 설치) ①변호사의 징계혐의사실에 대한 조사를 위하여 대한변호사협회에 조사위원회를 둔다.
②조사위원회는 필요하면 관계 기관, 단체 등에 자료 제출을 요청할 수 있으며, 당사자나 관계인을 면담하여 사실에 관한 의견을 들을 수 있다.
③조사위원회의 구성과 운영 등에 관하여 필요한 사항은 대한변호사협회가 정한다.

제93조 (대한변호사협회 변호사징계위원회의 구성) ①대한변호사협회 변호사징계위원회(이하 '변협징계위원회' 라 한다)는 다음 각 호의 위원으로 구성한다.
1. 법원행정처장이 추천하는 판사 2명
2. 법무부장관이 추천하는 검사 2명
3. 대한변호사협회 총회에서 선출하는 변호사 3명

4. 대한변호사협회의 장이 추천하는, 변호사가 아닌 법학 교수 및 경험과 덕망이 있는 자 각 1명
②변협징계위원회에 위원장 1명과 간사 1명을 두며, 위원장과 간사는 위원 중에서 호선한다.
③제1항의 위원을 추천하거나 선출할 때에는 위원의 수와 같은 수의 예비위원을 함께 추천하거나 선출하여야 한다.
④변호사의 자격을 취득한 날부터 10년이 지나지 아니한 자는 위원장이나 판사·검사·변호사인 위원 또는 예비위원이 될 수 없다.
⑤위원과 예비위원의 임기는 각각 2년으로 한다.
⑥변협징계위원회의 위원 및 예비위원은 제94조에 따른 법무부징계위원회의 위원 및 예비위원을 겸할 수 없다.

제94조 (법무부 변호사징계위원회의 구성) ①법무부 변호사징계위원회(이하 '법무부징계위원회' 라 한다)는 위원장 1명과 위원 8명으로 구성하며, 예비위원 8명을 둔다.
②위원장은 법무부장관이 되고, 위원과 예비위원은 법원행정처장이 추천하는 판사 중에서 각 2명, 검사 중에서 각 2명, 대한변호사협회의 장이 추천하는 변호사 중에서 각 1명과 변호사가 아닌 자로서 법학 교수 또는 경험과 덕망이 있는 자 각 3명을 법무부장관이 임명 또는 위촉한다. 다만, 위원의 경우 검사 2명 중 1명은 법무부차관으로 할 수 있다.
③위원과 예비위원의 임기는 각각 2년으로 한다.
④위원장은 법무부징계위원회의 업무를 총괄하고 법무부징계위원회를 대표하며 회의를 소집하고 그 의장이 된다.
⑤위원장이 부득이한 사유로 그 직무를 수행할 수 없을 때에는 위원장이 미리 지명하는 위원이 그 직무를 대행한다.

제95조 (변협징계위원회의 심의권) ①변협징계위원회는 제91조에 따른 징계 사유에 해당하는 징계 사건을 심의한다.
②변협징계위원회는 제1항의 심의를 위하여

필요하면 조사위원회에 징계혐의사실에 대한 조사를 요청할 수 있다.

제96조 (법무부징계위원회의 심의권) 법무부징계위원회는 변협징계위원회의 징계 결정에 대한 이의신청 사건을 심의한다.

제97조 (징계개시의 청구) 대한변호사협회의 장은 변호사가 제91조에 따른 징계 사유에 해당하면 변협징계위원회에 징계개시를 청구하여야 한다.

제97조의2 (징계개시의 신청) ①지방검찰청검사장은 범죄수사 등 검찰 업무의 수행 중 변호사에게 제91조에 따른 징계 사유가 있는 것을 발견하였을 때에는 대한변호사협회의 장에게 그 변호사에 대한 징계개시를 신청하여야 한다.
②지방변호사회의 장이 소속 변호사에게 제91조에 따른 징계 사유가 있는 것을 발견한 경우에도 제1항과 같다.

제97조의3 (징계개시의 청원 및 재청원) ①의뢰인이나 의뢰인의 법정대리인 · 배우자 · 직계친족 또는 형제자매는 수임변호사나 법무법인[제58조의2에 따른 법무법인(유한)과 제58조의18에 따른 법무조합을 포함한다]의 담당변호사에게 제91조에 따른 징계 사유가 있으면 소속 지방변호사회의 장에게 그 변호사에 대한 징계개시의 신청을 청원할 수 있다.
②지방변호사회의 장은 제1항의 청원을 받으면 지체 없이 징계개시의 신청 여부를 결정하고 그 결과와 이유의 요지를 청원인에게 통지하여야 한다.
③청원인은 지방변호사회의 장이 제1항의 청원을 기각하거나 청원이 접수된 날부터 3개월이 지나도 징계개시의 신청 여부를 결정하지 아니하면 대한변호사협회의 장에게 재청원할 수 있다. 이 경우 재청원은 제2항에 따른 통지를 받은 날 또는 청원이 접수되어 3개월이 지난날부터 14일 이내에 하여야 한다.

제97조의4 (대한변호사협회의 장의 결정) ①대한변호사협회의 장은 제89조의4제4항(제89조의5제3항에 따라 준용되는 경우를 포함한다) 또는 제97조의2에 따른 징계개시의 신청이 있거나 제97조의3제3항에 따른 재청원이 있으면 지체 없이 징계개시의 청구 여부를 결정하여야 한다.
②대한변호사협회의 장은 징계개시의 청구 여부를 결정하기 위하여 필요하면 조사위원회로 하여금 징계혐의사실에 대하여 조사하도록 할 수 있다.
③대한변호사협회의 장은 제1항의 결정을 하였을 때에는 지체 없이 그 사유를 징계개시 신청인(징계개시를 신청한 윤리협의회 위원장이나 지방검찰청검사장을 말한다. 이하 같다)이나 재청원인에게 통지하여야 한다.

제97조의5 (이의신청) ①징계개시 신청인은 대한변호사협회의 장이 징계개시의 신청을 기각하거나 징계개시의 신청이 접수된 날부터 3개월이 지나도 징계개시의 청구 여부를 결정하지 아니하면 변협징계위원회에 이의신청을 할 수 있다. 이 경우 이의신청은 제97조의4제3항에 따른 통지를 받은 날 또는 징계개시의 신청이 접수되어 3개월이 지난 날부터 14일 이내에 하여야 한다.
②변협징계위원회는 제1항에 따른 이의신청이 이유 있다고 인정하면 징계절차를 개시하여야 하며, 이유 없다고 인정하면 이의신청을 기각하여야 한다.
③변협징계위원회는 제2항의 결정을 하였을 때에는 지체 없이 그 결과와 이유를 이의신청인에게 통지하여야 한다.

제98조 (징계 결정 기간 등) ①변협징계위원회는 징계개시의 청구를 받거나 제97조의5제2항에 따라 징계 절차를 개시한 날부터 6개월 이내에 징계에 관한 결정을 하여야 한다. 다만, 부득이한 사유가 있을 때에는 그 의결로 6개월의 범위에서 기간을 연장할 수 있다.

②법무부징계위원회는 변협징계위원회의 결정에 대한 이의신청을 받은 날부터 3개월 이내에 징계에 관한 결정을 하여야 한다. 다만, 부득이한 사유가 있는 때에는 그 의결로 3개월의 범위에서 기간을 연장할 수 있다.
③징계개시의 청구를 받거나 징계 절차가 개시되면 위원장은 지체 없이 징계심의 기일을 정하여 징계혐의자에게 통지하여야 한다.

제98조의2 (징계혐의자의 출석 · 진술권 등) ①변협징계위원회의 위원장은 징계심의의 기일을 정하고 징계혐의자에게 출석을 명할 수 있다.
②징계혐의자는 징계심의기일에 출석하여 구술 또는 서면으로 자기에게 유리한 사실을 진술하거나 필요한 증거를 제출할 수 있다.
③변협징계위원회는 징계심의기일에 심의를 개시하고 징계혐의자에 대하여 징계 청구에 대한 사실과 그 밖의 필요한 사항을 심문할 수 있다.
④징계혐의자는 변호사 또는 학식과 경험이 있는 자를 특별변호인으로 선임하여 사건에 대한 보충 진술과 증거 제출을 하게 할 수 있다.
⑤변협징계위원회는 징계혐의자가 위원장의 출석명령을 받고 징계심의기일에 출석하지 아니하면 서면으로 심의할 수 있다.
⑥변협징계위원회의 위원장은 출석한 징계혐의자나 선임된 특별변호인에게 최종 의견을 진술할 기회를 주어야 한다.
⑦징계개시 신청인은 징계사건에 관하여 의견을 제시할 수 있다.

제98조의3 (제척 사유) 위원장과 위원은 자기 또는 자기의 친족이거나 친족이었던 자에 대한 징계 사건의 심의에 관여하지 못한다.
제98조의4 (징계 의결 등) ①변협징계위원회는 사건 심의를 마치면 위원 과반수의 찬성으로써 의결한다.
②변협징계위원회는 징계의 의결 결과를 징계혐의자와 징계청구자 또는 징계개시 신청인에게 각각 통지하여야 한다.
③징계혐의자가 징계 결정의 통지를 받은 후 제100조제1항에 따른 이의신청을 하지 아니하면 이의신청 기간이 끝난 날부터 변협징계위원회의 징계의 효력이 발생한다.

제98조의5 (징계의 집행) ①징계는 대한변호사협회의 장이 집행한다.
②제90조제4호의 과태료 결정은 「민사집행법」에 따른 집행력 있는 집행권원과 같은 효력이 있으며, 검사의 지휘로 집행한다.
③대한변호사협회의 장은 징계처분을 하면 이를 지체 없이 공개하여야 한다.
④징계처분의 공개 범위와 시행 방법에 관하여 필요한 사항은 대한변호사협회가 정한다.

제98조의6 (징계 청구의 시효) 징계의 청구는 징계 사유가 발생한 날부터 3년이 지나면 하지 못한다.

제99조 (보고) 대한변호사협회의 장은 변협징계위원회에서 징계에 관한 결정을 하면 지체 없이 그 사실을 법무부장관에게 보고하여야 한다.

제100조 (징계 결정에 대한 불복) ①변협징계위원회의 결정에 불복하는 징계혐의자 및 징계개시 신청인은 그 통지를 받은 날부터 30일 이내에 법무부징계위원회에 이의신청을 할 수 있다.
②법무부징계위원회는 제1항에 따른 이의신청이 이유 있다고 인정하면 변협징계위원회의 징계 결정을 취소하고 스스로 징계 결정을 하여야 하며, 이의신청이 이유 없다고 인정하면 기각하여야 한다. 이 경우 징계심의의 절차에 관하여는 제98조의2를 준용한다.
③제2항의 결정은 위원 과반수의 찬성으로 의결한다.
④법무부징계위원회의 결정에 불복하는 징계혐의자는 「행정소송법」으로 정하는 바에 따라

그 통지를 받은 날부터 90일 이내에 행정법원에 소(訴)를 제기할 수 있다.

⑤제4항의 경우 징계 결정이 있었던 날부터 1년이 지나면 소를 제기할 수 없다. 다만, 정당한 사유가 있는 경우에는 그러하지 아니하다.

⑥제4항에 따른 기간은 불변기간으로 한다.

제101조 (위임) ①법무부징계위원회의 운영이나 그 밖에 징계에 필요한 사항은 대통령령으로 정한다.

②변협징계위원회의 운영 등에 필요한 사항은 대한변호사협회가 정한다.

제101조의2 (「형사소송법」 등의 준용) 서류의 송달, 기일의 지정이나 변경 및 증인·감정인의 선서와 급여에 관한 사항에 대하여는 「형사소송법」과 「형사소송비용 등에 관한 법률」의 규정을 준용한다.

제102조 (업무정지명령) ①법무부장관은 변호사가 공소제기되거나 제97조에 따라 징계 절차가 개시되어 그 재판이나 징계 결정의 결과 등록취소, 영구제명 또는 제명에 이르게 될 가능성이 매우 크고, 그대로 두면 장차 의뢰인이나 공공의 이익을 해칠 구체적인 위험성이 있는 경우에는 법무부징계위원회에 그 변호사의 업무정지에 관한 결정을 청구할 수 있다. 다만, 약식명령이 청구된 경우와 과실범으로 공소제기된 경우에는 그러하지 아니하다.

②법무부장관은 법무부징계위원회의 결정에 따라 해당 변호사에 대하여 업무정지를 명할 수 있다.

제103조 (업무정지 결정기간 등) ①법무부징계위원회는 제102조 제1항에 따라 청구를 받은 날부터 1개월 이내에 업무정지에 관한 결정을 하여야 한다. 다만, 부득이한 사유가 있는 때에는 그 의결로 1개월의 범위에서 그 기간을 연장할 수 있다.

②업무정지에 관하여는 제98조제3항 및 제98조의2제2항부터 제6항까지의 규정을 준용한다.

제104조 (업무정지 기간과 갱신) ①업무정지 기간은 6개월로 한다. 다만, 법무부장관은 해당 변호사에 대한 공판 절차 또는 징계 절차가 끝나지 아니하고 업무정지 사유가 없어지지 아니한 경우에는 법무부징계위원회의 의결에 따라 업무정지 기간을 갱신할 수 있다.

②제1항 단서에 따라 갱신할 수 있는 기간은 3개월로 한다.

③업무정지 기간은 갱신 기간을 합하여 2년을 넘을 수 없다.

제105조 (업무정지명령의 해제) ①법무부장관은 업무정지 기간 중인 변호사에 대한 공판 절차나 징계 절차의 진행 상황에 비추어 등록취소·영구제명 또는 제명에 이르게 될 가능성이 크지 아니하고, 의뢰인이나 공공의 이익을 침해할 구체적인 위험이 없어졌다고 인정할 만한 상당한 이유가 있으면 직권으로 그 명령을 해제할 수 있다.

②대한변호사협회의 장, 검찰총장 또는 업무정지명령을 받은 변호사는 법무부장관에게 업무정지명령의 해제를 신청할 수 있다.

③법무부장관은 제2항에 따른 신청을 받으면 직권으로 업무정지명령을 해제하거나 법무부징계위원회에 이를 심의하도록 요청하여야 하며, 법무부징계위원회에서 해제를 결정하면 지체 없이 해제하여야 한다.

제106조 (업무정지명령의 실효) 업무정지명령은 그 업무정지명령을 받은 변호사에 대한 해당 형사 판결이나 징계 결정이 확정되면 그 효력을 잃는다.

제107조 (업무정지 기간의 통산) 업무정지명령을 받은 변호사가 공소제기된 해당 형사사건과 같은 행위로 징계개시가 청구되어 정직 결정을 받으면 업무정지 기간은 그 전부 또는 일부를 정직 기간에 산입한다.

제108조 (업무정지명령에 대한 불복) 업무정지명령, 업무정지 기간의 갱신에 관하여는 제100조제4항부터 제6항까지의 규정을 준용한다.

제11장 벌칙

제109조 (벌칙) 다음 각 호의 어느 하나에 해당하는 자는 7년 이하의 징역 또는 5천만원 이하의 벌금에 처한다. 이 경우 벌금과 징역은 병과(倂科)할 수 있다.
1. 변호사가 아니면서 금품 · 향응 또는 그 밖의 이익을 받거나 받을 것을 약속하고 또는 제3자에게 이를 공여하게 하거나 공여하게 할 것을 약속하고 다음 각 목의 사건에 관하여 감정 · 대리 · 중재 · 화해 · 청탁 · 법률상담 또는 법률 관계 문서 작성, 그 밖의 법률사무를 취급하거나 이러한 행위를 알선한 자
가. 소송 사건, 비송 사건, 가사 조정 또는 심판 사건
나. 행정심판 또는 심사의 청구나 이의신청, 그 밖에 행정기관에 대한 불복신청 사건
다. 수사기관에서 취급 중인 수사 사건
라. 법령에 따라 설치된 조사기관에서 취급 중인 조사 사건
마. 그 밖에 일반의 법률사건
2. 제33조 또는 제34조(제57조, 제58조의16 또는 제58조의30에 따라 준용되는 경우를 포함한다)를 위반한 자

제110조 (벌칙) 변호사나 그 사무직원이 다음 각 호의 어느 하나에 해당하는 행위를 한 경우에는 5년 이하의 징역 또는 3천만원 이하의 벌금에 처한다. 이 경우 벌금과 징역은 병과할 수 있다.
1. 판사 · 검사, 그 밖에 재판 · 수사기관의 공무원에게 제공하거나 그 공무원과 교제한다는 명목으로 금품이나 그 밖의 이익을 받거나 받기로 한 행위
2. 제1호에 규정된 공무원에게 제공하거나 그 공무원과 교제한다는 명목의 비용을 변호사

선임료 · 성공사례금에 명시적으로 포함시키는 행위

제111조 (벌칙) ①공무원이 취급하는 사건 또는 사무에 관하여 청탁 또는 알선을 한다는 명목으로 금품 · 향응, 그 밖의 이익을 받거나 받을 것을 약속한 자 또는 제3자에게 이를 공여하게 하거나 공여하게 할 것을 약속한 자는 5년 이하의 징역 또는 1천만원 이하의 벌금에 처한다. 이 경우 벌금과 징역은 병과할 수 있다.
②다른 법률에 따라 「형법」 제129조부터 제132조까지의 규정에 따른 벌칙을 적용할 때에 공무원으로 보는 자는 제1항의 공무원으로 본다.

제112조 (벌칙) 다음 각 호의 어느 하나에 해당하는 자는 3년 이하의 징역 또는 2천만원 이하의 벌금에 처한다. 이 경우 벌금과 징역은 병과할 수 있다.
1. 타인의 권리를 양수하거나 양수를 가장하여 소송 · 조정 또는 화해, 그 밖의 방법으로 그 권리를 실행함을 업(業)으로 한 자
2. 변호사의 자격이 없이 대한변호사협회에 그 자격에 관하여 거짓으로 신청하여 등록을 한 자
3. 변호사가 아니면서 변호사나 법률사무소를 표시 또는 기재하거나 이익을 얻을 목적으로 법률 상담이나 그 밖의 법률사무를 취급하는 뜻을 표시 또는 기재한 자
4. 대한변호사협회에 등록을 하지 아니하거나 제90조제3호에 따른 정직 결정 또는 제102조제2항에 따른 업무정지명령을 위반하여 변호사의 직무를 수행한 변호사
5. 제32조(제57조, 제58조의16 또는 제58조의30에 따라 준용되는 경우를 포함한다)를 위반하여 계쟁권리를 양수한 자
6. 제44조 제2항(제58조의16이나 제58조의30에 따라 준용되는 경우를 포함한다)을 위반하여 유사 명칭을 사용한 자
7. 제77조의2 또는 제89조의7을 위반하여 비밀을 누설한 자

제113조 (벌칙) 다음 각 호의 어느 하나에 해당하는 자는 1년 이하의 징역 또는 1천만원 이하의 벌금에 처한다.

1. 제23조 제2항 제1호 및 제2호를 위반하여 광고를 한 자

2. 제31조 제1항 제3호(제57조, 제58조의16 또는 제58조의30에 따라 준용되는 경우를 포함한다)에 따른 사건을 수임한 변호사

3. 제37조 제1항(제57조, 제58조의16 또는 제58조의30에 따라 준용되는 경우를 포함한다)을 위반한 자

제114조 (상습범) 상습적으로 제109조 제1호, 제110조 또는 제111조의 죄를 지은 자는 10년 이하의 징역에 처한다.

제115조 (법무법인 등의 처벌) ①법무법인?법무법인(유한) 또는 법무조합의 구성원이나 구성원 아닌 소속 변호사가 제51조를 위반하면 500만원 이하의 벌금에 처한다.

②제1항의 경우에는 그 행위자를 벌할 뿐만 아니라 그 법무법인 또는 법무법인(유한)에도 제1항의 벌금형을 과한다.

제116조 (몰수ㆍ추징) 제34조(제57조, 제58조의16 또는 제58조의30에 따라 준용되는 경우를 포함한다)를 위반하거나 제109조 제1호, 제110조, 제111조 또는 제114조의 죄를 지은 자 또는 그 사정을 아는 제3자가 받은 금품이나 그 밖의 이익은 몰수한다. 이를 몰수할 수 없을 때에는 그 가액을 추징한다.

제117조 (과태료) ①다음 각 호의 어느 하나에 해당하는 자에게는 1천만원 이하의 과태료를 부과한다.

1. 제22조 제2항 제1호, 제28조의2, 제29조, 제35조 또는 제36조(제57조, 제58조의16 또는 제58조의30에 따라 준용되는 경우를 포함한다)를 위반한 자

2. 제28조에 따른 장부를 작성하지 아니하거나 보관하지 아니한 자

3. 정당한 사유 없이 제29조의2(제57조, 제58조의16 또는 제58조의30에 따라 준용되는 경우를 포함한다)를 위반하여 변호하거나 대리한 자

4. 제54조제2항, 제58조의14제2항 또는 제58조의28제2항을 위반하여 해산신고를 하지 아니한 자

5. 제58조의9제2항을 위반하여 대차대조표를 제출하지 아니한 자

6. 제58조의21제1항을 위반하여 규약 등을 제출하지 아니한 자

7. 제58조의21제2항에 따른 서면을 비치하지 아니한 자

8. 제89조의4제1항ㆍ제2항 및 제89조의5제2항을 위반하여 수임 자료와 처리 결과를 제출하지 아니하거나 거짓 자료를 제출한 자

②제85조 제1항을 위반하여 연수교육을 받지 아니한 자에게는 500만원 이하의 과태료를 부과한다.

③제1항과 제2항에 따른 과태료는 대통령령으로 정하는 바에 따라 지방검찰청검사장이 부과ㆍ징수한다.

④제3항에 따른 과태료 처분에 불복하는 자는 그 처분을 고지받은 날부터 30일 이내에 그 처분을 한 지방검찰청검사장에게 이의를 제기할 수 있다.

⑤제3항에 따른 과태료 처분을 받은 자가 제4항에 따라 이의를 제기하면 그 처분을 한 지방검찰청검사장은 지체 없이 관할 법원에 그 사실을 통보하여야 하며, 그 통보를 받은 관할 법원은 「비송사건절차법」에 따른 과태료 재판을 한다.

⑥제4항에 따른 기간에 이의를 제기하지 아니하고 과태료를 내지 아니하면 국세 체납처분의 예에 따라 징수한다.

부칙 〈제8991호, 2008.3.28〉

①(시행일) 이 법은 공포 후 6개월이 경과한 날부터 시행한다.

②(국가공로 외국변호사에 대한 경과조치) 이 법 시행 당시 외국변호사로서 종전의 규정에 따라 변호사의 인가를 받은 자에 대하여는 제6조의 개정규정에도 불구하고 종전의 규정을 적용한다.

③(변호사 등록거부에 관한 적용례) 제8조제2항의 개정규정은 이 법 시행 후에 등록신청을 하는 자부터 적용한다.

외국법자문사법(안)

2008년 10월 10일, 국회 제출

제1장 총칙

제1조(목적) 이 법은 대한민국에서 외국법사무를 취급하는 외국법자문사(外國法諮問士)의 자격승인, 등록, 업무수행 등에 관하여 필요한 사항을 규정함을 목적으로 한다.

제2조(정의) 이 법에서 사용하는 용어의 뜻은 다음과 같다.

1. "변호사"란 「변호사법」에 따른 변호사를 말한다.

2. "외국변호사"란 외국에서 변호사에 해당하는 법률 전문직의 자격을 취득하여 보유한 사람을 말한다.

3. "외국법자문사"란 외국변호사의 자격을 취득한 후 제3조에 따라 법무부장관으로부터 자격승인을 받고 제10조제1항에 따라 대한변호사협회에 등록한 사람을 말한다.

4. "외국법자문사무소"란 외국법자문사가 그 사무를 수행하기 위하여 이 법에 따라서 개설하는 사무소를 말한다.

5. "원자격국(原資格國)"이란 외국변호사가 그 자격을 취득한 후 적법한 법률사무 수행에 필요한 모든 절차를 마친 국가로서 대한민국에서 그 국가의 법령 등에 관한 자문 업무 등을 수행할 수 있도록 법무부장관이 지정한 국가를 말한다. 다만, 어느 국가 내에 지역적으로 한정된 자격이 부여되는 여러 개의 도(道)·주(州)·성(省)·자치구 등이 있는 경우에는 그 국가의 법령 등에 따라 그 자격이 통용되는 지역의 전부를 원자격국으로 본다.

6. "외국법사무"란 원자격국의 법령에 관한 자문 등 제24조에 따라 외국법자문사가 수행하도록 허용된 업무를 말한다.

7. "국제중재사건"이란 대한민국을 중재지로 하고, 외국법자문사의 원자격국의 법령, 원자격국이 당사국인 조약 또는 일반적으로 승인

된 국제관습법이 적용되거나 또는 적용될 수 있는 민사·상사의 중재사건을 말한다.

8. "자유무역협정등"이란 명칭 여하를 불문하고 대한민국이 외국(국가의 연합체를 포함한다) 또는 국제기구와 외국법사무 분야를 포함한 포괄적인 교역의 자유화를 내용으로 하여 체결하고 그 효력이 발생한 모든 합의를 말한다.

제2장 외국법자문사의 자격승인

제3조(자격승인의 신청) ①외국법자문사가 되려는 외국변호사는 법무부장관에게 외국법자문사의 자격승인을 신청하여야 한다.

②외국변호사의 자격을 갖춘 변호사가 제1항의 신청을 하는 경우에는 변호사업을 휴업하거나 폐업하여야 한다.

③신청인은 대통령령으로 정하는 바에 따라 신청서와 증빙서류를 제출하여야 한다. 이 경우 증빙서류는 원본(原本)이거나 인증된 사본(寫本)이어야 하고, 한글로 작성되지 아니한 경우에는 공증된 한글 번역본을 첨부하여야 한다.

제4조(직무 경력) ①신청인이 외국법자문사의 자격승인을 받기 위하여는 외국변호사의 자격을 취득한 후 원자격국에서 3년 이상 법률 사무를 수행한 경력이 있어야 한다.

②신청인이 원자격국 외의 외국에서 원자격국의 법령에 관한 법률 사무를 수행한 기간은 대통령령으로 정하는 바에 따라 제1항의 기간에 산입할 수 있다.

③신청인이 대한민국에서 고용계약에 따라 사용자에 대하여 원자격국의 법령에 관한 조사·연구·보고 등의 사무를 근로자인 자기의 주된 업무로 수행한 경우에는 그 업무수행 기간을 2년 이내의 범위에서 대통령령으로 정하는 바에 따라 제1항의 기간에 산입할 수 있다.

제5조(결격사유) 다음 각 호의 어느 하나에 해당하는 사람은 외국법자문사가 될 수 없다.

1. 국가를 불문하고 금고 이상의 형벌에 해당하는 형을 선고받고 그 집행이 끝나거나 그 집행을 받지 아니하기로 확정된 후 5년이 지나지 아니한 사람

2. 국가를 불문하고 금고 이상의 형벌에 해당하는 형의 집행유예를 선고받고 그 유예기간 중이거나 그 기간이 지난 후 2년이 지나지 아니한 사람

3. 국가를 불문하고 금고 이상의 형벌에 해당하는 형의 선고를 유예받고 그 유예기간 중에 있는 사람

4. 국가를 불문하고 공직에서 탄핵으로 파면된 후 5년이 지나지 아니하거나, 징계로 해임 이상의 처분을 받은 후 3년이 지나지 아니한 사람

5. 국가를 불문하고 「변호사법」 제90조제1항제1호에서 제3호까지 또는 제102조제2항에 따른 처분에 상당하는 처분을 받은 후 그 처분이 실효되지 아니한 사람

6. 금치산자, 한정치산자, 파산선고를 받은 자로서 복권(復權)되지 아니한 사람 및 원자격국의 법령에 따라 이와 같이 취급되는 사람

제6조(자격승인 등) ①법무부장관은 신청인이 다음 각 호의 요건을 모두 갖춘 경우에 외국법자문사의 자격승인을 할 수 있다.

1. 원자격국이 자유무역협정등의 당사국일 것

2. 원자격국 내에서 외국변호사의 자격이 유효할 것

3. 제4조에 따른 직무 경력이 있을 것

4. 제5조에 따른 결격사유가 없을 것

5. 대한민국 내에 서류 등을 송달받을 장소를 가지고 있을 것

6. 제3조제2항의 경우 변호사업을 휴업하거나 폐업하였을 것

②법무부장관은 제1항의 자격승인을 하면서 신청인이 외국법사무를 수행할 수 있는 원자격국을 지정하여야 한다. 이 경우 둘 이상의 국가에서 제1항의 요건을 모두 갖춘 경우 그 전부를 원자격국으로 지정할 수 있다.

③법무부장관은 자격승인 여부를 결정할 때에 대한변호사협회의 장의 의견을 들을 수 있다.

④법무부장관은 신청인이 제1항의 요건을 갖추지 못하여 자격승인을 거절하는 경우 지체 없이 그 취지와 사유를 신청인에게 알려야 한다.

제7조(자격승인 취소) ①법무부장관은 외국법자문사가 다음 각 호의 어느 하나에 해당하는 경우에는 자격승인을 취소할 수 있다.

1. 외국변호사의 자격이 상실되거나 정지된 경우

2. 제5조의 결격사유가 발견되거나 새로 발생한 경우

3. 자격승인신청서 또는 그 증빙서류의 중요 부분이 누락되었거나 그 내용이 거짓으로 보이는 상당한 사정이 있는 경우

4. 업무능력이나 재산상황이 현저히 악화되어 의뢰인이나 제3자에게 손해를 입힐 우려가 있고, 그 손해를 방지하기 위하여 부득이하다고 판단되는 경우

5. 제9조제1항에 따른 보고 또는 자료 제출을 하지 아니하거나 거짓의 보고 또는 자료 제출을 한 경우

6. 자격승인을 받고 정당한 사유 없이 1년 이내에 대한변호사협회에 제10조에 따른 등록신청을 하지 아니한 경우

7. 제11조제2항에 따른 등록의 유효기간이 지난 후 3년 이내에 제10조에 따른 등록을 하지 아니한 경우

②법무부장관은 제1항제3호부터 제5호까지의 규정에 따라 외국법자문사의 자격승인을 취소하려는 경우에는 청문을 하여야 한다.

제8조(고시 등) ①법무부장관은 자격승인 또는 자격승인의 취소를 한 경우에는 지체 없이 이를 그 대상자와 대한변호사협회에 서면으로 알리고, 관보에 고시하여야 한다.

②자격승인 및 그 취소는 고시된 날부터 효력이 있다.

제9조(보고 등) ①법무부장관은 신청인이나 외국법자문사에게 자격승인 및 그 취소에 관한 사항의 보고 또는 자료 제출을 요구할 수 있다.

② 법무부장관은 행정청이나 그 밖의 공사단체(公私團體)에 자격승인 또는 그 취소에 관하여 필요한 자료 제출을 요구할 수 있다.

제3장 외국법자문사의 등록

제10조(등록의 신청) ①외국법자문사로서 업무 수행을 개시하려는 사람은 제6조의 자격승인을 받은 후 대한변호사협회에 외국법자문사로 등록하여야 한다.

②제1항의 등록을 하려는 사람은 서면으로 대한변호사협회에 등록신청을 하여야 한다. 이 경우 신청인은 제6조제2항에 따라 지정된 원자격국을 대한변호사협회에 신고하여야 한다.

제11조(등록증명서 등) ①대한변호사협회는 제10조제2항의 신청에 대하여 제12조제1항에 따른 등록거부 사유가 없으면 지체 없이 이를 외국법자문사 명부에 등록하고 신청인에게 등록증명서를 발급하여야 한다. 이 경우 대한변호사협회는 제10조제2항의 원자격국을 외국법자문사 명부와 등록증명서에 함께 적어야 한다.

②제1항에 따른 등록의 유효기간은 제1항의 명부에 등록된 날부터 5년으로 한다.

③등록의 갱신 신청은 제2항의 유효기간이 끝나는 날의 6개월 전부터 1개월 전까지 할 수 있다.

④대한변호사협회는 등록 또는 등록 갱신을 한 경우에는 그 취지를 법무부장관에게 서면으로 통지하여야 한다.

⑤대한변호사협회는 등록신청 및 등록의 갱신신청의 처리에 관하여 신청인으로부터 대통령령으로 정하는 수수료를 받을 수 있다.

⑥외국법자문사의 등록의 절차 등에 관하여 그 밖에 필요한 사항은 대한변호사협회가 정한다.

제12조(등록거부 등) ①대한변호사협회는 제10조제1항에 따른 등록 신청이나 제11조제3항에 따른 등록의 갱신신청을 한 사람이 다음 각 호의 어느 하나에 해당하는 경우에는 제14조

에 따른 외국법자문사등록심사위원회의 의결을 거쳐 등록 또는 등록의 갱신을 거부할 수 있다. 이 경우 지체 없이 그 사유를 밝혀 신청인에게 알려야 한다.

1. 심신상실(心神喪失)이나 심신미약 등으로 외국법자문사의 사무를 적정하게 수행하기 어려운 사유가 있는 경우

2. 제7조에서 규정하는 자격승인 취소사유가 있는 경우

3. 등록 또는 등록 갱신이 거부되거나 등록이 취소된 후 2년이 지나지 아니한 경우

②등록 또는 등록 갱신이 거부된 신청인은 그 통지를 받은 날부터 3개월 이내에 소명자료를 첨부하여 법무부장관에게 이의신청을 할 수 있다.

③법무부장관은 제2항의 이의신청이 이유가 있다고 인정되면 대한변호사협회에 그 외국법자문사의 등록 또는 등록 갱신을 명하여야 한다.

제13조(등록취소) ①대한변호사협회는 외국법자문사가 다음 각 호의 어느 하나에 해당하는 경우에는 그 등록을 취소하여야 한다.

1. 사망한 경우

2. 자격승인이 취소된 경우

3. 등록취소를 신청한 경우. 다만, 징계를 회피할 목적으로 등록취소를 신청하였다고 볼 만한 상당한 이유가 있는 경우는 제외한다.

4. 변호사의 자격을 갖춘 외국법자문사가 대한변호사협회에 변호사로 등록하는 경우

②대한변호사협회는 외국법자문사가 다음 각 호의 어느 하나에 해당하는 경우 제14조에 따른 외국법자문사등록심사위원회의 의결을 거쳐 그 등록을 취소할 수 있다.

1. 심신상실, 심신미약 등으로 외국법자문사의 직무를 적정하게 수행하기 어려운 경우

2. 제24조, 제25조, 제34조 및 제35조에 따라 준용되는 「변호사법」 제33조 및 제34조를 위반한 경우

③대한변호사협회는 제1항(제1항제1호는 제외한다) 및 제2항에 따라 외국법자문사 등록을 취소하는 경우 그 취지와 이유를 해당 외국

법자문사(제2항제1호의 경우에는 법정대리인을 포함한다)에게 지체 없이 서면으로 통지하고, 법무부장관에게 보고하여야 한다.

④제3항의 통지를 받은 외국법자문사는 지체 없이 등록증명서를 대한변호사협회에 반납하여야 한다.

⑤등록취소에 관하여는 등록거부 시의 이의신청 등에 관한 제12조제2항 및 제3항을 준용한다.

제14조(외국법자문사등록심사위원회) ①다음 각 호의 사항을 심사하기 위하여 대한변호사협회에 외국법자문사등록심사위원회를 둔다.

1. 제12조에 따른 등록거부 또는 등록의 갱신 거부에 관한 사항

2. 제13조제1항제3호 단서 및 같은 조 제2항에 따른 등록취소에 관한 사항

②외국법자문사등록심사위원회의 구성, 심사 절차 및 운영에 관하여는 「변호사법」 제9조제2항 및 제10조부터 제13조까지의 규정을 준용한다.

제4장 외국법자문사무소

제15조(설립신청 등) ①원자격국에서 법률사무의 수행을 주된 목적으로 설립된 사무소나 법인(이하 "본점사무소"라 한다)에 소속된 외국법자문사는 제16조에 따라 법무부장관의 설립인가를 받아 외국법자문사무소를 설립할 수 있다.

②외국법자문사무소의 설립인가를 받으려면 그 대표자가 될 외국법자문사가 대통령령으로 정하는 증빙서류를 첨부하여 서면으로 신청하여야 한다.

③제1항의 외국법자문사는 2개 이상의 외국법자문사무소를 설립할 수 없다.

제16조(설립인가) ①법무부장관은 다음 각 호의 요건을 모두 갖춘 경우 외국법자문사무소의 설립을 인가할 수 있다.

1. 본점사무소가 자유무역협정등의 당사국에서 그 나라의 법률에 따라 적법하게 설립되어

5년 이상 정상적으로 운영되었을 것

2. 본점사무소가 대한민국 내의 유일한 분사무소로 그 외국법자문사무소를 설립하기로 의결 또는 결정하였을 것

3. 외국법자문사무소의 대표자가 될 외국법자문사가 외국변호사의 자격을 취득한 후 원자격국에서 3년 이상의 기간을 포함하여 총 7년 이상 법률사무를 수행한 경력이 있을 것

4. 본점사무소가 외국법자문사무소의 업무와 관련한 민사·상사상 책임에 대하여 그 이행을 보증할 것

②여러 나라에 걸쳐 사무소, 현지 사무소, 현지 법인, 지사, 분사무소 등 법률사무의 수행을 주된 목적으로 하는 사무소(이하 이 항에서 "사무소등"이라 한다)를 두고 있는 경우에는 가장 먼저 설립되고 최고 의사결정이 이루어지는 사무소를 본점사무소로 본다. 다만, 사무소등 중 가장 먼저 설립된 사무소와 최고 의사결정이 이루어지는 사무소가 다를 경우(이 경우 두 사무소는 모두 같은 자유무역협정등의 당사국에 설립되어야 한다)에는 실질적으로 최고 의사결정이 이루어지는 사무소를 본점사무소로 본다.

제17조(고시 등) ①법무부장관은 외국법자문사무소의 설립인가를 한 경우 지체 없이 이를 제15조제2항의 신청인과 대한변호사협회에 각각 서면으로 통지하고, 관보에 고시하여야 한다.

②외국법자문사무소의 설립인가는 제1항의 고시가 있는 날부터 그 효력이 있다.

③외국법자문사무소의 설립인가에 관한 그 밖의 사항은 대통령령으로 정한다.

제18조(외국법자문사무소의 등록) ①설립인가를 받은 외국법자문사무소의 대표자는 그 고시가 있었던 날부터 3개월 이내에 대한변호사협회에 외국법자문사무소의 등록을 신청하여야 한다.

②대한변호사협회는 제1항의 신청이 있는 경우 특별한 사정이 없으면 지체 없이 외국법자문사무소 명부에 등록하고 신청인에게 외국법자문사무소 등록증명서를 발급하여야 한다.

③외국법자문사무소의 대표자는 등록된 사항이 변경된 경우 그 변경된 날부터 1개월 이내에 그 내용을 대한변호사협회에 서면으로 신고하여야 한다.

④외국법자문사무소의 등록에 필요한 그 밖의 사항은 대한변호사협회가 정한다.

제19조(설립인가의 취소) ①법무부장관은 외국법자문사무소가 다음 각 호의 어느 하나에 해당하는 경우 그 설립인가를 취소할 수 있다.

1. 설립인가신청서 또는 그 증빙서류의 중요 부분이 누락되었거나 그 내용이 거짓으로 보이는 상당한 사정이 있는 경우

2. 제16조제1항 각 호의 요건을 구비하지 못한 경우

3. 외국법자문사무소의 구성원 또는 구성원 아닌 소속 외국법자문사가 외국법자문사무소의 업무수행과 관련하여 제24조를 위반한 경우

4. 법무부장관이 제32조제1항에 따라 실시하는 감독에 정당한 이유 없이 따르지 아니하여 공익을 침해하였거나 침해할 우려가 있다고 인정되는 경우

5. 외국법자문사무소가 제33조 또는 제34조를 위반한 경우

6. 설립인가를 받은 외국법자문사무소의 대표자가 제18조제1항을 위반하여 3개월 이내에 대한변호사협회에 등록을 신청하지 아니한 경우

②제1항제1호부터 제5호까지의 규정에 따라 외국법자문사무소의 설립인가가 취소된 경우에는 대한변호사협회의 등록이 취소된 것으로 본다.

③법무부장관은 외국법자문사무소의 설립인가를 취소하려면 청문을 하여야 한다.

④설립인가의 취소에 관하여는 제17조를 준용한다.

제20조(사무직원) ①외국법자문사무소는 사무소에 사무직원을 둘 수 있다.

②외국법자문사무소의 사무직원에 관하여는

「변호사법」 제22조제2항 · 제4항 · 제5항을 준용한다. 이 경우 "변호사"는 "외국법자문사무소의 대표자"로, "지방변호사회의 장"은 "대한변호사협회의 장"으로 본다.

제21조(수임사건과 관련된 손해배상책임) ① 외국법자문사무소의 구성원은 외국법사무의 수행 및 외국법자문사무소의 운영 등과 관련된 손해배상책임을 보장하기 위하여 대통령령으로 정하는 바에 따라 보험 또는 공제기금에 가입하여야 한다.

②외국법자문사무소의 대표자는 제1항에 따른 손해배상책임에 관한 사항을 대통령령으로 정하는 바에 따라 수임 계약서와 광고물에 밝혀야 한다.

제22조(장부의 작성 등) 외국법자문사무소는 수임에 관한 장부를 작성하고, 이를 보관하여야 한다. 이 경우 수임장부의 기재 등에 관하여는 「변호사법」 제28조제2항 및 제3항을 준용한다.

제23조(외국법자문사무소의 운영 등) ①외국법자문사무소는 국내에 분사무소를 둘 수 없다.

②외국법자문사무소의 업무집행 방법 및 그 구성원 등의 업무제한에 관하여는 「변호사법」 제50조제1항, 제3항부터 제6항까지, 제7항 본문 및 제52조를 준용한다. 이 경우 준용되는 「변호사법」 해당 조항 중 "법무법인"은 "외국법자문사무소"로, "변호사"는 "외국법자문사"로 본다.

③외국법자문사무소에 관하여 이 법에 정한 것 외에는 「민법」 중 조합에 관한 규정을 준용한다.

제5장 외국법자문사 등의 권리와 의무

제24조(업무 범위) 외국법자문사는 다음 각 호의 사무만을 처리할 수 있다.

1. 원자격국의 법령에 관한 자문

2. 원자격국이 당사국인 조약 및 일반적으로 승인된 국제관습법에 관한 자문

3. 국제중재사건의 대리. 다만, 중재에서 제1호 및 제2호에 따른 법령이나 조약 등이 적용되지 아니하기로 확정된 경우에는 그때부터 그 사건을 대리할 수 없다.

제25조(업무수행의 방식) ①외국법자문사는 다음 각 호의 어느 하나에 해당하는 지위에서 업무를 수행할 수 있다.

1. 외국법자문사무소의 구성원

2. 외국법자문사무소의 구성원이 아닌 소속 외국법자문사

3. 법률사무소, 법무법인, 법무법인(유한) 또는 법무조합 소속 외국법자문사

②외국법자문사는 동시에 2개 이상의 외국법자문사무소, 법률사무소, 법무법인, 법무법인(유한) 또는 법무조합에 소속 또는 고용되거나 그 직책을 겸임할 수 없다.

제26조(신고 등) ①외국법자문사가 업무를 개시한 경우, 일시 휴업한 경우 또는 근무지를 변경한 경우에는 지체 없이 대한변호사협회에 신고하여야 한다.

②대한변호사협회는 제1항의 신고를 받은 때에는 지체 없이 법무부장관에게 보고하여야 한다.

제27조(자격의 표시 등) ①외국법자문사는 직무를 수행하면서 본인을 표시할 때는 대한민국에서 통용되는 원자격국의 명칭에 이어 "법자문사"를 덧붙인 직명을 사용하여야 한다. 다만, 원자격국이 도 · 주 · 성 · 자치구 등 한 국가 내의 일부 지역인 경우 그 국가의 명칭을 직명에 포함되는 원자격국의 명칭으로 사용할 수 있다.

②외국법자문사무소는 본점 사무소의 명칭 다음에 "외국법자문사무소"를 덧붙인 명칭을 사용하여야 한다.

③외국법자문사나 외국법자문사무소는 직무를 수행하면서 제1항 및 제2항에 규정된 방식 외의 명칭이나 표시를 사용할 수 없다.

④외국법자문사무소는 일반인이 쉽게 알아볼 수 있도록 사무소 안팎의 적절한 장소에 구성원, 소속 외국법자문사 및 그 원자격국을 모두

표시하여야 한다.

⑤외국법자문사는 의뢰인과 외국법사무 등에 관한 계약을 체결하기 전에 의뢰인에게 그 원자격국과 업무 범위를 명시하여야 한다.

⑥외국법자문사가 아닌 사람은 외국법자문사 또는 외국법자문사로 오인을 일으킬 수 있는 어떠한 명칭이나 표시도 사용할 수 없다.

제28조(윤리기준 등) ①외국법자문사는 그 품위를 손상하는 행위를 하여서는 아니 된다.

②외국법자문사는 그 직무를 수행하면서 진실을 은폐하거나 거짓의 진술을 하여서는 아니 된다.

③외국법자문사는 대한변호사협회가 정하는 윤리장전(倫理章典)을 준수하여야 한다.

제29조(체류 의무) ①외국법자문사는 최초의 업무개시일부터 1년당 180일 이상 대한민국에 체류하여야 한다.

②외국법자문사가 본인의 부상이나 질병, 친족의 부상이나 질병으로 인한 간호 · 문병, 그 밖의 부득이한 사정으로 외국에 체류한 경우 그 기간은 대한민국에 체류한 것으로 본다.

제30조(비밀유지 의무) 외국법자문사 또는 외국법자문사이었던 사람은 그 직무와 관련하여 알게 된 비밀을 누설하여서는 아니 된다.

제31조(광고) ①외국법자문사와 외국법자문사무소는 자기 또는 그 구성원의 원자격국, 학력, 경력, 전문분야, 업무 실적, 그 밖에 그 업무의 홍보에 필요한 사항을 방송 · 신문 · 잡지 · 컴퓨터통신 등의 매체를 이용하여 광고할 수 있다.

②제1항의 광고에 관한 사항을 심사하기 위하여 대한변호사협회에 외국법자문사 광고심사위원회를 둔다.

③외국법자문사의 광고에 관하여는 「변호사법」 제23조제2항 및 제4항을 준용한다. 이 경우 "변호사" 또는 "변호사등"은 "외국법자문사" 또는 "외국법자문사무소"로 본다.

제32조(법무부장관의 감독 등) ①외국법자문사와 외국법자문사무소는 그 활동에 관하여 법무부장관과 대한변호사협회의 감독을 받는다.

②대한변호사협회는 외국법자문사나 외국법자문사무소가 이 법에서 규정하는 의무를 위반하였음을 알게 된 경우 이를 법무부장관에게 보고하여야 한다.

제33조(자료 제출의 의무) 외국법자문사나 외국법자문사무소는 법무부장관 또는 대한변호사협회가 제32조제1항의 감독을 수행하기 위하여 이유를 명시하여 그 업무 · 재산의 현황, 수임 · 회계 내역의 명세, 그 밖에 감독에 필요한 자료의 제출을 요구할 경우 이에 따라야 한다.

제34조(고용, 동업, 겸임 등의 금지) ①외국법자문사나 외국법자문사무소는 변호사 · 법무사 · 변리사 · 공인회계사 · 세무사 및 관세사를 고용할 수 없다.

②외국법자문사나 외국법자문사무소는 변호사 · 법무사 · 변리사 · 공인회계사 · 세무사 및 관세사와 동업, 업무제휴, 포괄적 협력관계의 설정, 사건의 공동 수임, 그 밖의 어떠한 방식으로든 사건을 공동으로 처리하고 그로 인한 보수나 수익을 분배할 수 없다.

③외국법자문사나 외국법자문사무소는 변호사 · 법무법인 · 법무법인(유한) · 법무조합 · 법무사 · 법무사합동법인 · 변리사 · 특허법인 · 공인회계사 · 회계법인 · 세무사 · 세무법인 · 관세사 및 관세사법인과 조합계약, 법인설립, 지분참여, 경영권 위임을 할 수 없으며, 그 밖의 어떠한 방식으로든 법률사무소 · 법무법인 · 법무법인(유한) · 법무조합 · 법무사사무소 · 법무사합동법인 · 변리사사무소 · 특허법인 · 공인회계사사무소 · 회계법인 · 세무사사무소 · 세무법인 · 관세사사무소 및 관세사법인을 공동으로 설립 · 운영하거나 동업할 수 없다.

제35조(「변호사법」의 준용) 외국법자문사의 직무 등에 관하여는 「변호사법」 제30조부터 제34조까지 및 제38조를 준용한다. 이 경우 준용되는 「변호사법」 해당 조항 중 "변호사"는 "외국법자문사"로, "법률사무소"는 "외국법자문사무소"로 본다.

제6장 징계

제36조(징계의 종류) 외국법자문사에 대한 징계의 종류는 다음과 같다.
　1. 자격승인취소
　2. 등록취소
　3. 3년 이하의 정직(停職)
　4. 3천만원 이하의 과태료
　5. 견책
제37조(징계 사유) ①제36조제1호에 해당하는 징계 사유는 다음 각 호와 같다.
　1. 제13조제2항제2호 또는 제36조제2호에 따른 등록취소 처분을 받은 사람으로서 외국법자문사의 직무를 수행하는 것이 현저히 부적당하다고 인정되는 경우
　2. 제36조제3호에 따른 정직 처분을 2회 이상 받은 후 다시 제2항에서 정하는 징계 사유가 있는 사람으로서 외국법자문사의 직무를 수행하는 것이 현저히 부적당하다고 인정되는 경우
　②제36조제2호부터 제5호까지의 규정에 해당하는 징계 사유는 다음 각 호의 어느 하나와 같다.
　1. 이 법을 위반한 경우
　2. 대한변호사협회가 정하는 윤리장전을 위반한 경우
　3. 직무의 내외를 막론하고 외국법자문사로서의 품위를 손상하는 행위를 한 경우
제38조(외국법자문사징계위원회의 설치) ①외국법자문사의 징계는 외국법자문사징계위원회가 행한다.
　②법무부와 대한변호사협회에 각각 외국법자문사징계위원회를 둔다.
제39조(대한변호사협회 외국법자문사징계위원회의 구성) ①대한변호사협회 외국법자문사징계위원회(이하 "변협징계위원회"라고 한다)는 다음 각 호의 위원으로 구성한다. 이 경우 법무부장관은 외국법자문사인 위원을 추천하기 곤란한 사정이 있으면 이를 갈음하여 외국변호사의 자격을 취득한 변호사를 추천할 수 있다.
　1. 법원행정처장이 추천하는 판사 2명
　2. 법무부장관이 추천하는 검사 2명 및 외국법자문사 2명
　3. 대한변호사협회의 장이 추천하는 변호사 2명 및 변호사가 아닌 법과대학 교수 1명
　②변협징계위원회에 위원장 1명과 간사 1명을 두되, 위원장과 간사는 위원 중에서 호선한다.
　③제1항의 위원을 추천할 때에는 위원과 같은 수의 예비위원을 함께 추천하여야 한다.
　④변호사의 자격을 취득한 날부터 10년이 지나지 아니한 사람은 판사·검사·변호사인 위원 또는 예비위원이 될 수 없다.
　⑤위원과 예비위원의 임기는 각각 2년으로 한다.
　⑥변협징계위원회의 결정은 위원 과반수의 찬성으로 의결한다.
　⑦변협징계위원회의 구성·운영 등에 필요한 사항은 대한변호사협회가 정한다.
제40조(법무부 외국법자문사징계위원회의 구성) ①법무부 외국법자문사징계위원회(이하 "법무부징계위원회"라 한다)는 위원장 1명과 부위원장 1명, 위원장 및 부위원장이 아닌 위원 7명으로 구성하며, 예비위원 7명을 둔다.
　②법무부징계위원회의 위원장은 법무부장관이 되고, 부위원장은 법무부차관이 되며, 위원과 예비위원은 다음 각 호의 사람을 법무부장관이 임명 또는 위촉한다. 이 경우 법무부장관은 외국법자문사인 위원을 위촉하기 곤란한 사정이 있으면 검사, 외국변호사의 자격을 취득한 변호사 또는 변호사가 아닌 법과대학 교수를 위촉할 수 있다.
1. 법원행정처장이 추천하는 판사 중에서 각 2명
2. 검사 중에서 각 2명
3. 외국법자문사 중에서 각 1명
4. 대한변호사협회의 장이 추천하는 변호사 중에서 각 1명
5. 변호사가 아닌 사람으로서 법과대학 교수 또는 경험과 덕망이 있는 사람 각 1명

③변협징계위원회의 위원 및 예비위원은 법무부징계위원회의 위원 및 예비위원을 겸할 수 없다.

④위원과 예비위원의 임기는 각각 2년으로 한다.

⑤위원장은 법무부징계위원회의 업무를 총괄하고 법무부징계위원회를 대표하며 회의를 소집하고 그 의장이 된다.

⑥위원장이 부득이한 사유로 그 직무를 수행할 수 없을 때에는 부위원장이 그 직무를 대행하고, 부위원장도 그 직무를 대행할 수 없을 때에는 위원장이 미리 지명하는 위원이 그 직무를 대행한다.

⑦법무부징계위원회의 결정은 위원 과반수의 찬성으로 의결한다.

제41조(징계위원회의 권한) ①변협징계위원회는 제37조제2항에 따른 징계 사유에 해당하는 징계 사건을 심의한다.

②법무부징계위원회는 제37조제1항에 따른 징계 사유에 해당하는 징계사건과 변협징계위원회의 징계 결정에 대한 이의신청 사건을 심의한다.

제42조(징계개시의 청구 등) ①대한변호사협회의 장은 외국법자문사가 제37조제1항에 따른 징계 사유에 해당한다고 판단되면 법무부징계위원회에 징계개시를 청구하여야 하고, 제37조제2항에 따른 징계 사유에 해당한다고 판단되면 변협징계위원회에 징계개시를 청구하여야 한다. 다만, 징계 사유가 발생한 날부터 3년이 지난 때에는 이를 청구하지 못한다.

②의뢰인이나 의뢰인의 법정대리인 · 배우자 · 직계친족 · 형제자매는 외국법자문사에게 제37조에 따른 징계 사유가 있다고 판단되면 그 사유를 첨부하여 대한변호사협회의 장에게 그 외국법자문사에 대한 징계개시의 청구를 신청할 수 있다.

③지방검찰청 검사장은 범죄수사 등 검찰 업무의 수행 중 외국법자문사에게 징계 사유가 있는 것을 발견한 때에는 대한변호사협회의 장에게 그 외국법자문사에 대한 징계개시의 청구를 신청하여야 한다.

④대한변호사협회의 장은 제2항 및 제3항의 신청에 대하여 징계개시의 청구를 하지 아니하는 경우에는 그 이유를 신청인에게 서면으로 알려야 한다.

⑤징계개시 신청인의 이의신청에 관하여는 「변호사법」 제97조의5를 준용한다.

제43조(징계의 결정 기간 등) ①변협징계위원회는 징계개시의 청구를 받거나 제42조제5항에서 준용하는 「변호사법」 제97조의5제2항에 따라 징계 절차를 개시한 날부터 6개월 이내에 징계에 관한 결정을 하여야 한다. 다만, 부득이한 사유가 있을 때에는 그 의결로 6개월의 범위에서 그 기간을 연장할 수 있다.

②법무부징계위원회가 제37조제1항에 따른 징계 사유에 관한 징계개시의 청구를 받거나 변협징계위원회의 결정에 대한 이의신청을 받은 때에도 제1항과 같다.

제44조(징계의 집행 · 절차 등) ①제36조제1호에 따른 징계는 법무부장관이 집행하고, 제36조제2호부터 제5호까지의 규정에 따른 징계는 대한변호사협회의 장이 집행한다.

②제36조제4호에 따른 과태료 결정은 「민사집행법」에 따른 집행력 있는 집행권원과 같은 효력이 있고, 검사의 지휘로 집행한다.

③외국법자문사의 징계에 관하여는 「변호사법」 제98조제3항, 제98조의2, 제98조의3, 제98조의4제2항 · 제3항, 제98조의5제3항 · 제4항, 제99조, 제100조 및 제101조의2를 준용한다.

제45조(업무정지명령) ①법무부장관은 외국법자문사에 대하여 공소(公訴)가 제기되거나 제42조제1항에 따른 징계 절차가 개시되어 그 재판이나 징계 결정의 결과 자격승인취소 또는 등록취소에 이르게 될 가능성이 매우 크고, 그대로 두면 장차 의뢰인이나 공공의 이익을 해칠 구체적인 위험성이 있는 경우에는 법무부징계위원회에 그 외국법자문사의 업무정지에 관한 결정을 청구할 수 있다. 다만, 약식명령이 청구된 경우와 과실범으로 공소제기된

경우에는 그러하지 아니하다.

　②법무부장관은 법무부징계위원회의 결정에 따라 해당 외국법자문사에 대하여 업무정지를 명할 수 있다.

　③외국법자문사의 업무정지에 관하여는 「변호사법」 제103조부터 제108조까지의 규정을 준용한다. 이 경우 준용되는 「변호사법」 해당 조항 중 "변호사"는 "외국법자문사"로 본다.

제7장 벌칙

제46조(벌칙) 다음 각 호의 어느 하나에 해당하는 사람은 7년 이하의 징역 또는 5천만원 이하의 벌금에 처한다. 이 경우 벌금과 징역은 병과(倂科)할 수 있다.

　1. 외국법자문사 또는 변호사가 아니면서 금품·향응 또는 그 밖의 이익을 받거나 받을 것을 약속하고 또는 제3자에게 금품·향응 또는 그 밖의 이익을 공여(供與)하게 하거나 공여하게 할 것을 약속하고 외국법사무를 취급하거나 알선한 사람

　2. 제35조에 따라 준용되는 「변호사법」 제33조 및 제34조를 위반한 사람

　3. 금품·향응 또는 그 밖의 이익을 받거나 받을 것을 약속하고 또는 제3자에게 금품·향응 또는 그 밖의 이익을 공여하게 하거나 공여하게 할 것을 약속하고 다음 각 목의 사건에 관하여 감정·대리·중재·화해·청탁·법률상담 또는 법률관계 문서작성, 그 밖의 법률사무를 취급하거나 이러한 행위를 알선한 외국법자문사. 다만, 외국법자문사가 제24조 각 호의 사무를 처리하는 경우는 제외한다.

　가. 소송 사건, 비송 사건, 가사 조정 또는 심판 사건

　나. 행정심판 또는 심사의 청구나 이의신청, 그 밖에 행정기관에 대한 불복신청 사건

　다. 수사기관에서 취급 중인 수사 사건

　라. 법령에 따라 설치된 조사기관에서 취급 중인 조사사건

　마. 그 밖의 일반 법률사건

제47조(벌칙) 다음 각 호의 어느 하나에 해당하는 사람은 5년 이하의 징역 또는 3천만원 이하의 벌금에 처한다. 이 경우 벌금과 징역은 병과할 수 있다.

　1. 제25조제1항을 위반하여 업무를 수행한 외국법자문사

　2. 제30조를 위반하여 비밀을 누설한 사람 및 그 위반 사실을 알고도 이를 이용하여 부정한 이익을 얻을 목적으로 취득·사용한 사람

　3. 제34조제1항을 위반하여 변호사를 고용한 사람 및 이에 고용된 변호사

　4. 제34조제2항 또는 제3항을 위반한 외국법자문사 및 변호사

　5. 다음 각 목의 어느 하나에 해당하는 외국법자문사

　가. 외국의 법원 또는 행정기관을 위하여 행하는 문서의 송달과 증거조사를 행한 사람

　나. 대한민국에 있는 부동산에 관한 권리, 지적재산권, 광업권, 그 밖에 행정관청에 등기 또는 등록함을 성립요건이나 대항요건으로 하는 권리의 득실변경(得失變更)을 주된 목적으로 하는 사무를 대리하거나 이를 목적으로 하는 문서의 작성을 행한 사람

　다. 공정증서 작성의 촉탁을 대리한 사람

제48조(벌칙) 다음 각 호의 어느 하나에 해당하는 사람은 3년 이하의 징역 또는 2천만원 이하의 벌금에 처한다. 이 경우 벌금과 징역은 병과할 수 있다.

　1. 법무부장관이나 대한변호사협회에 외국법자문사의 자격승인 또는 등록에 관하여 거짓의 신청을 한 사람

　2. 제34조제1항을 위반하여 법무사·변리사·공인회계사·세무사 및 관세사를 고용한 사람 및 이에 고용된 법무사·변리사·공인회계사·세무사 및 관세사

　3. 제34조제2항 또는 제3항을 위반한 법무사·변리사·공인회계사·세무사 및 관세사

　4. 제35조에서 준용되는 「변호사법」 제32조를 위반하여 계쟁권리(係爭權利)를 양수한 사람

　5. 외국법자문사가 아니면서 외국법자문사

나 외국법자문사무소를 표시 또는 기재하거
나, 이익을 얻을 목적으로 외국법사무를 취급
하는 뜻을 표시 또는 기재한 사람
제49조(벌칙) 다음 각 호의 어느 하나에 해당
하는 사람은 1년 이하의 징역 또는 1천만원 이
하의 벌금에 처한다. 이 경우 벌금과 징역은
병과할 수 있다.
 1. 제31조제3항에서 준용되는 「변호사법」 제
23조제2항제1호를 위반하여 광고를 한 사람
 2. 제35조에서 준용되는 「변호사법」 제31조
제3호를 위반하여 사건을 수임한 사람
제50조(상습범) 상습적으로 제46조의 죄를
지은 사람은 10년 이하의 징역에 처한다.
제51조(외국인의 국외범) 제47조제2호는 대
한민국 외에서 죄를 지은 외국인에게도 적용
한다. 다만, 행위지(行爲地)의 법률에 따라
범죄를 구성하지 아니하거나 소추(訴追) 또
는 형의 집행을 면제하는 경우에는 그러하지
아니하다.
제52조(몰수 또는 추징) 제46조의 죄를 지은
사람이나 그 사정을 아는 제3자가 받은 금품
또는 그 밖의 이익은 몰수한다. 이를 몰수할
수 없을 때에는 그 가액(價額)을 추징한다. .
제53조(과태료) ①다음 각 호의 어느 하나에
해당하는 사람에게는 3천만원 이하의 과태료
를 부과한다.
 1. 제15조제3항을 위반한 사람
 2. 제21조, 제22조, 제23조제1항 또는 제20
조제2항에 따라 준용되는 「변호사법」 제22조
제2항을 위반한 외국법자문사무소의 대표자
 3. 제25조제2항을 위반한 외국법자문사와 그
사용자
 4. 제27조제3항부터 제5항까지의 규정을 위
반한 사람
 5. 제29조를 위반한 외국법자문사
 6. 제33조를 위반하여 법무부장관의 자료 제
출 요구에 따르지 아니하거나 거짓 자료를 제
출한 사람
 ②제1항에 따른 과태료의 부과, 징수, 이에 대
한 불복 등에 관하여는 「변호사법」 제117조제

3항부터 제6항까지의 규정을 준용한다.

부칙

이 법은 공포 후 6개월이 경과한 날부터 시행
한다.

변호사시험법(안)

2008년 10월 20일 국회 제출 정부안

제1조(목적) 이 법은 변호사에게 필요한 직업윤리와 법률지식 등 법률사무를 수행할 수 있는 능력을 검정하기 위한 변호사시험에 관하여 규정함을 목적으로 한다.

제2조(변호사시험 시행의 기본원칙) 변호사시험(이하 "시험"이라 한다)은 「법학전문대학원 설치·운영에 관한 법률」에 따른 법학전문대학원(이하 "법학전문대학원"이라 한다)의 교육과정과 유기적으로 연계하여 시행되어야 한다.

제3조(시험실시기관) 시험은 법무부장관이 관장·실시한다.

제4조(시험의 실시 및 공고) ①법무부장관은 매년 1회 이상 시험을 실시하되, 그 실시계획을 미리 공고하여야 한다.

②제1항에 따른 공고에 필요한 사항은 대통령령으로 정한다.

제5조(응시자격) ①시험에 응시하려는 사람은 「법학전문대학원 설치·운영에 관한 법률」 제18조제1항에 따른 법학전문대학원의 석사학위를 취득하여야 한다. 다만, 제8조제1항의 법조윤리 시험은 대통령령으로 정하는 바에 따라 법학전문대학원의 석사학위를 취득하기 전이라도 응시할 수 있다.

②제1항에 따른 응시자격의 소명방법은 대통령령으로 정한다.

③법학전문대학원의 장은 시험 응시자의 자격에 관하여 법무부장관 또는 그 응시자가 확인을 요청하면 그 자격을 확인해 주어야 한다.

제6조(응시 결격사유) 제4조에 따라 공고된 시험기간 중 다음 각 호의 어느 하나에 해당하는 사람은 그 시험에 응시할 수 없다.

1. 금치산자 또는 한정치산자

2. 금고 이상의 형(刑)을 선고받고 그 집행이 끝나거나(집행이 끝난 것으로 보는 경우를 포함한다) 그 집행을 받지 아니하기로 확정된 후 5년이 지나지 아니한 사람

3. 금고 이상의 형의 집행유예를 선고받고 그 유예기간이 지난 후 2년이 지나지 아니한 사람

4. 금고 이상의 형의 선고유예를 받고 그 유예기간 중에 있는 사람

5. 탄핵이나 징계처분을 받아 파면되거나 「변호사법」에 따라 제명된 후 5년이 지나지 아니하거나 징계처분으로 해임된 후 3년이 지나지 아니한 사람

6. 「변호사법」에 따라 영구 제명된 사람

제7조(응시기간 및 응시횟수의 제한) ①시험(제8조 제1항의 법조윤리 시험은 제외한다)은 「법학전문대학원 설치·운영에 관한 법률」 제18조 제1항에 따른 법학전문대학원의 석사학위를 취득한 달의 말일부터 5년 내에 세 차례만 응시할 수 있다.

②「법학전문대학원 설치·운영에 관한 법률」 제18조 제1항에 따른 법학전문대학원의 석사학위를 취득한 후 「병역법」 또는 「군인사법」에 따른 병역의무를 이행하는 경우 그 이행기간은 제1항의 기간에 포함하지 아니한다.

제8조(시험의 방법) ①시험은 선택형(기입형을 포함한다. 이하 같다) 및 논술형 필기시험과 별도의 법조윤리시험으로 실시한다.

②선택형 필기시험과 논술형 필기시험은 같은 시험기간 내에 연속하여 치르는 것으로 한다.

③법무부장관은 법조윤리시험의 시행에 필요한 조직과 인력을 갖춘 외부기관을 지정하여 법조윤리시험을 시행하게 할 수 있다.

④제3항에 따른 외부기관의 지정기준, 지정절차 및 지정취소, 외부기관에 대한 감독, 그 밖에 법조윤리시험에 관하여 필요한 사항은 대통령령으로 정한다.

제9조(시험과목) ①선택형 필기시험 과목은 다음 각 호의 과목으로 한다.

1. 공법(헌법, 행정법 분야의 과목을 말한다. 이하 제2항에서 같다)

2. 민사법(민법, 상법, 민사소송법 분야의 과목을 말한다. 이하 제2항에서 같다)

3. 형사법(형법, 형사소송법 분야의 과목을 말한다. 이하 제2항에서 같다)

②논술형 필기시험 과목은 다음 각 호의 과목으로 한다.

1. 공법

2. 민사법

3. 형사법

4. 전문적 법률분야에 관한 과목으로 응시자가 선택하는 1개 과목

③제2항 제4호에 따른 전문적 법률분야에 관한 과목의 종류는 대통령령으로 정한다.

④선택형 및 논술형 필기시험의 각 과목에 대하여는 대통령령으로 정하는 바에 따라 출제범위를 정하여 시험을 실시할 수 있다.

⑤제3항에 따른 시험과목을 신설·폐지하거나, 제4항에 따라 시험과목의 출제 범위를 변경할 경우에는 해당 과목의 시험 예정일부터 역산(逆算)하여 2년 이상의 유예기간을 두어야 한다.

제10조(시험의 합격 결정) ①시험의 합격은 법학전문대학원의 도입 취지를 충분히 고려하여 결정되어야 한다.

②시험의 합격은 선택형 필기시험의 합격에 필요한 성적을 취득한 사람 중에서 선택형 필기시험과 논술형 필기시험의 점수를 일정한 비율로 환산하여 합산한 총득점으로 결정한다. 다만, 선택형 및 논술형 필기시험의 각 과목 중 한 과목이라도 합격최저점수 이상을 취득하지 못한 경우에는 불합격으로 한다.

③법조윤리시험은 합격 여부만을 결정하고, 그 성적은 제2항의 총득점에 산입하지 아니한다.

④선택형 필기시험과 논술형 필기시험 간의 환산비율, 선택형 및 논술형 필기시험 내에서의 각 과목별 배점비율, 각 과목별 합격최저점수, 법조윤리시험의 합격에 필요한 점수, 성적의 세부산출방법, 그 밖에 시험의 합격 결정방법은 대통령령으로 정한다.

제11조(합격자 공고 및 합격증서 발급) 법무부장관은 합격자가 결정되면 즉시 이를 공고하고, 합격자에게 합격증서를 발급하여야 한다.

제12조(시험의 일부면제) 법조윤리시험에 합격한 사람은 제7조의 기간 중 그 시험을 면제한다.

제13조(시험위원) ①시험의 출제 및 채점을 담당하기 위하여 시험위원을 둔다.

②시험위원은 시험 때마다 법무부장관이 위촉하며, 그 수는 대통령령으로 정한다.

③시험위원은 그 업무를 수행할 때 법학전문대학원의 교육과정을 충실히 마친 사람을 기준으로 학식과 그 응용능력을 종합적으로 판단할 수 있도록 유의하여야 한다.

제14조(변호사시험 관리위원회의 설치 및 구성) ①시험을 실시하기 위하여 법무부에 변호사시험 관리위원회(이하 "위원회"라 한다)를 둔다.

②위원회는 위원장 1명과 부위원장 1명을 포함한 13명의 위원으로 구성하되, 위원장과 부위원장은 위원 중에서 법무부장관이 지명하는 사람으로 한다.

③위원은 다음 각 호의 사람으로 한다.

1. 법무부차관

2. 다음 각 목의 어느 하나에 해당하는 사람 중 법무부장관이 위촉하는 사람

가. 법학교수(부교수 이상의 직위에 있는 사람을 말한다. 이하 같다) 4명

나. 대법원장이 추천하는 10년 이상의 경력을 가진 판사 1명

다. 10년 이상의 경력을 가진 검사 1명

라. 대한변호사협회장이 추천하는 10년 이상의 경력을 가진 변호사 4명

마. 그 밖에 학식과 덕망이 있는 사람 등 대통령령으로 정하는 사람 2명(법학을 가르치는 전임강사 이상의 직위에 있는 사람 및 변호사 자격을 가진 사람은 제외한다)

④위원의 임기는 2년으로 한다. 다만, 법학교수, 판사, 검사의 직위에 있는 사람임을 자격요건으로 하여 위원으로 위촉된 사람은 그 직위를 사임하는 경우에는 임기가 만료되기 전이라도 해촉된 것으로 본다.

⑤위원장은 위원회를 대표하고, 위원회의 업

무를 총괄한다.

⑥위원장이 부득이한 사유로 직무를 수행할 수 없을 때에는 부위원장이 위원장의 직무를 대행한다.

제15조(위원회의 소관사무) 위원회는 다음 각 호의 사항을 심의한다.

1. 시험문제의 출제 방향 및 기준에 관한 사항

2. 채점기준에 관한 사항

3. 시험합격자의 결정에 관한 사항

4. 시험방법 및 시험시행방법 등의 개선에 관한 사항

5. 그 밖에 시험에 관하여 법무부장관이 회의에 부치는 사항

제16조(위원회의 회의) ①위원회의 회의는 위원장이 필요하다고 인정할 때에 위원장이 소집한다.

②위원회의 회의는 재적위원 과반수의 출석으로 개의(開議)하고, 출석위원 과반수의 찬성으로 의결한다.

제17조(부정행위자에 대한 조치) ①법무부장관은 다음 각 호의 어느 하나에 해당하는 사람에 대하여는 해당 시험을 정지시키거나 합격 결정을 취소하고, 그 정황에 따라 처분을 한 날부터 5년 이내의 기간을 정하여 이 법에 따른 시험의 응시자격을 정지할 수 있다.

1. 시험에서 대통령령으로 정하는 부정한 행위를 한 사람

2. 제5조제2항에 따른 응시자격에 관한 소명서류에 거짓으로 기록한 사람

②법무부장관은 제1항에 따른 처분을 한 경우에는 그 처분을 받은 사람에게 지체 없이 통지하여야 한다.

제18조(시험정보의 공개) ①시험에 응시한 사람은 시험의 합격자 발표일부터 6개월 내에 법무부장관에게 본인의 성적 공개를 청구할 수 있다.

②법무부장관은 채점표, 답안지, 그 밖에 공개하면 시험업무의 공정한 수행에 현저한 지장을 줄 수 있는 정보는 공개하지 아니할 수 있다.

제19조(다른 기관 등에 대한 협조요청) ①법무부장관은 시험관리업무의 원활한 수행을 위하여 필요하면 중앙행정기관, 지방자치단체, 관계 기관 또는 국공립학교의 장 등에게 시험장소의 제공, 시험관리 인력의 파견, 문제 출제 또는 시험장소의 질서 유지, 그 밖에 필요한 협조를 요청할 수 있다.

②제1항에 따른 협조요청을 받은 중앙행정기관, 지방자치단체, 관계 기관 또는 국공립학교의 장 등은 특별한 사정이 없으면 법무부장관의 요청에 따라야 한다.

제20조(응시 수수료) ①시험에 응시하려는 사람은 대통령령으로 정하는 응시 수수료를 내야 한다.

②시험 응시원서를 제출한 후 실제로 시험에 응시하지 아니한 경우에도 응시 수수료는 반환하지 아니한다.

제21조(벌칙 적용 시의 공무원 의제) 위원회의 위원 또는 시험위원 중 공무원이 아닌 위원, 제8조 제3항에 따라 법조윤리시험 실시기관으로 지정된 외부기관의 임직원 중 공무원이 아닌 사람은 그 업무에 관하여 형법 제127조 및 제129조부터 제132조까지의 규정을 적용할 때에는 공무원으로 본다.

부칙

제1조(시행일) 이 법은 공포 후 3개월이 경과한 날부터 시행한다. 다만, 부칙 제3조 및 부칙 제5조는 공포한 날부터 시행하며, 부칙 제2조는 2017년 12월 31일부터 시행한다.

제2조(다른 법률의 폐지) 사법시험법은 폐지한다.

제3조(사법시험과의 병행실시) ①이 법에 따른 시험과 별도로 「사법시험법」에 따른 사법시험을 2017년까지 실시한다. 다만, 2017년에는 2016년에 실시한 제1차 시험에 합격한 사람 중 2016년 제3차 시험까지 합격하지 못한 사람을 대상으로 제2차 및 제3차 시험을 실시한다.

②법학전문대학원에 입학한 사람이 그 입학일 이후 사법시험에 응시한 경우 제7조 제1항을 적용할 때에는 이 법에 따른 시험에 응시한 것

으로 보아 응시횟수에 포함한다.

제4조(부정응시자에 대한 조치) 제17조 제1항에 따라 응시자격이 정지된 사람은 그 정지기간 중 사법시험법에 따른 사법시험에 응시할 수 없고, 사법시험법 제17조 제1항에 따라 응시자격이 정지된 사람은 그 정지기간 중 이 법에 따른 시험에 응시할 수 없다.

제5조(사법시험관리위원회에 관한 경과조치) 사법시험법 제14조에 따른 사법시험관리위원회는 이 법에 따른 시험의 준비를 위하여 사전 조치를 취할 수 있다. 이 경우 사법시험관리위원회가 한 사전 조치는 이 법에 따른 변호사시험 관리위원회의 구성과 동시에 이 위원회가 한 것으로 본다.